亚马逊跨境电商运营实战

揭开畅销品与A9算法的秘密

叶鹏飞（旭鹏）◎编著

amazon

中国铁道出版社有限公司
CHINA RAILWAY PUBLISHING HOUSE CO., LTD.

内 容 简 介

本书针对人群为亚马逊平台跨境电子商务从业者，主要介绍了跨境电商行业亚马逊平台的运营方法及技巧。

本书主要分为三部分，第一部分是运营思维，包括第 1 章到第 3 章。主要从思维角度重新认知亚马逊运营这一职位，无论是避免惯性思维还是建立良好的数据分析习惯，都是为了使从业者能对自己的职位有一个新的认知。

第二部分是实操部分，包括第 4 章到第 6 章。主要围绕选品、上架和维护三个运营难点展开，每个难点都会根据不同要素逐一分析。

第三部分是运营技巧，包括第 7 章到第 9 章。分别为亚马逊 A9 算法的数理推导以及品牌化运营部分，属于亚马逊运营核心技能介绍，并在第 9 章运用案例分析帮助读者更好地理解本书内容。

图书在版编目（CIP）数据

亚马逊跨境电商运营实战:揭开畅销品与 A9 算法的秘密/叶鹏飞编著. —北京：中国铁道出版社有限公司，2019.5（2021.6 重印）
ISBN 978-7-113-25566-4

Ⅰ.①亚… Ⅱ.①叶… Ⅲ.①电子商务－商业企业管理－研究－美国 Ⅳ.①F737.124.6

中国版本图书馆 CIP 数据核字（2019）第 032909 号

书　　名：亚马逊跨境电商运营实战：揭开畅销品与 A9 算法的秘密
作　　者：叶鹏飞

责任编辑：张　丹　　**编辑部电话：**（010）51873028　　**邮箱：**232262382@qq.com
封面设计：MXK DESIGN STUDIO
责任印制：赵星辰

出版发行：中国铁道出版社有限公司（100054，北京市西城区右安门西街 8 号）
印　　刷：北京铭成印刷有限公司
版　　次：2019 年 5 月第 1 版　2021 年 6 月第 9 次印刷
开　　本：700mm×1 000mm 1/16　**印张：**15.25　**字数：**224 千
书　　号：ISBN 978-7-113-25566-4
定　　价：69.80 元

自序

我第一次接触到跨境电子商务是在母校哈尔滨工程大学的一次跨境电商培训上。当时的教学内容还是围绕敦煌网展开的，可如今的敦煌网早已是昨日黄花、辉煌不再。以亚马逊为代表的电商平台迅速占据着市场份额，成为跨境电商领域的新秀。

随着亚马逊 CEO 杰夫 •贝索斯于 2018 年 3 月 7 日以 1 120 亿美元的总财富成为新一任世界首富，亚马逊——这个当初连续亏损 7 年才赚到自己第一桶金的电商平台，逐渐成为各大媒体和网站的讨论热点。无论是大名鼎鼎的 A9 算法，还是其独具特色的“prime 会员”制度，都让每一位电商人对亚马逊平台充满了好奇。作为跨境电商运营的一部分，亚马逊运营却不同于常见的电商运营或是产品运营，从业者很难找到一本能够帮助自己拓展业务能力，提高运营水平的行业书籍。因此我在本书的写作过程中，参考了很多关于亚马逊平台规则和 A9 算法的学术文献，同时结合自己的运营经历，很大程度确保了书中出现的案例与数理模型的正确性。

本书针对的人群为想要在亚马逊运营技巧上有所突破和创新的跨境电商从业者们，所以不会太多涉及类似于平台入驻规则、店铺申请流程等亚马逊平台这些在网上很容易找到的基本知识，而把重心放在了选品、关键字、广告等运营要素上。

本书的创新之处是：提出了亚马逊平台算法的相关数理模型，这也是写作过程中最为艰难和耗时的部分，希望能通过一系列严谨的建模和数理推导，帮助大家逐层揭开 A9 算法的神秘面纱。在本书的案例选取上，因为笔者在从事亚马逊运营工作时，接触到比较多的是以服装为代表的非标准品的业务，所以在案例讲解的时候服装类目的案例较多。因为在理论讲解和运营技巧讲述部分，非标准品与标准品并无太大差异，读者只需要根据自身需求灵活运用理论和技巧即可。

本书能够成书和出版，首先要感谢出版社的编辑，如果没有她的建议，本书的内容可能只会零散地存在于我的知乎“旭鹏”账号或是计算机硬盘之中，而不会成体系地出现在这里。其次，特别感激杭州公司前领导曹经理，王经理和左总监的赏识和提拔，以及现在来自阿里巴巴集团的合伙人肆毛（化名）与楠楠（化名）在业务上的支持与信任，正是这些优秀的领导者与合伙人帮助我从一个刚刚踏出校门的大学毕业生，成长为能在亚马逊跨境电商领域独当一面的从业者。最后，在本书的写作过程中，还非常感激来自于朋友袁钰坤、丁立和周方宇的支持与帮助，尤其是当我在一些专业领域陷入苦恼与停滞时，正是这些奋斗在各行各业的朋友们给了我写作的思路和坚持下去的动力。

虽然我的从业时间与国内的很多跨境电商前辈们相比并没有多大优势，但在亚马逊跨境电商领域的运营技术层面我非常自信，也相信本书能给每位读者一种前所未有的角度来思考何为亚马逊运营。

希望本书的内容能给大家打开一扇职业发展的窗户，让每位读者知晓“运营”二字之下是多么庞大的一个知识网络与技能体系，其中包含了计算机技术、数学、经济学、心理学等内容，从而使运营者们对平日的工作有一个明确的发展方向，不再那么迷茫和不知所措。

正如原淘宝商城（现天猫平台）的创始人黄若所言：“如果说过去 10 年是电子商务行业从无到有的初耕，现阶段的行业调整，将会使我们看到进入精耕细作的下一个 10 年发展。”未来的亚马逊运营也一定是精细化运营的天下，其不仅要求我们每一位运营人要有技能的广度，更是对我们运营技能深度的一次重大考验。希望此时正在阅读本书的你，能够在不久的将来找到那个属于自己的运营“撒手锏”，从而在未来 10 年的跨境电商舞台上大放异彩！

于此，共勉。

书籍第六次印刷修订说明

2019 年，亚马逊对其广告功能进行了一系列重大更新，前台新增了广告位，而后台广告活动管理页逐渐从原来的卖家平台（Seller Central）转移至亚马逊广告平台（Amazon Advertising console）。与此同时，越来越多的卖家开始注册品牌，尝试使用 A+等品牌化功能，对运营操作产生了新的需求。

针对亚马逊平台的新变化和读者反馈，对书籍内容进行了针对性的修订。此次修订情况大致如下：

其一，修改了书籍中的个别笔误；

其二，添加了更多运营细节内容，以及广告更新后的商品排名机制说明；

其三，补充了品牌化运营的相关操作内容。

如有问题可以通过邮箱 yohouhi@sina.com 联系作者。

叶鹏飞

2020 年 8 月 11 日

推荐序

在跨境电商行业，能够把自己的运营经验拿出来分享的人不多，叶鹏飞做到了。

如今，他把自己在运营上的经验做系统化的梳理并总结出书，这对于众多跨境电商卖家来说，是可喜可贺的。

所以，当叶鹏飞邀请我为其即将出版的作品写序，我欣然接受，这对于跨境卖家们来说是一件幸事，对于我来说，也是一种荣幸。

有幸提前获得书稿先睹为快，发自内心的感受是，即便对于像我这样已经从事跨境电商行业和亚马逊运营多年的跨境老兵来说，也是收获满满的。

在阅读书稿的过程中，我收获了不少新的观点、思路和方法，我也深刻感受到，这是一本诚意之作，也是一本实战之作，相信读者们如果能够认真阅读，也会在开拓运营视野和提升运营技巧上大有裨益。

叶鹏飞在书中从亚马逊运营的方方面面做了细致的讲解，从跨境运营职位规划到运营流程设置，再到亚马逊运营中的选品、优化和站内广告的玩法、布局和思维，以及对于亚马逊平台独有的 A9 算法的解读，而他在书中用数据化和公式的方法讲选品和运营，相信也可以给读者不一样的认知视角。我想，对于跨境电商卖家来说，如果能够认真阅读和体会，都可以获得运营真知，在运营上获得不少的功力，运营技能也能够得到不小的提升。

同为跨境电商人，同为记录和分享跨境电商运营经验的卖家兼写手，我感谢叶鹏飞为跨境电商卖家们所做出的付出，也期望正在阅读的你和我一样，在阅读中获得成长。

感谢叶鹏飞，也感谢每一个像他一样为行业发展做出贡献的人。

赢商荟-老魏（《亚马逊跨境电商运营宝典》作者）

2019 年 1 月 14 日

目录

第1章 重识亚马逊运营

精华内容：

第 4 章 打造爆款第一步——优秀的选品

精华内容：

第 5 章 打造爆款第二步——完美的上架

精华内容：

精华内容：

单主图 listing 手动广告的操作两条思路：

1. 常见广告优化思路及其优缺点
2. 自动广告与手动广告运行逻辑说明
3. 手动广告操作思路及方法（单主图 listing）

1. 在 ACOS 降低到某个临界点时开始将站内广告长期开设
2. 当产品 listing 不再成长时（平均订单量不再成长），不再开设广告
3. 只在 listing 的新上架阶段和成长阶段开设广告

第7章 流量的秘密——亚马逊A9算法的数理逻辑推导及其应用

精华内容:

第8章 如何进行品牌化运营

精华内容：

第9章 优秀运营案例分析

精华内容：

第 1 章

重识亚马逊运营

- 运营者真的了解自己的职位与工作吗？什么才是运营的核心竞争力呢？

01

1.1 什么是亚马逊运营

1.1.1 什么是亚马逊（Amazon）跨境运营职位，该职位有什么特点

Amazon 跨境运营其本质为网络销售，作为销售领域的分支职位必然要拿出合格的业绩才能成为一名优秀的运营者，对于该职位的从业者而言，一切没有业绩或者销售额提升可能的技术性操作都是无益的。跨境运营者每天的工作涉及范围很广，包括但不限于客服、美工、售后、产品、推广等，其职位特点：

1. 自由度高。自身可以担任或涉及整个跨境供应链，可根据自身条件打造自己的销售体系。

2. 硬性门槛低。不需要像程序员那样精通 Java、JS 等语言，或者像产品运营一样需要有较强的数据分析能力。跨境运营所涉及的外文能力只需达到大学生英语四级即可。

3. 薪酬下限低、上限高。因为运营职位硬性门槛低的特点，运营职位起薪较低，一般应届毕业生在一二线城市的平均转正起薪为每月 4000 ~ 6000 元。这远远没有互联网很多职位的薪酬可观，但是由于其销售的职业性质因而上限很高，从业者有不少短时间内薪酬大幅上涨的例子。

4. 技术型销售。这是其他传统销售从业者无法比拟的优势。跨境运营虽然是销售岗位，但是却把社会能力所在职位中的比重大大降低，而把技术能力的比重极大提高。在该职位上如果你熟悉编程（例如会使用 Python 爬虫抓取亚马逊网站数据，会通过 SPSS、R 语言等基本软件分析数据），熟练掌握英语或者第二外语，那么你在该职位发展的潜力会非常大。

5. 压力相比其他互联网职位较小。跨境运营本身属于零售职位，你不需要单独去联系顾客，只需要去预测市场潜力，挑选适合产品然后打造爆款，维持销量就行。一旦打造爆款成功就会有大量且长期稳定的订单和收入，因此不需要像传统销售一样因怕丢失顾客而担忧操心。

1.1.2 Amazon 跨境运营具体职位内容是什么

如果是在公司就职，正常工作 8 小时，一般上午 1.5 小时回复客户邮件，0.5 小时处理差评和客户投诉，1 小时分析流量数据、转化率波动、广告费用；下午 3 小时选品、上架、编辑处理关键词，2 小时处理自发货和 FBA（亚马逊发货）库存和订单。

如果是自己创业做亚马逊平台业务，涉及业务要复杂得多，包括但不限于物流、仓储、供应链管理，店铺申请、品牌备案、运营，等等。

1.1.3 什么样的人适合做 Amazon 跨境运营

Amazon 跨境运营本身是一个“细节决定成败”的工作，涉及如下因素：

- 你是不是能发现细节——创造力；
- 你发现后能不能改善——执行力；
- 你改善后有没有效果——总结力；
- 如果没效果是否放弃——意志力。

如果你觉得自己拥有以上四点特性，那么你就是非常适合亚马逊跨境电商的从业人才。在这个行业，如果你并非电子商务专业出身，照样也能获得属于自己的成就。因为跨境电商属于网络零售领域，有时候从“外行的角度”①来考虑如何进行运营会有意想不到的收获。

1.1.4 Amazon 跨境运营需要什么技能

既然是跨境电商运营，那么第一个技能要求就是语言能力。这取决于你需要负责的平台及地区，假设你需要负责亚马逊日本站的运营，那么日语能力是必须的。一般而言，对于英语类国家的跨境电商市场，因为中国英语的普及教育做得

---

① 铃木敏文的《零售心理战》中强调了“外行”即跨行业者对于零售业的发展，有时候正是“外行”的创新推动了行业的发展。

比较好，所以按大学生英语四级标准就可以从事运营业务；对于小语种国家的跨境电商市场，则需要达到当地语言能力等级考试的第二梯度等级，例如日语 N2 等级。

第二是对于数据的记录和分析能力。在这方面 Excel 已经可以胜任绝大多数情况，包含流量分析、转化率分析、广告数据分析等，但是当数据量逐渐变大，且职位由初级运营向高级运营转变时，渐渐会涉及 SPSS、SQL、R 语言等程序的编程语言。

第三是选品，即产品相关能力。虽然很多运营者都说"七分选品三分运营"，但是如果销量都稳不住，店铺数据都不会分析，那么即使给你再优秀的产品，也无法取得较好的销量，所以产品相关能力是放在第三位。

第四是编程应用能力。这里需要与公司 IT 部分的职责做一个区分，运营的编程应用能力是在于广度而非精度。例如抓取竞争对手的实时销量和排名、分析类目的平均价格等，有时某一技术问题的解决可以给运营工作带来极大的参考价值。

当然还需要物流决策、营销策划等其他方面的能力，但是这些能力对于运营工作主要起辅助作用。亚马逊运营所需技能的思维导图如图 1-1 所示。

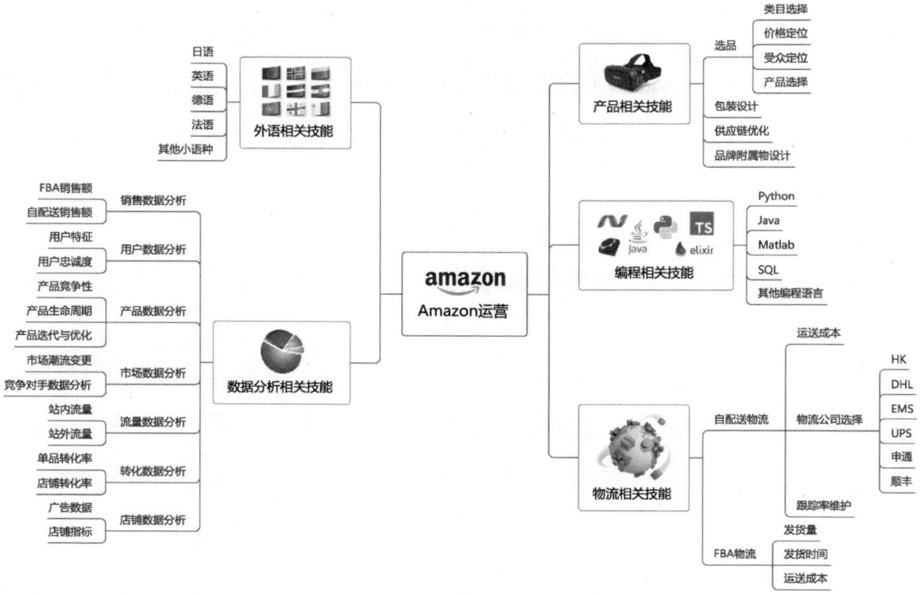

图1-1　亚马逊运营技能思维导图

1.2 运营真的是非技术类岗位吗

亚马逊运营真的是非技术类岗位吗？在思考这个问题前，随机挑选了网络上对于亚马逊运营的 3 条招聘信息，如图 1-2～图 1-4 所示。

职位类型：互联网产品/运营管理|运营主管/专员
发布时间：2018-06-21
有效日期：2018-07-21
岗位职责：1. 全面统筹亚马逊跨境部门的销售和管理工作；制定销售策略，控制交易风险，制定有效的推广策略，提高部门销售业绩；2. 收集分析市场状况及竞争对手状况，制定合适的销售计划，带领团队创销售业绩；3. 规划销售团队的管理与培训指导，提升团队成员操作与销售技能；4. 完善店铺各自政策与制度，保持店铺的好评率和良好的信用度；5. 负责商品管理、备货管理、价格管理。6. 有独立策划平台活动的能力。7. 有丰富的爆款打造与维护经验和资源。任职要求：1～2年以上亚马逊（Amazon）平台销售经验，有丰富的团队，店铺管理经验，熟悉亚马逊FBA操作者优先考虑。2. 大专或以上学历，英语四级或以上，有良好的英语阅读写能力。3. 具有一定销售数据分析能力。4. 能承受工作压力，善于解决各种业务问题。5. 要具备敏锐的市场动向，及时调整销售计划。

图1-2 运营主管、专员招聘

职位类型：运营
发布时间：2018-06-23
有效日期：2018-08-23
岗位职责：1、按产品品类划分，负责德语亚马逊市场调查分析，寻找热销产品；2、负责德语亚马逊站点帐号管理，产品上架，维护和优化listing页面，确保帐号安全；3、售前、售中、售后的客户服务，提高Review的质量和数量；4、产品资料编辑优化；5、定期统计销售数据、库存数据等，及时调整销售策略，保持较好的库存周转率和库存量的安全；6、完成部门负责人安排的其他工作。任职要求：1、本科学历，德语B2水平及以上，优秀者可放宽至大专；3、熟练操作EXCEL，PHOTOSHOP等软件者优先；3、愿意从事电子商务工作，认真踏实、有责任心；4、良好的沟通协作能力，有团队合作精神。

图1-3 运营专员招聘

职位类型：运营助理/专员
发布时间：2018-06-21
有效日期：2018-07-21
工作职责：1、负责亚马逊平台规则及销售促销推广方法，制定及调整各项销售宣传推广策略；2、独立操作亚马逊店铺销售，产品信息发布，做好市场信息的收集、分析、掌握市场动态 3、为客户提供专业的咨询，了解和发掘客户需求。4、负责亚马逊上的客户服务，保持店铺的好评率和健康状况。5、处理客户邮件及查询,提供售前，售中，售后咨询服务、订单追踪信息。6、统计、分析产品的销售数据，收集、分析市场情报及竞争对手状况；并作出销售策略。7、处理客户投诉，对客户的退换货进行妥善处理。岗位要求：1、精通亚马逊后台操作及各类网络营销方法；2、1年以上亚马逊平台从业经验；3、具有优秀的组织协调能力，能够分析和把握用户需求；4、抗压力强，能够独立应付突发状况及运营指标；责任心强，对于发现店铺中存在的问题能够及时处理。5、大专以上学历，英语四级及以上,年龄20-35岁之间。

图1-4 运营助理、专员招聘

由上述 3 条招聘信息可知，亚马逊运营对于学历和经验的要求并不是很高。简单浏览这 3 条招聘信息，我们可以看到亚马逊运营的职责基本围绕以下 3 点展开，即销量、店铺、产品。

为了确保这几个指标保持良好，运营每天需要与 ODR、转化率、库存周转率、ACoS、流量等许多指标或者数据打交道。其次，还需要懂产品、懂市场，似乎一切与网络销售相关的技能都需要掌握。唯一有衡量标准的技能只有外文水平，比如日语 N2 等级、英语四六级或者德语 B2 等级等，似乎这就是一个非技术类职位。只要拥有一定的外文水平，再把国内平台的一些技巧直接照搬过来，都可以来参与这个行业，实际上这是完全错误的。其实亚马逊运营工作本身属于“入门容易精通难”的工作，而国内从业人员一般有以下几点误区：

1. 没有厘清国内外平台模式与技术背景的不同

现阶段国内亚马逊的运营模式基本是参照国内淘宝、天猫等平台的运营模式，认为运营的主要职责还是产品上架、客服、售后等基本业务，甚至有很多公司把“刷单”奉为运营第一要务，这是非常错误的想法。

该想法首先是没有认识到国内外平台模式上的差异。**亚马逊是一个 B2C 业务平台，其主要收入来源于佣金及管理费用，而国内淘宝属于 C2C 业务平台，其主要收入来源于广告；至于京东和天猫虽然也属于 B2C 业务平台，但其运营技巧及侧重点与亚马逊完全不同（京东/天猫对于入驻商品牌非常重视，而亚马逊虽然鼓励入驻商创建品牌，但是重视产品与服务本身）。**

其次是没有厘清平台规则和技术背景上的差异。做国内平台有一个常态，就是不花钱几乎没有流量，所以需要靠“刷单”或者“烧钱”做广告的方式来拉动销量，其本质原因是由国内外平台搜索引擎技术的技术积累差异造成的。

亚马逊在 2004 年新增了 A9 站内搜索引擎，其目的是确保有潜力/受消费者喜爱的产品能够被检索、交易从而形成订单。亚马逊的站内搜索引擎是先进的购物平台搜索引擎，**A9 算法确保了亚马逊始终围绕“产品”**[②]**而非“店铺”或者“品牌”，**也使得中小卖家不用担心自己因为资金量小的原因竞争不过大卖家或者品牌

---

② 高文喆的《谁是互联网下一任帮主：亚马逊 CEO 贝索斯传》一书中就提到贝索斯非常重视顾客的购物体验，因此对亚马逊平台销售的产品质量及顾客评价给予了很高的权重，店铺与品牌的权重却相对较低。

店，只要有优秀的产品无论是谁都可以在亚马逊上获得不错的销量。

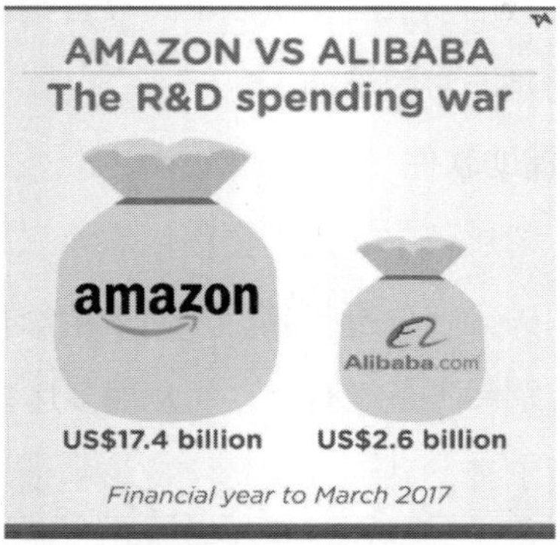

图1-5　2017年亚马逊与阿里巴巴研发投入金额对比

如图 1-5 所示，截至 2017 年 3 月，亚马逊在研发上的投入为 174 亿美元，而阿里巴巴则是 16 亿美元。与此同时，亚马逊的研发投入即使是放在美国也是占据前列的，如图 1-6 所示。

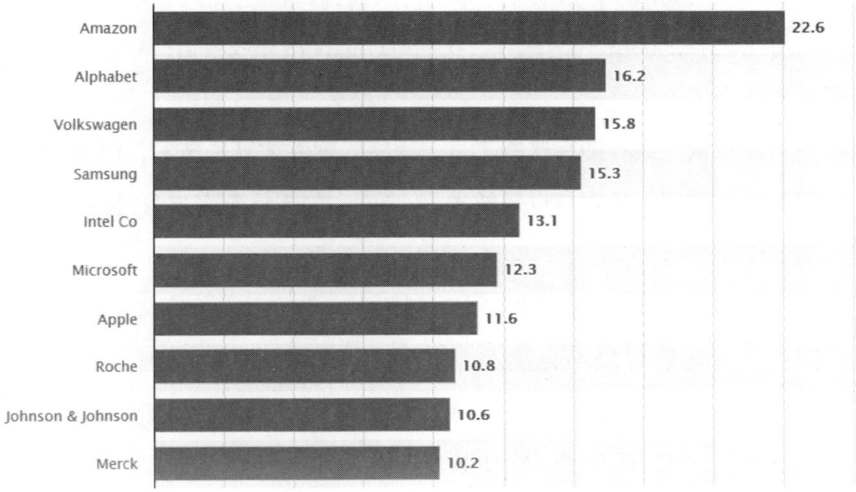

图1-6　2017年美国企业研发投入排行（亚马逊的研发投入量为全美第一）

平台研发力度和技术实力的巨大差异造就了运营模式和效果的极大不同。在淘宝和天猫平台上，运营者需要花很多工夫去琢磨营销，例如广告、活动乃至“刷单”。**在亚马逊，平台只需要围绕产品展开，因为亚马逊的 A9 算法有足够强大的技术实力找到优质的产品并加以推广，所以单纯靠营销甚至只靠“刷单”这些手段想在亚马逊上获得成功是非常困难的。**

2. 盲目依赖第三方辅助软件

很多卖家在亚马逊运营过程中，几乎全程依靠第三方辅助软件来做决策，选品用选品软件，关键字用关键字分析工具，乃至上架都是辅助上架程序，这是万万不可取的。很多第三方软件不是没有用，而是很多运营者不知道怎么用。

例如一款关键字分析工具，显示 A 关键字应该被使用，因为其流量最大，而另一款关键字分析工具，显示 B 关键字应该被使用，因为其转化率高，然后许多运营者就简单地做“五五开”，在转化率与流量间各取了个中间值以此为参考选择关键字，这都是错误的做法。

第三方辅助软件终究只是工具而已，类似于我们生活中的交通工具，有汽车、自行车乃至飞机等，如何使用这些工具，不仅取决于我们运用工具的熟练度（例如是否有机动车驾驶执照，如果什么都没有只能骑自行车），还要取决于我们的目的（例如前往一个 2000 米外的地点，我们可以选择汽车或者自行车，但是如果坐飞机那就不适合了）。

很多从业者认为只有编写这些工具、程序、软件才算是技术，但我想强调的是，如何高效地使用工具本身也是技术。（当然，如果运营者自身可以制造工具，那就真的属于高级运营了）

3. 没有从技术角度理解运营

在国内平台运营可以不会技术，也可以不懂技术，因为国内平台对于运营的限制较少，运营者可通过很多手段提升曝光、销量、流量、转化，如在产品图片处写上“掌柜不在，伙计瞎卖”的幽默宣传语，或是直接打上“本月全部商品 × × 折”的优惠信息，但是这些在亚马逊上都是行不通的。

亚马逊商品销售的第一个原则就是“标准化”，大多数产品都是白底图片，配以一定字符内的标题和文字产品简介与描述。亚马逊的商品信息如图 1-7～图 1-9 所示。

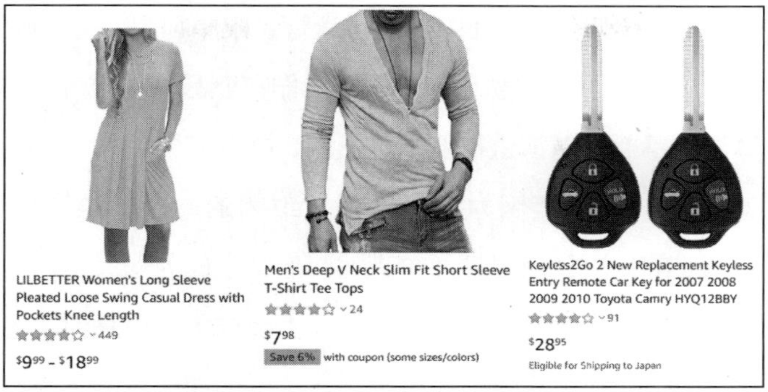

图1-7　亚马逊平台上的产品链接

Keyless2Go

2 New Replacement Keyless Entry Remote Car Key for 2007 2008 2009 2010 Toyota Camry HYQ12BBY by Keyless2Go

54 customer reviews | 16 answered questions

Price: $29.95

Size: **2**

1	2
$18.88	**$29.95**

- This listing is for 2 brand new replacement remote head key fobs with uncut key blade for select Toyota Camry vehicles. Please check product description for vehicle fit guide.
- Every single remote is tested before it is sent to make sure it is transmitting.
- This remote key must be cut and programmed by a qualified locksmith or dealership in order to function.
- Replacement for part numbers: HYQ12BBY, 89070-06231, 89070-06232
- New complete working remote key with all electronics and batteries included plus FREE tech support.

› See more product details

图1-8　产品标题和五点描述

Product description

Size Chart:

X-Small: Bust:32.3inch, Waist Size:24.4inch, Hip Size:37.8inch, Length:42.9inch, Straps Length:22.4inch

Small: Bust:33.9inch, Waist Size:26.0inch, Hip Size:39.4inch, Length:43.3inch, Straps Length:22.8inch

Medium: Bust:35.4inch, Waist Size:26.8inch, Hip Size:40.9inch, Length:43.7inch, Straps Length:23.2inch

Large: Bust:37.0inch, Waist Size:28.3inch, Hip Size:42.5inch, Length:44.1inch, Straps Length:23.6inch

图1-9　产品介绍

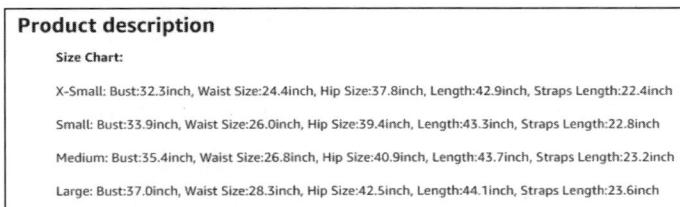

由上图可知在亚马逊上商品页面的操作空间是不大的，普通店铺只能优化标题、五点描述和产品介绍的排版，品牌店铺能做的无非是“A+图文”宣传页面或

者视频化宣传，而这些运营手段在国内平台运营者眼中则是“基本操作”。而国内电商运营比较擅长的“刷单”“私域流量”等操作在亚马逊上难度是非常大的。前者因为 A9 算法的不断更新演进被亚马逊发现，并且容易触发“操纵评论”、“操纵销量”面临封店；而后者因为亚马逊平台封闭的原因，很难将商家自己的 Facebook 或者 YouTube 平台内容打通（当然，外文也成为一大门槛）。

因此，**如果你要从事亚马逊运营，你可以不会技术，但是你不能不懂技术**。因为亚马逊平台的种种规定和限制，决定了运营者们能使用的手段极其有限，但是如何在有限的手段内获得出色的运营成果就是运营能力及技术的体现。

如在亚马逊平台上架产品时，需要填入产品的标题和关键字，而这就几乎决定了你的产品在初期能否获得有效的曝光和流量，因此能否填写有效的关键字和标题是评判一个运营优秀与否的指标之一。但是如何做到这一点呢？这就需要考验运营者对技术的理解，或者说对搜索引擎的理解，可以不懂 A9 算法具体是怎么运算的，但是一定要清楚其背后的搜索逻辑是怎样的，各个要素的权重是怎样的，review 评分对曝光有什么影响，关键字长短对搜索排名有什么影响，标题长度对流量有什么影响，等等。

这些问题都是每个运营者需要在日常的工作中去思考和学习的，**最终通过对亚马逊平台逻辑的抽丝剥茧形成一套具体的运营体系，使运营流程标准化，也使运营产品的成功可复制化，这才称得上是顶尖运营**。很多运营者拥有一两个爆款后就认为自己摸到了运营的真谛，但是那真的可能只是凭运气，只有将产品的成功不断稳定复制的时候，你才真正掌握了亚马逊运营之道。

亚马逊运营属于电商运营，互联网行业中的另一个运营领域——产品运营，如今已经形成体系化的运营流程和标准化的数据分析。但是在亚马逊很少有运营者能够成体系地总结出一套运营流程，面对大量的数据和工作，不知道如何寻找终点，也不清楚自己做的优化有没有效果，从而导致自身运营技术一直原地踏步。

作为一名亚马逊跨境电商的从业者，我非常推荐和鼓励亚马逊的从业者们学习一些技术类和产品类的相关知识，例如搜索引擎技术、数据分析技术、产品定位技术等，因为**只有对某个技术有一定的理解，并将其与自身的运营工作相结合时，才**

能对亚马逊平台的深层逻辑有一个清晰的认识，这就是从技术角度去理解运营。

明确了上述 3 点常见的误区，现在你还认为亚马逊运营是非技术类职位吗？如果现在是，那未来还会是吗？我认为只有那些能够将运营技巧日积月累形成自己运营思路和体系的运营者，才掌握了运营“技术”，从而能在未来跨境电商的发展中获得一席之位。

1.3 如何在运营过程中不断创新提高

运营工作涉及的面很广，有时很多运营者在繁忙的工作中不知不觉一天就过去了，如此日复一日导致很多从业者在技能和对运营的理解上一直难以创新或者得到提高，每日都是做类似于“回邮件—处理投诉—发送自配送/FBA 货物—选品—上架”这一系列重复性操作。

如果你也陷入了上述这种恶性循环，导致运营效率迟迟不能获得提升，那么我推荐逐渐从操作、运营逻辑、理论体系和技术应用四大层面进行创新提高。

1.3.1 操作

操作上的创新提高非常简单，即“更快，更高效。”亚马逊运营有很多重复性事务，但是几乎每样事物都是可以通过技巧或学习优化的，例如原本回复邮件需要平均每天 40 分钟，那么能不能通过设定固定的回复模板缩短成 20 分钟；原本做 FBA 文件的时间是平均每天 90 分钟，那么能不能通过 Excel 的一些函数和公式缩短成平均每天 60 分钟；原本在数据分析上的时间是每天 60 分钟，能不能通过 Excel 的宏或者 SPSS 的一些功能缩短成 40 分钟等。

1.3.2 运营逻辑

为什么流量减少了？

为什么亚马逊的搜索排名不是直接按照销量来排列？

是不是转化率越高搜索排名越高？

这些疑问可能每个亚马逊的运营者都曾经有过，但是这些想法很可能只是一闪而过，然后又开始做重复性的工作。我认为一个优秀的运营者应该带着这些疑问去做日常的运营工作，然后使用“控制变量”[③]的方法一步步筛选出无关项，最终得出正确的结论和逻辑推导。（关于运营工作中涉及的数据的逻辑推导，详见第 7 章）

1.3.3 理论体系

大多数运营者都很难做到这一层创新和提升，因为虽然他们可能在运营的某个点上拥有出色的理解与表现，例如新品上架、review 维护或是选品等，但是没有成体系的知识去支撑。当需要在理论体系进行创新与提升时，运营者如果是在公司就职，基本担任主管及以上职位。

如果是自己创业，则可能已经达到一个中等卖家的体量。这时候考验运营者的不再是上架后能不能 × × 天出单，或者广告 ACoS 能不能降低到某个程度，而是能不能根据自身拥有的资源去做整合，做出最好的运营方案，这就需要一个完善的运营理论体系。其创新（提升）方法只有一个，那就是对不同运营点拥有足够的操作沉淀和运营思路的积累，所以在运营领域，不存在“一招鲜”的“万金油”技巧。

如果想在运营领域做到领先，就需要通过一遍遍运营操作和逻辑思路的积累，逐步搭建自己的运营理论体系。

---

③ 亚马逊运营的“控制变量”法类似于互联网产品使用的 A/B 测试。在控制某些条件不变的情况下，单独改变某些数值或者条件来观察结果的变动，最终确定优秀的方案。

1.3.4 技术应用

技术应用是未来较长一段时间运营的核心竞争力之一。因为随着跨境电商这一蓝海领域的不断发展，竞争也会更加激烈，留给中小卖家的空间会越来越小。与此同时，随着亚马逊 A9 算法的不断更新和机器学习等新兴科技的应用，“刷单”这种灰色手段的生存空间会逐渐缩小乃至消失，谁能将技术应用到运营工作中，谁就能获得先机。

在亚马逊运营工作中，至少有 50%的工作是重复性的，这些重复性的工作在未来很有可能是可以被人工智能所取代的，例如上架、回复邮件等。

其次，很多运营者对于自身的运营工作仍然是“经验至上”，而不是“技术至上”，但随着技术的发展，即使是最考验经验的“选品”，也可能会被图像识别技术渐渐取代，所以技术应用是未来较长一段时间内亚马逊运营的发展重心，也是趋势所在。

当然，对于中小卖家而言，技术不一定需要像图像识别、机器学习这般高深，往往一个高效的 ERP 系统，一个出色的关键字分析程序，就能帮其获得足够的销量和利润。但是不管如何，只有加大对技术应有的重视程度和研发力度，才能在未来获得更大的竞争力。

1.4 善用工具与技巧，提升工作效率

1.4.1 重复信息快捷输入

运营工作中涉及很多需要套用模板的情况，比如回复邮件、商品介绍页面语句选取等，如果只是使用模板界面复制粘贴会比较耗时，以下介绍一个比较实用的技巧——输入法用户自定义词库功能。

1. 选择“输入法”设置（不是每个输入法都可以自定义词库，在此以微软输入法为例），选择属性设置中的“词库和自学习”，然后选择“自定义短语”设置，

如图 1-10 所示。

2. 在词库中选择“添加”，然后设置缩写英文和对应短语，如图 1-11 所示。

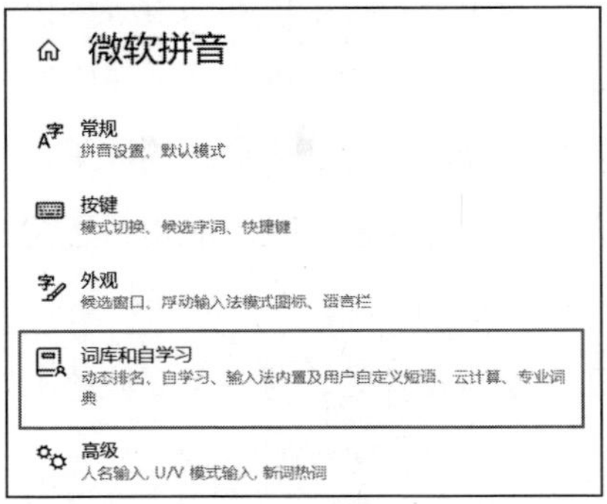

图1-10　微软拼音设置界面

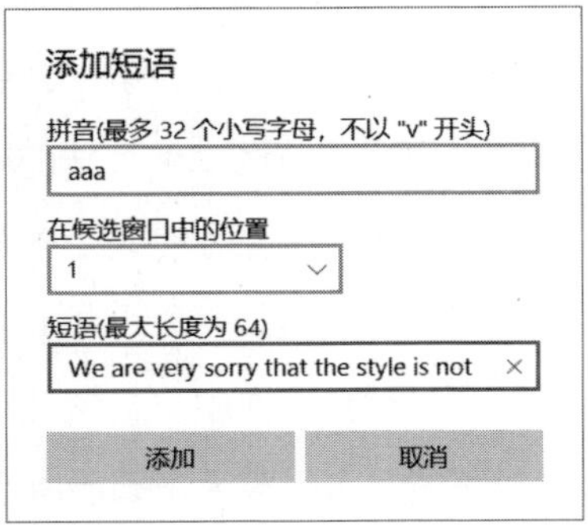

图1-11　微软拼音添加短语界面

3. 完成以后输入对应英文字母就可以快速回复板内容和输入商品介绍，如图 1-12 所示。

图1-12　微软拼音添加短语后输入“aaa”的快捷短语示例

1.4.2　地道 review 文本的获取

在运营过程中，有时我们需要自己去撰写一些 review 文本来给产品做直评，或者将产品送给客户然后让他们写一段指定 review。

在这个过程中，大多数运营者都是通过谷歌翻译或者百度翻译直接中译英草草了事，这样写出的 review 除了包含大量错误词汇外，在语法和语气上与真实购买顾客写下的 review 有天壤之别。

有时候想给自己写一个自夸的 review 直评，却因为上述原因导致用户反而对产品本身产生怀疑而拒绝购买。

实际上，针对不同产品，我们可以到一些网站上找到适合的 review 文本和素材。以 YouTube 为例，假设我想要写一个 dress 直评，那么我只需要在 You Tube

的搜索引擎中输入“dress review”，如图 1-13 所示。

图1-13　在YouTube的搜索栏中输入“dress review”

根据不同的标题点击我们需要整理素材的视频，然后可以发现在视频右下角有一个字幕的选项，如图 1-14 所示。

设置好选项后就可以在视频下方看到相关字幕了，如图 1-15 所示。

对于这些字幕可以选择一句句摘录，也可以选择专门的小程序或者软件将其下载下来一并编辑，其具体操作方法可以在网上查找获取信息，在此不再赘述。

图1-14　点击视频右下角的字幕显示

图1-15　将显示的字幕进行记录，转化成review文本内容

（示例中的文本内容为该视频拍摄者已经很久没有见到类似的款式了）

第2章

怎样提升运营工作的效率

● 如何在烦琐重复的运营工作中抓住重点，提升效率？

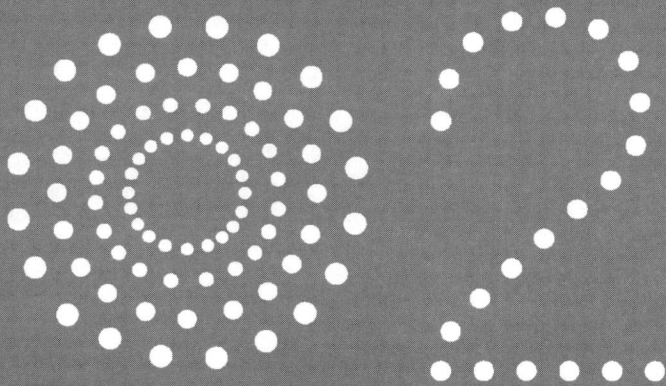

2.1 运营数据可视化

在运营时如果涉及关键字优化、标题优化或者广告优化时，因为其优化过程与产品的随机性以及优化逻辑的模糊性，很难准确判断一个优化行为（思路）是否是可靠的，我们很容易进入一个误区：今天我优化了×××产品，明天这个产品出单了、销量提升了，因此这个优化是好的，以后都这样做。

这种行为明显有“幸存者偏差”①（例如，某一天你使用某个第三方软件将其推荐的关键字输入到某个产品的关键字栏中，这个产品突然就卖爆了，但这并不意味着该第三方软件推荐的关键字百分百都是优秀的）的情况存在，所以我们在进行运营优化的时候，要使优化的过程“标准化”，优化的结果“可视化”。

案例分析：关键字优化效果评估

如果我们不做一些优化过程的“标准化”，那假设表格左栏是产品 SKU，右栏是优化相关记录，该 Excel 表格很有可能是这样的，如图 2-1 所示。

产品货号	优化说明
F21084	采用了流量最大的词汇×××
F21085	采用了搜索热度最大的词汇×××
F21086	采用了大卖们最多使用的标题×××
F21087	采用了review里最多使用的词汇×××
F21088	采用了×××软件推荐的词汇×××

图2-1 运营优化方法示例（左边为产品货号，右边为优化方法说明）

图 2-1 中的优化说明很多是很主观的，比如什么属于流量最大，是一天流量最大还是一个月流量最大？什么属于 review 里最多的词汇，是某一个 listing 的 review 统计还是一个类目的 review 统计……

因此，我们需要把优化过程“标准化”，需要严格定义这些优化过程，即“控

① 幸存者偏差是指，当取得资讯的渠道仅来自于幸存者即成功对象时，此资讯可能会存在与实际情况不同的偏差。

制变量”，像做科研一样，通过严格定义使我们的优化工作“可重复化”，继而“数据可比较化”：

A. 采用了流量最大的词汇×××→采用了在××类目中×月~×月流量最大的词

B. 采用了 Google Trends 中×××类目×月~×月搜索热度最大的词

C. 采用了于×月~×月，处于×××类目前××名大卖们最多使用的词

D. 采用了于×月~×月，处于×××类目前××名大卖 listing 中出现最多的词

E. 采用了×××软件在×月推荐的×××词汇，使用理由为该词×××××

当把优化思路“标准化”后，可以将上述的优化方法定义为 A~E。这时就需要开始“假设检验”②。假设需要测验 C 是否有效，那么需要把优化的结果可视化，因为一旦失去这个步骤，我们的运营工作表格很可能是呈现以下状态，如图 2-2 所示。

产品货号	根据C方法优化了几个关键字	优化后平均流量
F21084	4	18
F21085	5	15
F21086	3	5
F21087	1	2
F21088	5	21
F21093	2	3
F21094	3	6
F21095	4	12
F21096	1	1
F21097	2	5
F21098	2	9
F21099	2	6
F21100	5	13
F21101	4	20

图2-2　运营优化方法数值记录表

② 铃木敏文的《零售的哲学》中强调“假设”并不是凭空想象，而是以销售数据为出发点，结合市场信息，提前预知顾客的消费心理，从而完成“假设→执行→验证”这一系列步骤。

虽然方法“标准化”了，且有了平均流量这种可以记录和分析的具体数值，但是随着数据的增加，纯数值化的分析需要巨大的精力，因此需要把这些数据“可视化”。

在做“可视化”的工作之前，首先要厘清优化有效的逻辑关系，以上述优化记录表格为例，优化有效的逻辑如下：优化方法有效→平均流量增多，对于流量和出单时间有多种“可视化”的方式，这里我选择使用颜色色差的方式来体现。

颜色越深代表效果越好，其颜色由深到浅分别为深灰→浅灰。颜色越深代表了平均流量越大。对于C方法优化的关键字而言，同样采用深色到浅色的渐变，深灰色意味着用C方法优化了五个词，浅灰色意味着用C方法优化了一个词。

在Excel单元格的条件格式中，提供了色阶的功能，可以帮助我们快速做出一张可视化表格。这里对于C方法优化的关键字数量，可采用深灰到浅灰的渐变，深灰为优化了5个词，浅灰为优化了1个词；对于优化后平均流量也采用相同格式进行填充，颜色越深代表效果越好。通过对表格中第二列数据进行降序排列，最终可以得到如图2-3所示的一张运营工作表格：

产品货号	C方法优化关键词数量	优化后平均流量
F21085	5	15
F21088	5	21
F21100	5	13
F21084	4	18
F21095	4	12
F21101	4	20
F21086	3	5
F21094	3	6
F21093	2	3
F21097	2	5
F21098	2	9
F21099	2	6
F21087	1	2
F21096	1	1

图2-3　运营优化方法与颜色效果对比图

然后我们可以判断如果深色对应深色，浅色对应浅色，那么证明优化方法有效。很明显上图基本符合这个规律，那么C优化方法就是个有效的优化方法。

所以在合理搭配色彩和文本的基础上，一张表格可以承载大量的运营信息来帮助运营者对业务进行判断，从而理清运营的逻辑。

2.2 细分工作流程，抓住工作重点

亚马逊运营过程中，虽然涉及的工作内容难度并不是很大，但是涉及面非常广。正如零售行业的“二八定律”一样（20%的产品会带来 80%的销量和利润），在运营工作中同样存在着“二八定律”，即 20%的工作内容决定了 80%的工作成效。所以在对待日常的运营工作中，我们需要对每一个工作流程进行细分，然后逐步突破。图 2-4 是一般情况下亚马逊运营的单日工作内容流程图。

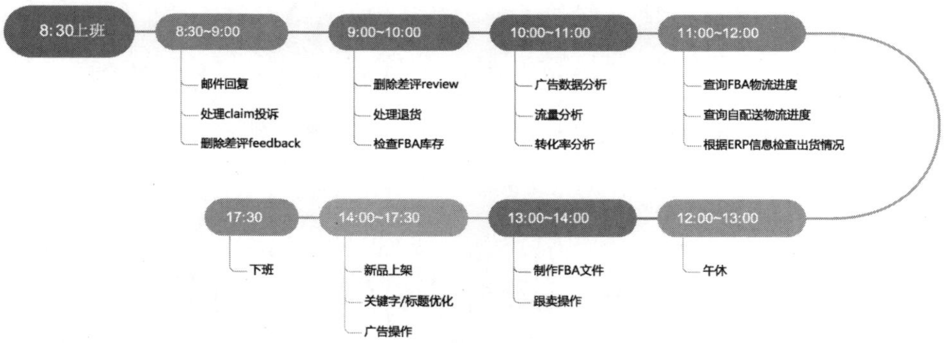

图2-4 运营单日工作内容

建立起如图 2-4 所示的工作流程图后，还需要将其每个细节进行细分，例如在流量分析与新品上架两项就可以细分成如图 2-5 与图 2-6 所示。

我们可以看到每个工作环节都可以像图 2-5 与图 2-6 所示拆分成很多个细节，很多运营工作者往往忽略了这些细节的整理，而是在运营过程中想到什么就做什么，这样往往缺乏效率。当细分工作流程之后，要做的就是将每个细节做到极致，然后观察各个细节对于运营结果的影响，最终确定哪些细节是属于“二八定律”中的 20%。

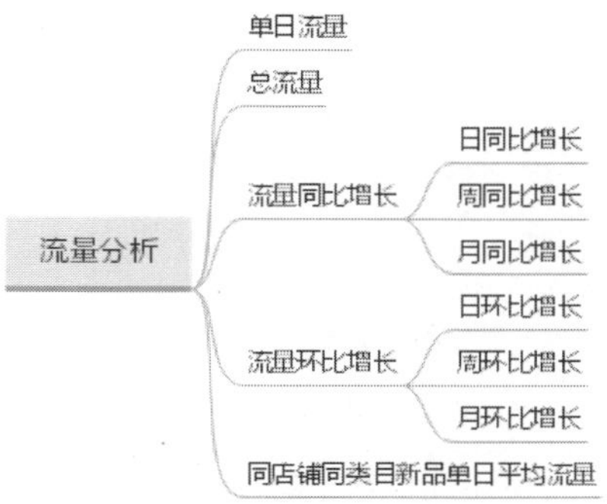
流量分析
单日流量
总流量
流量同比增长
日同比增长
周同比增长
月同比增长
流量环比增长
日环比增长
周环比增长
月环比增长
同店铺同类目新品单日平均流量

图2-5 流量分析思维导图

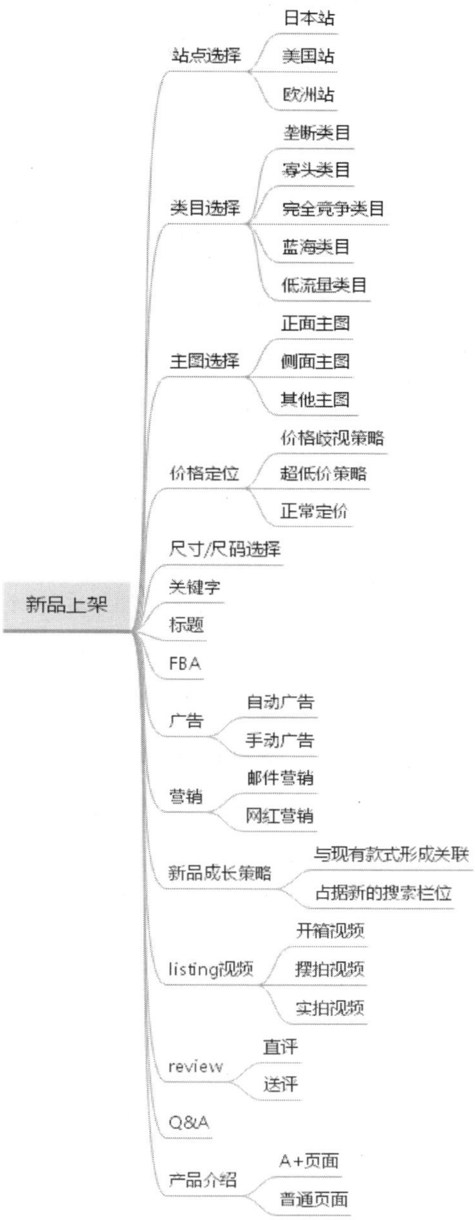
新品上架
站点选择
日本站
美国站
欧洲站
类目选择
垄断类目
寡头类目
完全竞争类目
蓝海类目
低流量类目
主图选择
正面主图
侧面主图
其他主图
价格定位
价格歧视策略
超低价策略
正常定价
尺寸/尺码选择
关键字
标题
FBA
广告
自动广告
手动广告
营销
邮件营销
网红营销
新品成长策略
与现有款式形成关联
占据新的搜索栏位
listing视频
开箱视频
摆拍视频
实拍视频
review
直评
送评
Q&A
产品介绍
A+页面
普通页面

图2-6 新品上架思维导图

2.3　善用逻辑分析与数学工具

所谓逻辑分析是指在运营过程中你要了解“什么”，导致了“什么”。比如“这款产品我发了20件作为FBA[③]库存”，导致了“产品销量增长了”，即为定性分析。而数学工具是指我们常用的数学公式和各种计算方法，它能帮助我们理解每一个运营决策会带来具体多少影响。

比如“这款产品我发了20件作为FBA库存”，导致了“产品销量增长了40%”，即为定量分析。

善用逻辑分析与数学工具，就是善用定性分析和定量分析。结合上节讲述的“细分工作流程”，定量分析可以帮助我们精确找到哪些属于运营工作中的关键步骤，比如新品上架刷直评是否必要？关键字挑选中是否完全参照流量大小？逻辑分析即定性分析的评判结果只有“对”与“错”之分，这对需应对众多事物的运营者而言是很方便的分析方法。

数学工具即定量分析则可以告诉我们“对”的事情做到“某种程度”可以“最对”，而“错”的事情做到“某种程度”可以“错的最少”，当积累了足够多的经验时，只要利用数学工具，即使面对大量的数据也能完成精确分析。

---

③ Fulfillment by Amazon，简称FBA，是由亚马逊配送的产品。产品先有供应商通过国际物流寄送到亚马逊海外仓库，当顾客购买后再由海外仓库直接配送到顾客手中，拥有其服务的产品listing会带有“prime”标志。

第3章

如何利用数据进行业务决策

- 运营者每天都会接触大量的数据，可是真的会有效利用这些数据吗？

3.1 运营数据分析

在从事运营职位时，每天的工作内容之一就是整理店铺的最新数据，其中包括销售额、流量、转化率、广告费用等。

这些日常数据的整理可能每天都需要占用 5%~10%的工作时间，但需要注意的是：**数据不是用来获得灵感的，而是用来验证灵感的！**

为什么这么强调呢？这是因为很多从事 Amazon 跨境电商的运营者，喜欢从数据中尝试 “挖掘” 一些有价值的信息，然后通过这些信息来“弯道超车”超越其他竞争者，这种想法明显是错误的，其原因如下：

1. Amazon 整个网上销售平台类似于一个虚拟世界，而个人店铺的数据无论是流量还是转化率与现实世界中的实体店数据几乎如出一辙，所以这些数据本身带有极大的不确定性。

比如你发现昨天转化率突然暴跌，然后自己猜测肯定是昨天上架的新品商品界面不够好，又或是关键词写错了等原因。

其实真实原因可能是 Amazon 上那段时间客户们因为某些原因参加了一些活动，又或是某些客观原因导致 Amazon 整体流量下降。这就好像你开实体店遇到下雨天客户数量减少一样，但是你永远不可能猜到下 1 秒会不会下雨。

2. 所有数据都是你所经营的 Amazon 店铺的一个短期的反映，而一家店铺是否能够长期成功经营，取决于产品、服务和物流这些“实实在在”的东西，单纯想通过转化率、流量的变动一味改进关键词、图片或者标题只会适得其反。

3. 数据有滞后性，学过统计学或者计量经济学的同人都知道，统计数据有时间序列数据和非时间序列数据，而 Amazon 上凡是能得到的数据基本都是时间序列数据①，即这些数据与时间具有很强的关联性，它只能解释过去，并不能预测未来。

---

① 时间序列数据是指在不同时间点上收集到的数据。这类数据反映了某一事物、现象等随时间的变化状态或程度，很多计量经济学的模型也用到了时间序列数据。

综上所述，作为运营者需要改变我们曾经的运营理念：

从过去的"数据变化→分析数据→获得灵感→改进运营工作"（ × ）

到现在的"获得灵感→运营实践→数据变化→分析数据→验证灵感"（√）

当然，这并不是意味着在进行灵感实践前就不需要数据分析，而是说数据分析是为了一次次去实践新的"创新"与"灵感"，直到证明自己的"创新"与"灵感"正确为止。

3.2 FBA 备货数量规划

仓储计划的设定是 Amazon 运营不可逃避的问题。跨境电商运营和国内电商运营不同，仓储计划的设定必须非常科学而且严谨，一方面是因为商品本身从中国运往美国花费的时间更长，另一方面更是因为 FBA 备货需要实时更新库存。以下介绍几个常用的仓储数量规划技巧。

在介绍不同的模型前，先预设几个计算时需要使用的参数变量（这些参数变量都可以在 Amazon 后台的 Business Report 中查询，在此不做赘述）：

FBA 7 天销售量 —— S_7；

FBA 14 天销售量—— S_{14}；

FBA 30 天销售量—— S_{30}；

FBA 30 天备货量—— I_{30}。

3.2.1 销售额叠加法

1. 适合商品类目

- 非季节性产品；
- 销售额稳定商品；
- 标准化产品，例如 3C 产品；
- 非爆款。

2. 计算方法：

$$I_{30} = S_7 \times 4 \quad (3\text{-}1)$$

3. 使用方法

直接将产品 7 天销量乘以 4 即可，没有特别需要留意的地方。

4. 方法评价

- 适用范围小；
- 计算误差大；
- 计算方便简单；
- 无法预测爆款与热销款的销量，容易出现断货。

3.2.2 多阶段销售额加权法

1. 适合商品类目

- 销售额有一定波动；
- 非标准化产品；
- 销售额随行业整体趋势浮动；
- 非个性类产品；
- 非爆款。

2. 计算方法

$$I_{30} = S_7 + S_{14} \div 2 + S_{30} \div 2 \quad (3\text{-}2)$$

权重分别为 100%，50%，50%的计算公式（产品 listing 已经进入稳定期，销量处于小幅度波动阶段时，可以使用该计算公式）：

$$I_{30} = S_{14} + S_{30} \div 2 \quad (3\text{-}3)$$

权重分别为 0%，100%，50%的计算公式（近期一周因为意外情况，例如突然的关店/跟卖等，导致短时间销量下滑时，可以用该计算公式）：

$$I_{30} = S_7 + S_{30} \times 0.75 \quad (3\text{-}4)$$

权重分别为 100%，0%，75%的计算公式（过去一个月至过去半个月期间，销量处于波动，直到近期一周销量才稳定时，可以用该计算公式）：

……

3. 使用方法

如果产品突然快速增长，近 7 天销量因为 FBA 库存售罄造成销量下滑，那么在下次备货时就需要将 14 天或者 30 天的销量权重增加，而将近 7 天销量的权重降低。反之，如果产品销量突增且 FBA 货源充足，那么就需要将近 7 天的权重增加。

4. 该方法评价

- 适用范围广；
- 计算误差适中；
- 计算方式灵活多样；
- 权重推导比较麻烦；
- 无法预测爆款与热销款销量，容易出现断货。

3.2.3 一般计量法

1. 适合商品类目

- 销售额有大幅度波动；
- 非标准化产品；
- 即将上季/脱季类产品；
- 个性类产品；
- 爆款（一般适用于销量快速增长且日销量大于每天 30 件的产品）。

2. 计算方法

$$I_{30}=\frac{30}{7}\times S_7\times\frac{S_7\times\frac{30}{7}-S_{14}\times\frac{30}{14}}{7}\times\frac{S_{14}\times\frac{30}{14}-S_{30}}{16} \tag{3-5}$$

为了便于计算，拆解公式：

计算方法：（其中的 k_1，k_2，k_3 为计算中间变量，无实际意义）

$$k_1 = (\frac{S_7}{7} - \frac{S_{14}}{14}) \div 7$$

$$k_2 = (\frac{S_{14}}{14} - \frac{S_{30}}{30}) \div 16$$

$$k_3 = \frac{k_1 + k_2}{2}$$

$$I_{30} = 30 \times (S_7 \div 7 + k_3 \times 14)$$

3. 使用方法

该方法重点针对销量高速增长的爆款类产品，其计算原则以日均销量的增长幅度为斜率，参考 30 天、14 天及 7 天日均销量的变化来计算产品未来 1 个月的波动趋势进行备货。

在 Excel 表中使用一般计量法和销售额叠加法，进行备货计算的数值对比如下所示：

最近7天销售量	最近14天销售量	最近30天销售量	销量趋势	k1	k2	k3	计量法备货量	叠加法备货量
20	30	50	销量上升	0.10	0.03	0.07	113	86
20	50	120	销量下降	-0.10	-0.03	-0.06	59	86
20	30	120	销量下降	0.10	-0.12	-0.01	83	86

我们可以看到销售额叠加法的备货量，是不会随过去销量的波动而改变的，但是一般计量法的备货量，是会随过去数据的变化而变化，因此也更加精确。

4. 方法评价

- 适用所有商品；
- 计算误差小；
- 计算方式统一；
- 可以预测爆款和热销产品，出现脱销概率小；
- 如果短期出现严重 review 波动，实际销量与预估值之间的误差会增大。

除了上述 3 种方法可以用来预估产品销量进行备货外，还有更多更精密的供应链管理方法可以参考。鉴于其多数理论要求的知识体系难度较大，本书只是点到为止。感兴趣的朋友推荐你阅读《Logistics and Supply Chain Management》②一书，该书可以帮助你对于供应链管理有一个系统性的理解。

② 《Logistics and Supply Chain Management》即原版的《物流供应链管理》。

需要注意的是，上述公式在平时的运营工作中需要根据自身经营的规模大小以及产品类目的不同进行选择与使用。**实际备货时仍然需要结合经验、行情、成本等因素综合考量，否则可能会产生较大的误差。**

3.3 店铺销量波动预测

该分析板块主要是针对以下数据进行分析：

- FBA/FBM[③]占比变化；
- FBA/FBM 每日绝对数据变化；
- FBA/FBM 每周期相对数据变化；
- 销量波动及趋势变化。

其具体图表形式如图 3-1 所示。

		日期	预估销售额	总销售额	环比增长	FBA销售额	FBA同比增长	自配送销售额	自配送同比增长
四	1	8月17日	2646	3211.87		1596.16		1615.71	
五	2	8月18日	2765	3376.35	5.12%	1777.65	-6.80%	1598.7	-12.33%
六	3	8月19日	2884						
日	4	8月20日	3003						
一	5	8月21日	3122						5.55%
二	6	8月22日	3241						2.39%
三	7	8月23日	3360						0.31%
四	8	8月24日	3479						7.79%
五	9	8月25日	3598						49%
六	10	8月26日	3717						0.66%
日	11	8月27日	3836						59%
一	12	8月28日	3955						18%
二	13	8月29日	4074						55%
三	14	8月30日	4193						17%
四	15	8月31日	4312						00%
五	16	9月1日	4431						57%
六	17	9月2日	4550						25%
日	18	9月3日	4669						23%
一	19	9月4日	4788						00%
二	20	9月5日	4907						66%
三	21	9月6日	5026						42%
四	22	9月7日	5145						81%

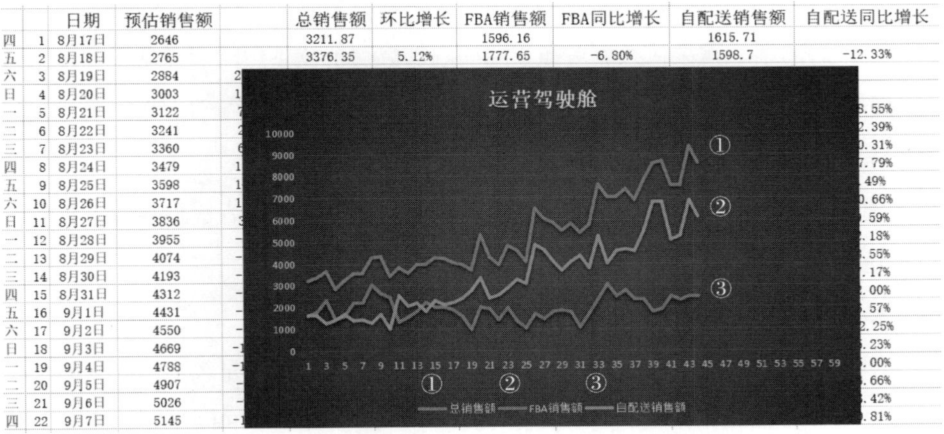

图3-1   运营业绩记录表

1. FBA/FBM 占比变化

每天在记录总销量和总销售额的同时需要单独记录 FBA 与 FBM 的销量与销

---

③ Fulfillment by Merchant，简称 FBM，即自配送，指直接由卖家仓库发往顾客手中的订单。相比于 FBA 物流配送时间会长 10 天以上，但是成本会比 FBA 低 5%~20%。

售数值，两者占比的波动表明了店铺新品开发的进展和速度。

当 FBA/FBM 占比较高时，说明店铺处于一个稳定的阶段，新品开发进展速度较慢，对未来款式更新和季节迭代的风险抵抗程度较低；

当 FBA/FBM 占比平均时，说明在 FBA 的销量上仍然有很大的优化空间，同时自配送的高占比表明店铺新品开发进展较好，拥有较高的款式更新抵抗风险，在未来 1~3 个月内不出意外的情况下，可以保持乃至冲向更高的销量；

当 FBA/FBM 占比较低时，表明店铺处于快速上升期（小型店铺除外），这时发送 FBA 是当务之急，同时因为自配送物流速度慢，review 更新频率低，所以这时候店铺最大的风险是，**发送 FBA 后热卖 listing 快速产生大量差评，**在这种情况下需要对产品质量严格把关，如果质量不过硬，宁可不发 FBA，以确保 listing 存活时间更久从而获得最大利润。

2. FBA/FBM 每日绝对数据变化

环比变化：记录该数值是为了当店铺达到一定体量时（例如日均 5000+美元），可以了解到店铺经营类目其流量在一周期内的波动规律（一般一周期设置为一周时间），例如每周日流量最小、每周四会有流量的低峰、每天××:00~××:00 会有流量小高峰等。

通过寻找这些规律，再去寻找其背后深层的原因，了解店铺顾客群体背后的行为逻辑。

3. FBA/FBM 每周期相对数据变化

同比变化：记录该数值是为了分析店铺 FBA/FBM 的销售量较上一周期同一时间是否处于上涨/下降阶段；同时，该数值也能体现当某一批 FBA 产品入库后，其销量有无出现明显的增长。

4. 销量波动及趋势变化

可分为两种分析，即**定性分析**和**定量分析**。

（1）**定性分析**。即判定销量是否上升。只需要通过 Excel 软件自带的图表功能即可直观体现，如图 3-2 就是很明显的销量上涨。判定方法比较简单，在此不做赘述。

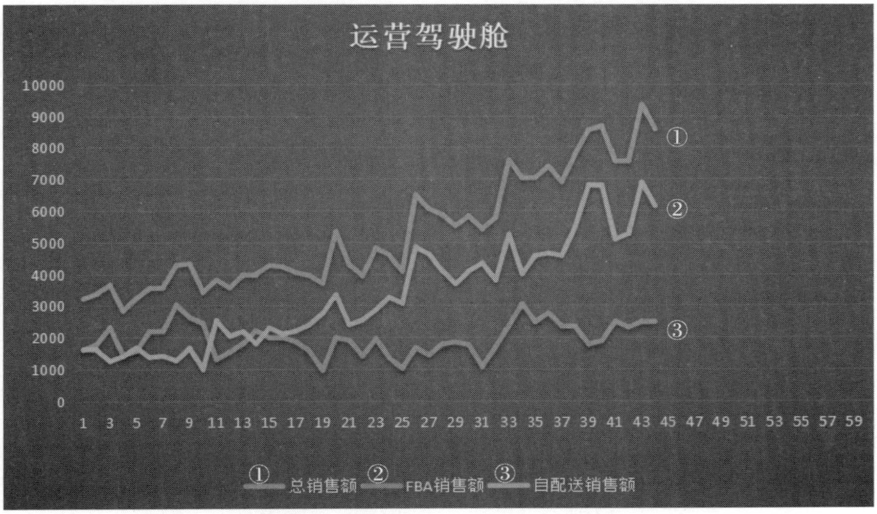

图3-2　运营业绩波动趋势示意图（FBA、FBM、总销量）

（2）**定量分析**。即根据过去的销量预测未来的销量。这里使用计量经济学常用的一种方法：最小二乘法[④]（注意，该方法属于大致预测而非精确预测，当店铺销量数据较大时，需要更换其他方法），其在 Excel 的设置方法，如图 3-3 所示。

设Yi=a+bXi

将已知Yi,Xi列于Excel表A,B列中

例如Yi位于A1:A10，Xi位于B1:B10

则可利用函数计算：

斜率=SLOPE(A1:A10,B1:B10)

截距=INTERCEPT(A1:A10,B1:B10)

图3-3　最小二乘法的操作说明

---

④ 最小二乘法（又称最小平方法）是一种数学优化技术。 它通过最小化误差的平方和寻找数据的最佳函数匹配。 利用最小二乘法可以简便地求得未知的数据，并使得这些求得的数据与实际数据之间误差的平方和为最小。 最小二乘法还可用于曲线拟合。

通过该方法可以在每日数据的基础上得出一个预测销量数据，如图3-4所示。

日期	预估销售额		总销售额
8月17日	2646		3211.87
8月18日	2765		3376.35
8月19日	2884	23.45%	3651.55
8月20日	3003	13.98%	2833.74
8月21日	3122	7.87%	3232.76
8月22日	3241	2.66%	3548.81
8月23日	3360	6.60%	3583.35
8月24日	3479	13.18%	4276.04
8月25日	3598	16.74%	4324.31
8月26日	3717	11.31%	3414.59
8月27日	3836	3.58%	3811.77
8月28日	3955	-6.28%	3559.43
8月29日	4074	-4.48%	3961.95
8月30日	4193	-5.83%	3988.5
8月31日	4312	-2.86%	4268.92
9月1日	4431	-3.49%	4227.37
9月2日	4550	-5.70%	4039.5
9月3日	4669	-10.50%	3949.49
9月4日	4788	-16.55%	3699.44
9月5日	4907	-9.73%	5316.77
9月6日	5026	-9.64%	4285.63
9月7日	5145	-10.23%	3932.58
9月8日	5264	-15.59%	4811.08
9月9日	5383	-15.55%	4592.51

图3-4　最小二乘法的预估销量

该方法计算出的参考数据意义为：设最小二乘法计算所得数列为{a}，那么当店铺处于销量上涨时，数列中对应的数字大概率为销量的下限；当店铺销量下降时，数列中对应的数字大概率为销量的上限；当店铺销量处于稳定期且带有一定波动时，该数值随波动的增大参考性逐渐下降。

3.4　爆款产品数据特征

图3-5中灰色线条代表产品“3”，橙色与蓝色线条代表其他两个普通产品。（因为书籍是黑白印刷，所以在图3-5与图3-6中用数字1，2，3分别注明了这三个不同产品）。我们可以非常明显地看到爆款流量变化具有一个明显特点：**“爆款”流量呈指数上涨，远高于其他款式**。

根据流量转化率公式，可以得到第一个结论：“爆款”订单数量随流量增加而增加，两者之间的增长相关性就是“转化率”，在流量指数上涨的前提下，订单额也几乎呈现指数上涨趋势。

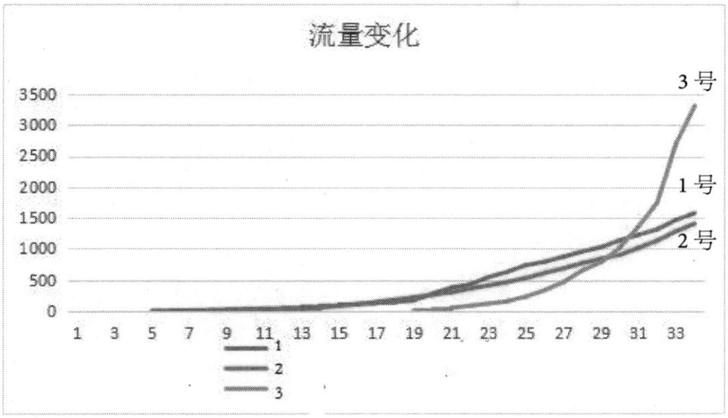

图3-5　产品流量变化（图中3号产品为爆款产品，其流量数值在最后1周内出现指数性增长）

图 3-6 是 3 个款式订单数量的变化，也验证了我们推断出的第一个结论的正确性，由此可以推断出第二个结论：**“爆款”的商品排名相对于普通款式会出现一个快速上升的趋势**。当然，部分类目的爆款本身可能还会受季节和天气等因素的影响，但是无论如何，其在流量、排名与销售量上的表现都是非常出色的。那么如何寻找和打造这些爆款产品呢？本书从第四章开始将做详细介绍。

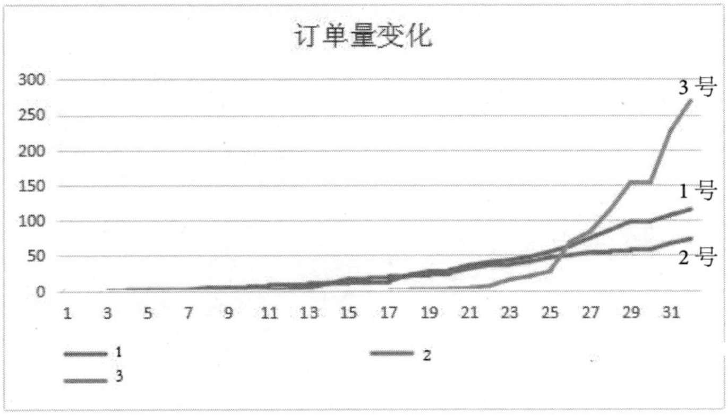

图3-6　产品订单量变化示意图

第 4 章

打造爆款第一步——优秀的选品

- 如何找到一个好的产品？为什么它是一个好的产品？

04

4.1 如何找到潜力类目

对于亚马逊平台而言，大部分类目如图书、3C 产品等标准品分类都比较清楚，选产上架往往会限定在单一类目中；而服装等非标品类目虽然也有完善的分类标准，但总会有部分产品因为其款式特征，导致分类较为模糊，或者同时适合多个类目。如果在新品上架前不做适当的类目竞争度分析，容易误入较难出单的冷门类目。此时，我们必须对不同类目进行分析，通过排名数据逆推其销售情况，最终找到潜力类目。

以女装大类目中的“Coats, Jackets & Vests”类目为例来进行分析，分别记录所有“Coats, Jackets & Vests”中各个类目排名 5、30 和 80 的产品（这里抓取的小类目排名，旨在了解一个类目的整体销量信息，所以选择了头部排名第 5 位、中部排名第 30 位、尾部排名第 80 位的 Shops 排名）。

在实际的运营过程中，卖家可以依据类目的不同适当调整排名序号。在亚马逊平台的任一类目中，只要有过将产品从几万名成长为类目 top100 的经验，就可以根据 shops 排名推算出对应的销量。对于新入门的卖家，也可以使用第三方软件推导出对应的销量，如图 4-1 所示。

小类目排名、大类目排名、销量信息	Women's Coats, Jackets & Vests	Women's Down Coats & Parkas	Women's Wool & Pea Coats	Women's Trench, Rain & Anoraks	Women's Quilted Lightweight Jackets	Women's Casual Jackets	Women's Denim Jackets	Women's Leather & Faux Leather Jackets & Coats	Women's Fur & Faux Fur Jackets & Coats	Women's Outerwear Vests	Women's Active & Performance Outerwear
类目排名5产品的“Clothing, Shoes & Jewelry”排名	482	1264	4478	1768	6885	5616	6312	2100	6834	1973	881
类目排名30产品的“Clothing, Shoes & Jewelry”排名	2074	9677	15178	11857	31887	22648	40597	34912	63674	11667	7842
类目排名80产品的“Clothing, Shoes & Jewelry”排名	4073	24536	40105	26463	176925	53181	98846	63357	880130	31311	24110
类目排名5产品的推导日销量	70	55	20	40	20	20	20	40	20	40	60
类目排名30产品的推导日销量	40	15	8	15	5	6	4	5	2	15	16
类目排名80产品的推导日销量	22	5	3	5	0	2	0	1	0	5	5

图4-1 各个不同类目排名信息与销售数据对比

图 4-1 的上面 3 行分别为各类目 2017 年 12 月排名 5，30，80 产品的“Shops”排名，下面 3 行则为该排名推导出的此产品 1 天的出单量（旺季），可以发现如下规律：

（1）在类目“Women's Down Coats & Parkas”“Women's Leather & Faux Leather Jackets & Coats”“Women's Active & Performance Outerwear”中，排名第 5 的产品

销量与排名第 30 和第 80 的销量存在巨大差距，虽然这 3 个类目从“Shops”排名中看到每天的出单总量比较乐观，但是基本被 top10 产品垄断①，这些类目为“垄断类目”。

（2）在类目“Women's Wool & Pea Coats”“Women's Casual Jackets”中，排名 5，30，80 的产品销量和排名差距相比于其他类目差距较小，虽然此类目流量不大，但出单量分布均匀，竞争较小，所以这些类目为“蓝海②类目”。

（3）在类目“Women's Quilted Lightweight Jackets”“Women's Denim Jackets”“Women's Fur & Faux Fur Jackets & Coats”中，可以发现这 3 个类目整体流量较小，即使排名 top5 出单量也不大，所以这些类目为“低流量类目”。

（4）在类目“Women's Coats, Jackets & Vests”中，可发现该类目流量、单量巨大，排名 5、30、80 的产品虽然有一定的销量差距，但是这些差距并不是呈指数倍的增长或者下降，代表此类目产品竞争非常激烈，是典型的“红海③类目”。

针对上述类目的竞争度和流量分析，我们可以对需要上架的新产品做出如下决策：

（1）如果对产品款式非常有信心，认为该款式一定为下一个阶段的类目“爆款”，那么必须上架到“红海类目”中。因为该类目拥有所有类目中最大的流量与曝光率，产品的成长周期会大大缩短，如运营得当可以使产品获得最大的订单量。

（2）如果新上架的产品仅仅属于“款式一般”且“能卖的款式”，推荐上架到“蓝海类目”。因为这里竞争不算激烈，流量中等，也不会遇到那些垄断的巨头使你根本出不了单。但是一旦上架到“蓝海类目”后你款式的上限也就被决定了，因为即使你的产品排到该类目的 top1 也很有可能销量不及“红海类目”的排名 50

---

① 垄断（英语：Monopoly），或称卖者垄断、独卖、独占，一般指唯一的卖者在一个或多个市场，通过一个或多个阶段，面对竞争性的消费者。

② 蓝海市场属于市场的一种类型，蓝海代表当今还不存在的产业，这就是未知的市场空间。

③ 红海市场属于市场的一种类型，红海代表现今存在的所有产业，也就是我们已知的市场空间。

名的产品，所以一定要在上架前把控好产品市场潜力的大小。

（3）如果是“过季产品”“没什么信心的产品”或者“测款产品”，推荐上架到绿色的“低流量类目”，这些类目因为整体流量较低，竞争度非常小。比如在“Women Quilted Lightweight Jackets”类目中如果你每天能稳定出 1~2 单，那么你的产品就已经能够排到该类目的 top100 中。产品的流量=广告流量+搜索流量+排名流量+关联流量，而关联流量与排名流量是非热门产品流量的重头，对于那些可能在“红海类目”或者“蓝海类目”都没什么竞争力的产品，不妨上架到“低流量类目”中，提前通过广告让产品出单然后进军类目 top100，再通过类目排名提升获得的排名流量和关联流量让产品慢慢地卖出去，这不失为一个不错的选择。

（4）当对自己的产品非常有信心，且在 FBA、营销、广告经费等一应俱全的情况下，尝试上架“垄断类目”（注意，我只是说尝试上架），一旦发现出单量很低或者无法出单应立即更换类目。灰色的“垄断类目”一旦攻克下来可以带来近乎完美的市场占有率和出单量，但那除了需要高超的运营技巧外更需要出色的营销手段，单单依赖产品和运营是很难在这些类目中让产品排到 top5 或者 top10 的。

总而言之，所有的类目选择不是“想当然”，而是根据“卖点”“市场竞争度”“类目流量大小”等要素判断选择哪种类目，然后去精确地抢占那个类目的市场。

4.2 如何了解市场需求

以服装行业为例，因为中国人很难抓住外国用户的需求和审美，所以如果不多加思考，直接把符合我们审美和需求的商品搬到亚马逊上销售，则很可能连流量都不会产生。这时候就需要改变自己选品的角度，分别以竞争者与顾客的角度去了解市场需求。

4.2.1 以竞争者角度了解市场需求

所谓以竞争者角度去了解市场需求就是站在同我们竞争的外国卖家角度去考虑产品的定位和选择。美国与中国国情有很大不同，中国的 B2C 网站几乎清一色都是互联网起家的，但是美国前 10 的 B2C 网站中，除了亚马逊外剩下 9 家都是有线下实体零售业背景的，所以美国线上线下一体化已经相当完善。亚马逊上几乎每一个美国大卖都拥有自己的独立站，我们可以去他们的独立站上观察款式/产品趋势的变化，从而找到某些规律（如图 4-2 所示就是一个外国裙子的独立站点）。

当然，这里不推荐直接以亚马逊上的大卖作为参考，因为亚马逊已经入驻了大量的国内卖家，你并不能确保你所参考的对象一定是外国人。

图4-2 独立网站（图中的品牌叫做“NET-A-PORTER”）

4.2.2 以顾客角度了解市场需求

从顾客角度了解市场，除了要去关注其重点提到的好评和差评，还要综合对比平均与链接本身的描述。对于顾客而言，在购买前对产品已经产生了一定的期望，在进行购买以后，则会将产品真实水平与购买前的期望进行比较，最后才会留下 review。由于定价、物流、客服等因素都会对顾客留 review 产生影响，因此在选品时需要剔除以上因素，分析顾客真实需求。这种分析方法一般在标准品中使用较多，其参考的依据可以是 Q&A（如图 4-3），也可以是 review。当然，现在亚马逊平台根据顾客 review 还有了 review 关键字汇总的功能（如图 4-4）。

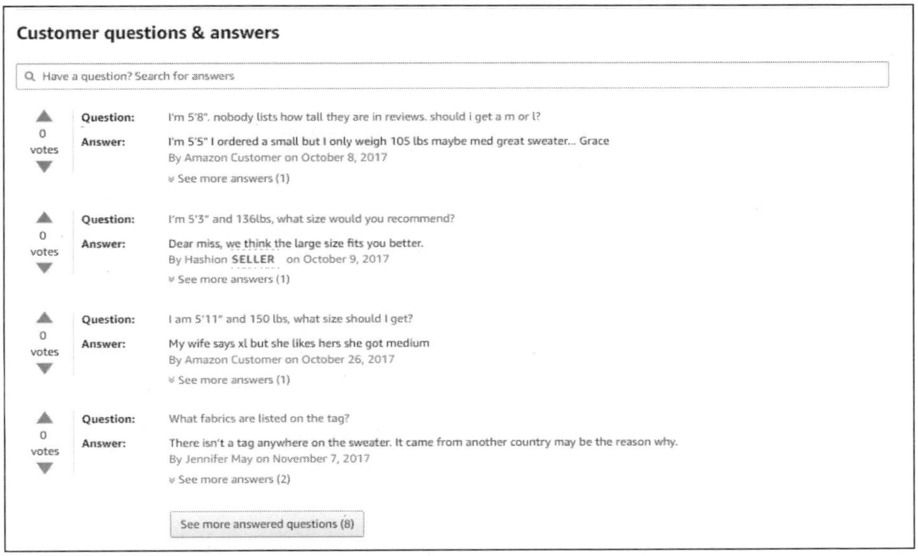

图4-3　Q&A部分（“Customer question & answers”的意思是顾客问题与回答）

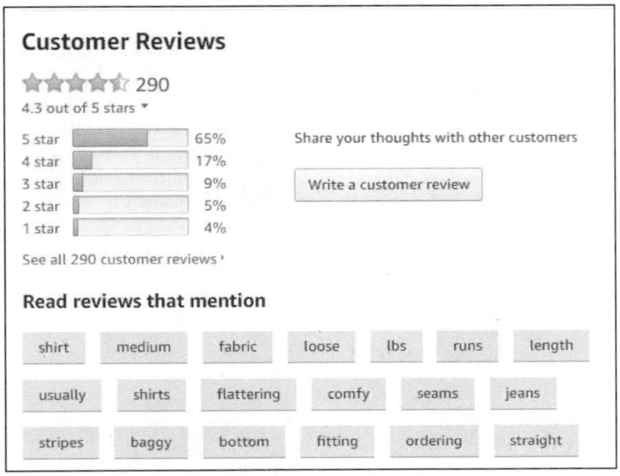

图4-4　review部分，下方为review的关键字汇总（“Customer Reviews”的意思是顾客评价）

4.3 选品方法一——多平台比较法

多平台比较法是一种最常见也是比较实用的选品方式，Amazon 的运营者可以实时关注 Wish、速卖通、ebay 或者国外独立站点等其他平台上的，爆款数据和销量上升款式，然后根据自己的需求，把具有市场潜力的款式直接搬到亚马逊上进行销售。

以亚马逊平台为例，假设要在亚马逊平台进行选款，选品逻辑共分为上架别人的热卖款和上架别人还处于成长的潜力款两大类，以下重点论述第一类选品逻辑。对于第二类选品逻辑，会在下一小节即“选品方法二——数据抓取法”中讲述。

第一类上架别人已经热卖的热卖款又可以分为以下两小类。

1. 上架别人现在正在热卖的款式

评判标准就是 listing 历史排名以及第一个中部推荐栏是否为 4 星以上推荐产品广告。不论是新款还是老款，如果 listing 中部推荐栏的第一个是下图 4-5 形式，就代表该产品 listing 已经占据稳定的搜索栏位。

图4-5 “4 stars and above Sponsored”（4星以上推荐产品广告）栏位示意图

对于这种 listing，如果其排名比较优秀且销量较高，那么即使我们销售与其一模一样的产品，也是不可能成功的。

那么，有没有可能在“上架别人现在正在热卖的款式”情况下实现反超？

有，只有两种情况下才可以反超：

（1）前者质量差/listing 操作失误/review 评分低/FBA 断货。在亚马逊上无论你 listing 多华丽，刷单多疯狂，只要 review 评分一低立马销量爆减。

（2）原 listing 在关键字/标题/广告中严重遗漏部分市场。

出现（2）这种情况具有很强的技术瓶颈和运气成分，因为亚马逊的搜索规则是：假设你 listing 所有的关键字/标题都不包含 A，那么在 A 的搜索结果下是肯定不会出现你的 listing，这时候如果专攻 A 的搜索结果和搭配，可以抢到一定市场，但是这更多是因为前大卖 listing 运营的失误而非我们运营的成功。

一般而言，合格的运营者是会包含 90%的搭配和组合的，大多数情况下不能指望我们的竞争对手出现这种低级错误。

2. 上架别人曾经热卖的款式（较多 review）

我们首先了解以下两个产品的排名信息，如图 4-6、图 4-7 所示。

Shipping Information: View shipping rates and policies
ASIN: B07569T5XM
Date first listed on Amazon: August 28, 2017
Amazon Best Sellers Rank: #100,105 in Clothing, Shoes & Jewelry (See Top 100 in Clothing, Shoes & Jewelry)
 #519 in Clothing, Shoes & Jewelry > Women > Clothing > Sweaters > **Cardigans**
 #55523 in Clothing, Shoes & Jewelry > Women > **Shops**
Average Customer Review: ★★★☆☆ ▼   59 customer reviews
If you are a seller for this product, would you like to **suggest updates through seller support?**

（a）排名信息1

Shipping Information: View shipping rates and policies
ASIN: B07516GLL8
Date first listed on Amazon: August 21, 2017
Amazon Best Sellers Rank: #70,013 in Clothing, Shoes & Jewelry (See Top 100 in Clothing, Shoes & Jewelry)
 #371 in Clothing, Shoes & Jewelry > Women > Clothing > Sweaters > **Cardigans**
 #2635 in Clothing, Shoes & Jewelry > Women > Clothing > **Active**
 #39308 in Clothing, Shoes & Jewelry > Women > **Shops**
Average Customer Review: ★★★☆☆ ▼   141 customer reviews
If you are a seller for this product, would you like to **suggest updates through seller support?**

（b）排名信息2

图4-6　产品类目排名信息

以上两个产品信息所对应的产品图片如图 4-7 所示。

图4-7　产品图片示意图

从产品排名信息可以看到其都是 2017 年上架，曾经大卖过（通过观察这个产品 listing 的 review 分布规律，可以发现在 2017 年年末，该产品大概率连续 2 个月日销 100 件以上），但是现在都不再热卖。再看下面 2 个产品排名信息（**如下两个产品的产品主图与图 4-7 一致，因此可以判断为同一产品**），如图 4-8、图 4-9 所示。

Shipping Weight: 1.23 pounds (View shipping rates and policies)
ASIN: B07F7X2CTR
Date first listed on Amazon: July 4, 2018
Amazon Best Sellers Rank: #1,422 in Clothing, Shoes & Jewelry (See Top 100 in Clothing, Shoes & Jewelry)
  #13 in Clothing, Shoes & Jewelry > Women > Clothing > Sweaters > **Cardigans**
  #904 in Clothing, Shoes & Jewelry > Women > **Shops**
Average Customer Review: ★★★★★ ▾　1 customer review
If you are a seller for this product, would you like to **suggest updates through seller support?**

图4-8　产品类目排名信息3

Shipping Information: View shipping rates and policies
ASIN: B07DR3XSL3
Item model number: LY0001
Date first listed on Amazon: June 14, 2018
Amazon Best Sellers Rank: #51,018 in Clothing, Shoes & Jewelry (See Top 100 in Clothing, Shoes & Jewelry)
  #60 in Clothing, Shoes & Jewelry > Women > Clothing > Sweaters > **Pullovers**
  #301 in Clothing, Shoes & Jewelry > Women > Clothing > Sweaters > **Cardigans**
  #28895 in Clothing, Shoes & Jewelry > Women > **Shops**
Average Customer Review: ★★★★☆ ▾　4 customer reviews
If you are a seller for this product, would you like to **suggest updates through seller support?**

图4-9　产品类目排名信息4

与此同时我们可以看到其 listing 推荐栏位的属性分别如图 4-10、图 4-11 所示。

图4-10 “Customers who viewed this item also viewed”（浏览了这个产品的顾客也浏览了……）栏位1

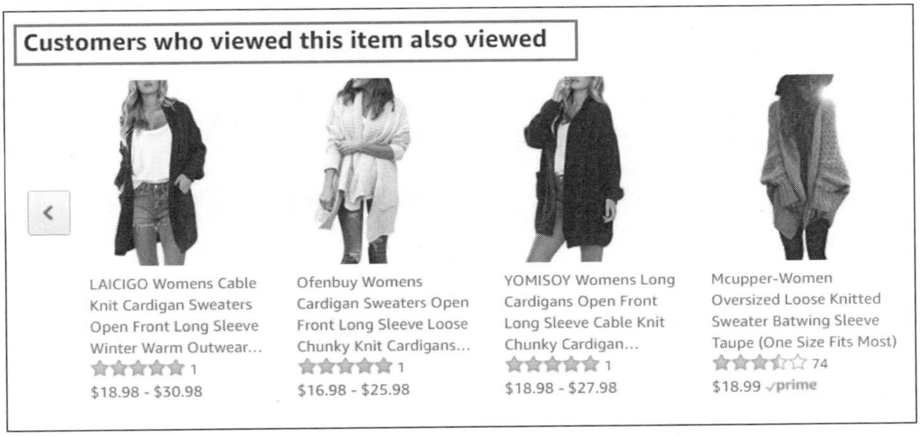

图4-11 “Customers who viewed this item also viewed”（浏览了这个产品的顾客也浏览了……）栏位2

很明显，产品热卖且还在成长期，售卖产品和原产品一模一样，这就是突破点。从概率上讲，从各种各样的款式中出现一个爆款的概率低于 5%，但是同时有两家普通店铺上架且销售 1 年前热卖的产品获得成功。所以我们可以知道如果你在价格/质量上有一定优势，可以做出如下选品判断：

（1）选择近 1 年左右曾经非常热卖的产品（review 数量较多且有好几个 listing 销售该产品）。

（2）现在该产品已经不再热卖。

（3）同样销售该产品，供应链能确保质量与价格的优势。

如果三者同时符合，就可以将其作为我们的销售对象进行推广与销售。

但需要注意的一点是，当前亚马逊再次调整了其产品推荐规则，以上所举案例中出现的“Customer who viewed this item also viewed”(看了又看)出现的时间窗口期比较短，而更多成长期的 listing 中部推荐栏逐渐被“4 stars and above Sponsored”（4 星以上推荐产品广告）所占据。因此卖家在选品时需要对此类产品的上架日期和销售排名做一综合判断。

需要注意的是该方法有利也有弊。

利：

- 方法简单，选品方便，可实时操作；
- 平台数据直观显示，销量变化一目了然。

弊：

- 无法冲击市场空白，选品思路仍属跟卖性质；
- 销量很大概率上不会超过第一个开发款式的卖家（见图 4-12）；
- 数据具有较大滞后性。

排名	图片	名称	销量 ↓	销量增长率 ↓	销售额 ↓
1 火 新		Casual Fashion Men Quartz Watch Leather Strap Pin Buckle pumianbA	905697	--	$14491152
2 火 新		Casual Fashion Men Quartz Watch Leather Strap Pin Buckle yuyaoyou	457531	--	$7320496
3 火 新		Casual Fashion Men Quartz Watch Leather Strap Pin Buckle Lioing	422232	--	$2111160
4 新		Casual Fashion Men Quartz Watch Leather Strap Pin Buckle Li Qi children's c...	415485	--	$7478730

图4-12　产品销量数据对比图

4.4 选品方法二——数据抓取法

在第 3 章中，我们已经知道“爆款”在排名和销量上的表现是非常出色的，即在短时间内爆款会以一个惊人的速度提升排名。因此，我们可以通过这一逻辑来抓取亚马逊的排名信息，从而获知哪些是有潜力的爆款。

从事 Amazon 运营的从业者都知道，商品排名虽然是综合性排名，但是主要还是与订单量的大小有关。如果你的某一个款式订单量快速增加，那么其排名也会迅速上升。

现在我们已经知晓了一个爆款的产生过程了，那么如何去找到这些数据变化呢？首先，其他卖家某一款式的流量与订单量都是不可见的，这些属于商业机密，只有商品排名变化才能被我们获取与分析。

通过以上逻辑推导，爬虫程序[④]（如果运营本身不掌握编程技能，可以使用例如“八爪鱼”这样的第三方爬虫软件来完成数据的抓取）数据抓取选品过程如下：

（1）选取 Amazon 上涉及的商品大类目。

（2）使用编程语言爬虫类程序爬取该类目 400 页商品排名信息。

（3）设定数据爬取更新周期，推荐为 4~12 小时。

（4）将排名变化数据导入数据分析软件或者程序中，建立模型评估该商品是否为“爆款”。

（5）使用所有 listing 优化方法对于该款准备上架的产品进行系统性优化，争取在前任卖家获得大额市场份额前击败对手。

当使用爬虫程序获得亚马逊各个产品的排名后，就需要根据各个产品的排名做数据分析，一般而言分为如下几个步骤：

第一步：确认选品退出机制

首先根据大量的数据统计分析出“不受欢迎”的款式具有哪些特点，从而建

④ 网络爬虫（又被称为网页蜘蛛、网络机器人，在 FOAF 社区中间，更经常的称为网页追逐者），是一种按照一定的规则，自动地抓取万维网信息的程序或者脚本。另外一些不常使用的名字还有蚂蚁、自动索引、模拟程序或者蠕虫。

立一个退出机制，及时将排名快速下跌的产品踢出。一般而言，产品 listing 排名下降的顺序为：销量减少→流量减少→销量最终为 0→排名快速下跌。图 4-13 所示为随机抽取的 Amazon 平台上 10 个排名下跌产品的排名数据变化。需要注意的是，虽然文字表达上较排名下跌，但是数值上是显示上升的，因为在亚马逊，排名数值越小销量越大。

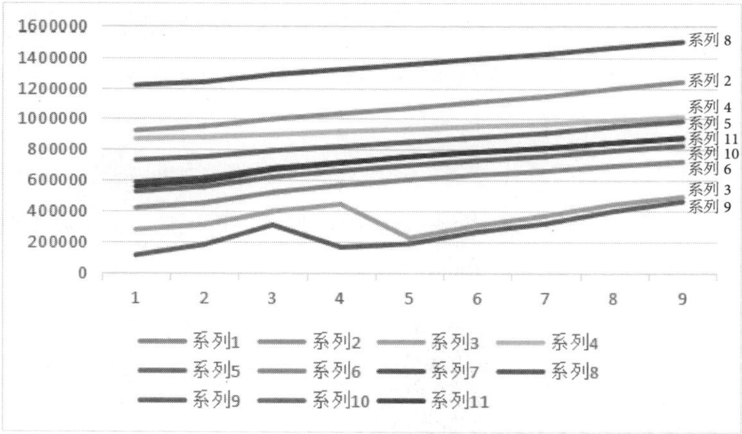

图4-13　产品排名变动示意图

从图 4-13 中可知，当 listing 没有订单时排名下降是具有一定规律的，平均数值为 30 000 上下，即当 listing 没有发生订单时，排名数值会以大约 30 000/d 的速度增大。因此，我们可以建立如下选品退出机制：如果某一 listing 的排名数值于 × 天（ × 可以取 3~30 任意数值，与类目相关，竞争度大的类目时间就可以放宽一些），平均每天数值增长 30 000 左右时，判定该产品为“不受欢迎”的产品，不考虑在选品范围之内。

第二步：剔除排名稳定的热销款

之所以要剔除稳定款，是因为当某一 listing 销量稳定时，其排名也会趋于稳定，亚马逊的 A9 算法[⑤]会迅速帮助产品找到其对应的潜在顾客，这时再选其作为上架款式已经错过了最佳上架时间，很难对前者形成反超，因此要剔除这些产品。

⑤ A9 是亚马逊搜索算法的名称。简单一点来说，A9 就是从亚马逊庞大的产品类目中挑选出最相关的产品，并且根据相关性排序展示给客户。

假设我在同一时间记录数据（比如连续 10 天于中国时间 7：00~8：00 记录数据），以 bodystocking 类目为例，我们可以得到如下数据波动结论：

（1）排名标准差小于 50 000 以下的 listing 几乎都可以在 A9 算法中找到稳定搜索位置。（即 listing 下方都基本会有 Customers who bought this item also bought 推荐栏目）。

（2）排名标准差大于 50 000 小于 100 000，多数 listing 下方会出现非稳定搜索位置推荐栏位（即大多数 listing 下方都会有 Customers who viewed this item also viewed 推荐栏目，其出现比例随着排名标准差的增大而增加）。

（3）排名标准差大于 100 000 以上的 listing 几乎都无法在 A9 算法中找到稳定搜索位置（即 listing 下方都会出现 Customers who viewed this item also viewed 推荐栏目）。

根据以上结论，在众多款式中找出那些排名稳定的热销款，然后予以剔除。

第三步：找到潜力款式

这里针对潜力款式又有两大类选品方案：一是排名上升类 listing 选品（即排名数值呈现快速下降的趋势），如图 4-14 所示。

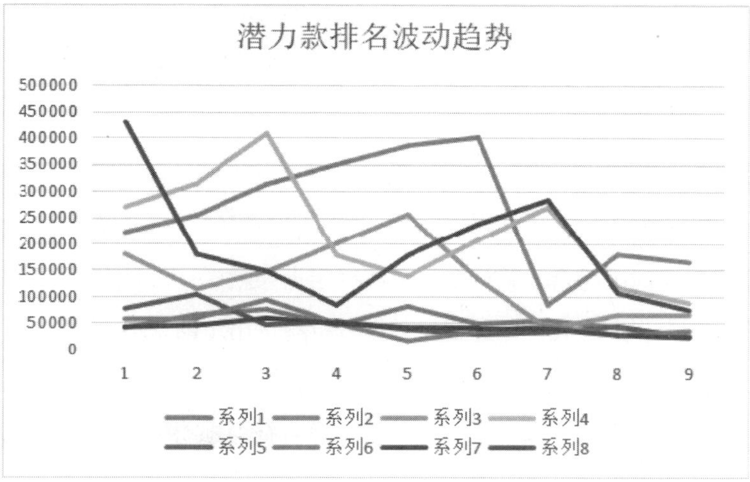

图4-14　潜力款排名波动趋势示意图

二是非稳定排名 listing 选品，选择那些排名表现较好但是排名数值标准差较高的 listing，其排名大幅度波动表明，这个 listing 没有在 A9 搜索栏位中找到其适合搜索位置。一方面可能是运营水平不足所致；另一方面也代表 A9 算法还未对产品本身的潜力顾客进行精准定位，仍有机会存在。如图 4-15、图 4-16 所示。

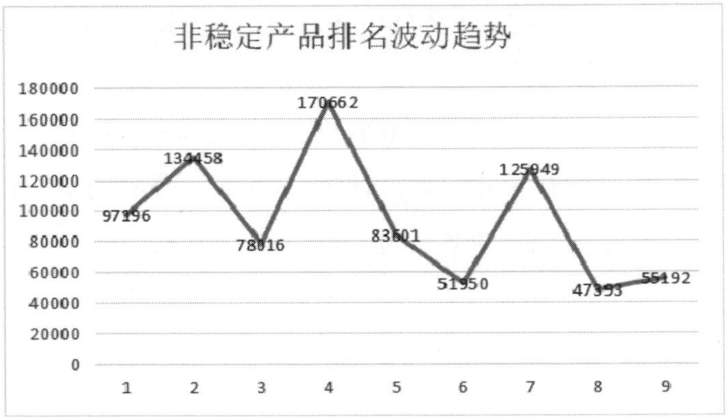

图4-15 非稳定产品拍动波动趋势1

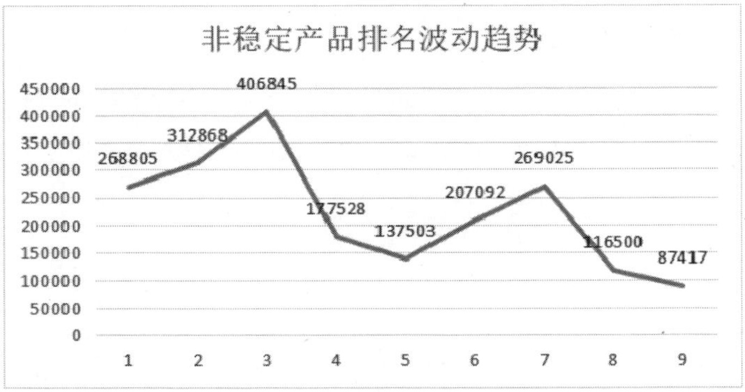

图4-16 非稳定产品排名波动趋势2

第四步：实时跟踪潜力款排名，最终确定上架款式

当完成前三步后，我们已经通过数据分析挑选出了部分潜力款，其占比应该在 10%上下。但是鉴于爆款率一般为 5%以下，所以还需要做一次精简的工作，只需要实时监督潜力款排名即可。一旦发现其排名有稳定趋势且销量颇高，该品一定为热卖款，可以立即上架销售，如图 4-17 所示。

当然，数据类选品需要强大的供应链支持，如果自身供应链较为薄弱，也不用担心，我们可以从批发网站上用同样的步骤抓取热销产品，从而搬到亚马逊站进行销售。

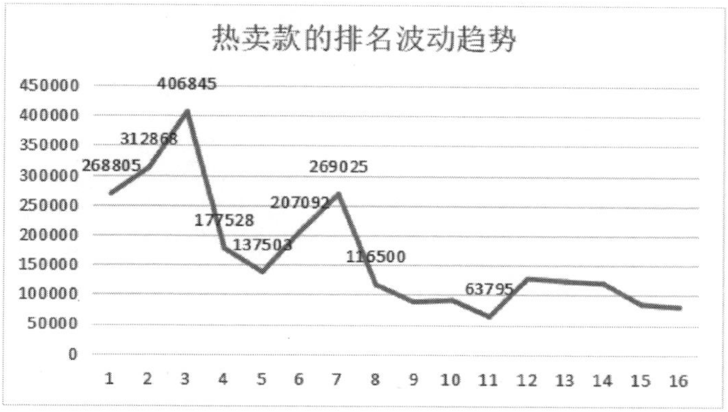

图4-17　热卖款排名波动趋势图

需要注意的是，如果选择数据类选品，数据抓取统计的时间为至少 1 周；与此同时为了能够降低风险，需要再进行 1 周的观测来确认款式是否为潜力款。但是如果等到确认是潜力款再整合供应链进行生产，待商品 FBA 到货时距离第一次数据分析已经过去至少 1 个月。虽然产品的成长周期一般为 1 个月以上，但是鉴于通过爬虫程序，实时跟踪亚马逊的每一个新上架新品的数据波动非常困难，所以最好把这个“数据分析+测款验证+真实销售”的周期控制在 21 天内。

建议通过如下两个方案来解决这一难题：

（1）前期先进行数据收集，找到一部分潜力款式，然后寻找其是否在 1688（阿里巴巴）或其他国内批发网站上拥有对应链接，如果拥有链接且 1688 卖家支持小订单销售，则可直接购买小批订单。

在确认质量中等以上的情况下，于第一次数据抓取后的 10~15 天内，确认该款式为潜力款，将该小批订单直接发送 FBA 销售。当商品到货后，观察其流量走势，决定是否继续在 1688 采购或者自行生产。

（2）前期先进行数据收集，找到一部分潜力款式，直接开始制作样品，于第一次数据抓取后的 10~15 天内，确认该款式为潜力款，同时确认样品发货，争取在 25 天内完成产品制作，争取 1 个月内将自行生产的产品发送 FBA 销售。

考虑到亚马逊平台上很多中小卖家都是在 1688 等网站上进行产品购买，然后到亚马逊网站上进行销售，我们就可以实时分析这些批发网站上的销售数据，然后将销售数据暴涨的产品放到亚马逊上进行销售。

以裙子为例，我们先在 1688 上搜索“亚马逊裙子”，然后可以看到具体的销售信息，如图 4-18、图 4-19 所示。

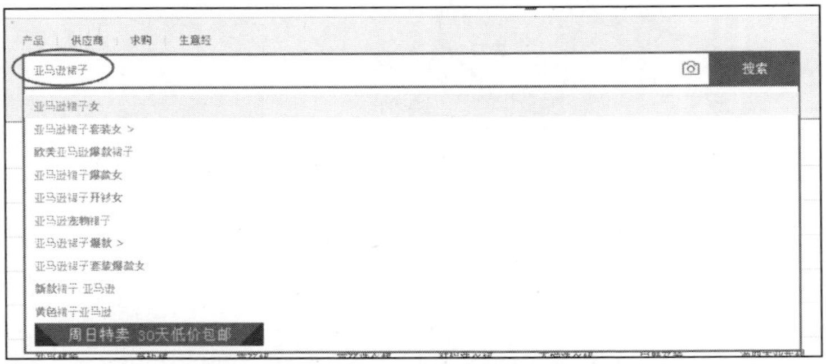

图4-18　在“1688”网站中搜索“亚马逊裙子”

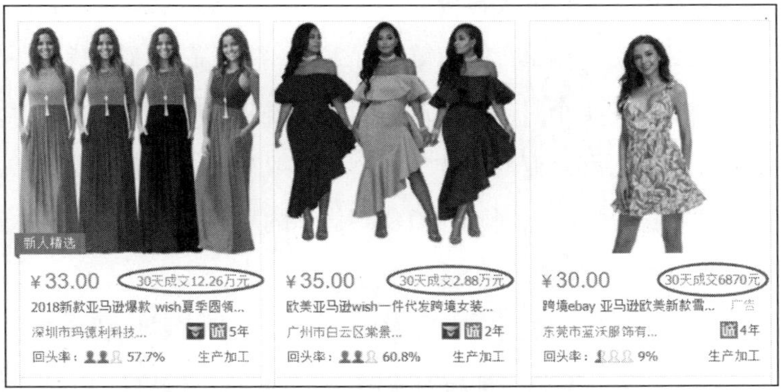

图4-19　“1688”网站的搜索结果

之后通过同样的方法利用爬虫程序抓取其销售额，根据销售额的增长波动来判断哪些款式近期热卖，从而帮助运营者判断什么是近期的爆款产品。

需要注意的是，该方法有利也有弊。

利：

- 实时跟踪竞争者数据变化，不放过 Amazon 平台上任何一款具有爆款潜质的商品。
- “爆款”评测客观科学，可以节约大量选品成本与测品时间。

弊：

- 排名数据仍然具有一定程度的滞后性。
- 对于运营者或者从业组织的 IT 能力与数据挖掘能力要求非常高。
- 需要高效编译算法，否则信息处理周期过长。
- 对供应链要求较高。

4.5 选品方法三——市场分析法

本章 4.3 和 4.4 介绍的两种方法，一个过于普通，效果一般；一个过于“高大上”，对于运营者技能要求过高。所以我们还可以选择第三种方法——市场分析法。

市场分析法分为市场评估和竞品分析两大步骤。

4.5.1 市场评估

市场评估，即什么样的市场是具有潜力的，或者我应该在哪个领域选品？

在回答这个问题前，需要引入经济学的三个概念：**完全竞争市场**、**寡头市场**、**垄断市场**[⑥]。

完全竞争市场是指竞争充分而不受任何阻碍和干扰的一种市场结构。在这种市场类型中，买卖人数众多，买者和卖者是价格的接受者，资源可自由流动，信息具有完全性。

寡头市场也称寡头垄断，是指一种商品的生产和销售被少数几家大厂商所控

⑥ 市场竞争状况是影响企业制定产品价格的重要因素。产品的最低价格取决于该产品的成本费用，最高价格取决于产品的市场需求状况，而在上限和下限之间，企业能把这种产品价格定多高，则取决于市场竞争状况。竞争因素对定价的影响，取决于目标市场的竞争结构。依据市场竞争程度的不同，市场竞争结构可分为：完全竞争(perfect competition)市场、垄断竞争(monopolistic competition)市场、寡头垄断(oligopoly)市场和完全垄断(monopolistic)市场，垄断竞争和寡头竞争也统称为不完全竞争市场。

制的市场结构。

垄断市场是指整个行业中只有唯一或少数几个厂商的市场组织。具体来说，垄断市场的条件主要有三点：

①市场上只有一个或少数几个的一个生产厂商和销售商品；

②该厂商生产和销售的商品没有任何相近的替代品；

③其他任何厂商进入该行业都极为困难或不可能。

参考以上对于 3 种市场类型的说明，我们在 Amazon 平台上根据各商品 review 数量、搜索页面页数、商品上架时间等因素来判断该市场为何种市场。

如图 4-20 所示，该图为在“men”类目下搜索“casual soft sweater cardigan”所显示页面的前 3 行产品截图。该类目一共有 400 页，（注意，在搜索时一定要选择类目而非默认的“All”，不然只会显示 7 页搜索结果）我们可以发现在这一市场领域下有如下特点：

图4-20 完全竞争市场搜索结果

（1）前列产品款式重复率高，例如纽扣 V 领款式的男士毛衣一共有 4 款，分别由 2 个不同品牌进行销售（**竞争激烈、商品信息重复即商品卖点几乎一致、价格透明**）。

（2）前列产品 review 数量分布较为均匀，无单一 listing 集中 review 留评的现象（**买家无明显偏好、购买 review 平均分布**）。

（3）搜索页面数量较多，一共有 65 页（**卖家人数多、竞争者多**）。

由此可见，该 Amazon 类目市场可以归为**完全竞争市场**。

如图 4-21 所示，该图为在“women”类目下搜索“ruffle hem sweater”所显示页面的前 3 行产品截图。该类目一共有 8 页，我们可以发现在这一市场领域下有以下特点：

图4-21　垄断市场搜索结果

（1）前列产品重复率低（商品信息不重复，竞争不够激烈）。

（2）前列产品 review 数量集中于几个产品，且其他产品无商品排名即无订单量。

（3）搜索页面数量较少（**卖家人数较少**）。

由此可见，该 Amazon 类目市场可以归为**垄断市场**。

如图 4-22 所示，该图为在“women”类目下搜索“loose fit denim jacket for women”所显示页面的前 3 行产品截图。该类目一共有 59 页，我们可以发现在这一市场领域下有以下特点：

图4-22　寡头市场搜索结果

（1）前列产品有重复率但是重复率较低（**有竞争者竞争但是竞争程度不**

激烈)。

（2）前列产品 review 数量集中于某几个产品，但是其他产品也能分到少额 review，且都有不错的商品排名（**买家有一定购买偏好，但是偏好不够强烈**）。

（3）搜索页面数量适中，有 59 页（**市场竞争程度介于完全竞争市场与垄断市场之间**）。

由此可见，该类 Amazon 市场可以归为**寡头市场**。

根据 3 种市场概念的基本说明，由此针对大卖家和小卖家会有两种不同的选品策略。

对于**大卖家**（即拥有自己的供应链和生产体系，可以不依赖供应商独立生产产品的公司或组织）或者品牌 Amazon 店铺而言，一共有 4 种市场策略：

上策是冲击市场空白，成为垄断市场的主宰。对于拥有供应链优势的大卖而言，抢先进入蓝海市场不但可以收获前期大量搜索流量，还能在最短时间内完成产品生产。凭借自身的供应链、价格、品牌等优势，通过后期运营，完全可以将潜在竞争对手市场一一蚕食，最终获得市场垄断地位；

中策是冲击寡头市场，力求在质量、服务和运营优化上击败对手。在争夺寡头市场份额时，选品本身没有特别的难度，但往往需要投入大量的前期成本。相应的，产品一旦站稳市场，就可以稳定地获取收益。因此，在选择冲击寡头市场时，要对目标产品的生命周期有一个清晰的认识，确保后期的回报远高于前期投入；

下策是进入已经无市场空白的完全竞争市场，因为这类市场竞争者繁多，价格透明，商品质量与服务也基本大同小异，拉不开差距。这类市场产品本身足够成熟，缺少改进空间，难以发挥自身优势。同时往往充斥着大量的小卖家，其产品组合和服务也多种多样，使得顾客在购买时选择范围极大，难以获取信息差；

下下策是进入由其他大卖家所掌控的垄断市场，即使是大卖家，撼动一个垄断市场的垄断者也要付出不小的代价，而这应该是运营者所要避免的。

对于**小卖家**（即没有自己独立的生产线和供应链，只能通过第三方厂商进购产品进行销售的小团队）或者非品牌 Amazon 而言，市场策略也是 4 种：

上策是冲击非标准化市场空白，也就是俗称的“小而美”，利用信息差在利基市场内成为某一小众领域的垄断卖家（比如小型工艺品，服装类产品），因为这些产品不会产生巨大的质量差异，前期容易满足市场需求，即使后期大卖家进入市场也可以维持一定市场份额；

中策是进入完全竞争市场，这里虽然市场透明竞争激烈，但是竞争者各自差距不大，小卖家只要多在细节上多加打磨就可以分到一杯羹；

下策是冲击标准化产品的寡头市场，例如 3C 市场，大卖家的声誉和服务都已经成体系，在缺失品牌店铺的影响力和没有供应链的前提下几乎无法生存；

下下策是进入由大卖家所掌控的垄断市场，因为商品质量、售后服务都是由大卖家制定市场规则，小卖家进入无异于以卵击石。

以下为市场决策示意表格，如图 4-23 所示。

卖家	上策	中策	下策	下下策
大卖家	所有产品市场空白	寡头市场	完全竞争市场	垄断市场
小卖家	非标准化产品市场空白	完全竞争市场	寡头市场	垄断市场

图4-23　针对不同市场，大卖家与小卖家的不同策略对比示意图

4.5.2　竞品分析

上述内容回答了“在哪里选品/在哪个领域选品”的问题，下面讨论“**选什么品**”即竞品分析这一问题。

什么产品才是爆款，这个问题的答案不是拍拍脑门子就能想出来的，也不是漫无目的地逛 1688 或者各种海外独立站就能一眼看出来的。在选品的时候，我们需要带有目的性，这个“目的性”本身只能通过观察我们的竞争对手，以及市场

走向即“竞品分析”这一过程才能完成。因为令人眼前一亮的产品有很多，但是只有那些能让顾客愿掏腰包的产品，才算得上是好产品。

竞品分析与市场评估是密不可分的，我们在刚刚的评估中已经得到一个结论：无论是大卖家还是小卖家，都不应该进入任何一个垄断市场。比如文中所列举的“ruffle hem sweater”市场，这类市场的产品就属于那种“虽然眼前一亮，但是无人购买”的产品类别，我们可以把这些类别的产品元素归纳如下：

- solid 纯色系列
- cable knit chunky sweater 厚针织毛衣
- ruffle 褶皱下摆款式
- deep color 深色系
- pullover 套头毛衣
- long sleeve 长袖

然后把那些“让人眼前一亮且顾客愿意购买”的“完全竞争市场”的产品元素归纳如下：

- solid 纯色系列
- cable knit chunky sweater 厚针织毛衣
- draped 长下摆款式
- light color 亮色系
- cardigan 开衫毛衣
- long sleeve 长袖

最后我们把“寡头市场”中那些“爆款”的元素归纳如下：

- tassel hem 流苏下摆
- deep color floral 深色+印花
- poncho 斗篷
- cardigan 开衫毛衣
- 3/4 sleeve 3/4 袖子

最后我们可以制作一张竞品元素整理表（如图 4-24）。

流行元素	淘汰元素
cardigan	pullover
3/4 long sleeve	long sleeve
light color	deep color
floral	solid
-	ruffle
tassel hem	-
draped	-
poncho	-

图4-24　竞品元素对比示意图

表格上方为定性词汇，表格下方为长尾词汇，在选品时可以按照“长尾词+定性词”为依据进行选品，例如“draped 3/4 long sleeve light color cable knit chunky sweater cardigan”。

这里需要注意的是，这些词汇的组合并不是我们的关键词或者标题，而是选品依据。例如“light color”一词，这个单词的搜索量极小，只是告诉我们要选择那些“亮色系”的款式而已。

完成上述两大步骤后，我们就可以带着这些依据去 Wish、1688 或者外国的独立站进行选品或者采购备货了。因为本文以示例为主，所以最后总结出来的词汇还不是非常精确。在真实的运营环境中，大家需要花更多的时间和精力放在竞品分析上，这样会有更显著的效果。

需要注意的是，该方法有利也有弊。

利：

- 方法实用性强，“爆款”命中率最高；
- 可以全面分析市场格局，掌握竞争对手动态和市场走向。

弊：

- 市场评估工作量大，竞品分析耗时长；
- 无法采用铺货的方法测品；
- 对运营者的经验要求较高。

第5章

打造爆款第二步——完美的上架

- 如何避免出现上架无流量的不利情况？如何逐一分析上架的要点？

05

5.1　产品上架核心要素——流量与曝光

为什么在上架初期流量与曝光是最重要的，而不用特别考虑转化率呢？其原因主要有两个方面：

一是，每个产品的转化率都处于一个波动范围内，转化率低的可能只有 5%甚至 2%，高的部分类目可高达 50%。但是无论 2%还是 50%，如果都给其 100 流量，都是可以形成订单的，而订单对于新品就是成功。订单意味着流量，意味着排名上升，而排名就是新品能否成功的关键。

二是，转化率的优化对于一名优秀运营而言应该是已经有标准化的流程了，例如 A+图文、视频、直评、价格梯度、价格歧视、prime 优化、Q&A 优化等，这些手段应该是常态化操作了。在运营实操的时候，有一定经验的运营者会确保自己上架的新品 listing 在转化率上优化到极致，所以这时候对新品而言转化率已经不再是难点。

为什么如此强调流量与曝光呢？因为这是检验上架质量的唯一标准。由于亚马逊 A9 算法的科学性，其会确保每个新品都拥有一定的曝光，但是这些曝光能否转化成流量，一方面取决于关键字/标题设置的好坏，另一方面也取决于主图的选择。（当然，价格也是影响因素之一，但是没有前两者影响大）如果关键字/标题设置正确，那么产品就会被推送到应该推送的用户面前；此时如果主图设置正确，拥有一定的吸引力，那么新品就会产生流量乃至产生订单。这是一个新品初始成长的主要手段。

从亚马逊平台的角度来看，流量与曝光也值得被反复强调。因为亚马逊 A9 算法的科学性，它会确保每个新品都拥有一定的曝光，但是并不是所有的新品都可以将曝光转化成流量。这里存在两个关键因素：

一方面是关键字/标题设置的好坏，如果关键字/标题设置正确，那么产品就会被推送到相应的用户面前。顾客使用了相应的关键词进行搜索，就说明他有特定的购物需求，如果关键词/标题设置不正确，那么产品即使再好，也很难产生流量，更不用说订单了；

另一方面也取决于主图的选择，电商的线上属性，使得顾客只能在看到图片的情况下做出购物决策。如果主图设置正确并拥有一定的吸引力，那么怀有购物需求的顾客就愿意进行点击，新品就会产生流量乃至产生订单。

当然，价格也是影响因素之一，但其影响更多在于转化率而非流量，并且很多时候限于成本因素价格难以修改，因此新品一开始成长的主要手段，就被限定在了流量和曝光上。

当然，除了自然流量成长，也可以直接通过广告对新品进行曝光从而获得更大的流量。但是即便是广告刚开始也是取决于关键字/标题设定的精确与否，一个错误的、不精确的关键字或者标题即使每天通过高价广告曝光多次，也很难形成订单提升排名，反而因为过高的 ACoS 导致广告费用白白浪费，链接会因为点击转化率过低，被亚马逊减少曝光次数。因此毫不夸张地说，一个好的上架将会极大促进产品前期的运营进度，而流量也是检验上架质量的唯一标准。

5.2 关键字/标题对流量的影响

5.2.1 父产品关键字

父产品关键字即主关键字，亚马逊后台 Search Terms 原先一共有 5 个栏位，自 2018 年起 5 行变 1 行，并将每个属性的关键词长度限制减少到少于 250 个字节(不是字母),特殊字符占用 1 个以上的字节。这就要求卖家必须对关键词进行一定的选择和编辑，不能单纯堆砌词组。一般选择父关键字的参考依据是“精确性+流量大小”，预估的流量大小可以通过 Google Trends 对搜索热度进行查看。一般“好”关键词的评判标准如下：

（1）搜索页面数量不多；

（2）搜索页面首页高 review 的优质 listing 数量多（注意是高 review 的 listing 数量多而非单纯的 review 数量多，其具体逻辑见第 7 章）；

（3）关键词本身符合商品特征；

（4）高 review 的优质 listing 所属品牌呈现多样化，而非单一品牌垄断；

（5）搜索结果页面曝光产品与自身产品有多个相同属性，属于同一大类商品。

由于（3）可以主观判断，所以可以对流量的流失做一个数学上的仿真模拟，将搜索页面数量定为 $p(page)$，首页流量定为 $n(number)$，每一页流量的流失率定为 x（$percent$），那么该商品能获得的流量估算计算公式（精确计算公式见第 7 章）如下：

$$y = n/(1+x)\hat{}\ p$$

式中 x 可以按经验代入，也可以通过数据报表或者编程代入精确数值，这里先采用 0.1 即 10%的流量流失率计算（在真实的网络购物环境中，单页流量流失率高达 60%~70%）。

如果有 10 页的搜索结果，假设首页的流量为 5000，那么尾页流量大约为 1900；如果有 50 页的搜索结果，假设首页的流量为 10000，那么尾页流量大约为 85。由此可知，根据前者搜索结果设置的关键词的竞争力会远高于后者。

图 5-1 是用 Matlab 软件进行的简单仿真结果，可以看到在首页流量为 5000、搜索结果页数为 50 页时，流量流失的速度非常快，所以在设置关键词时，不要全部设置为宽泛词，需要有一定比例的精准词汇或者高分词汇。

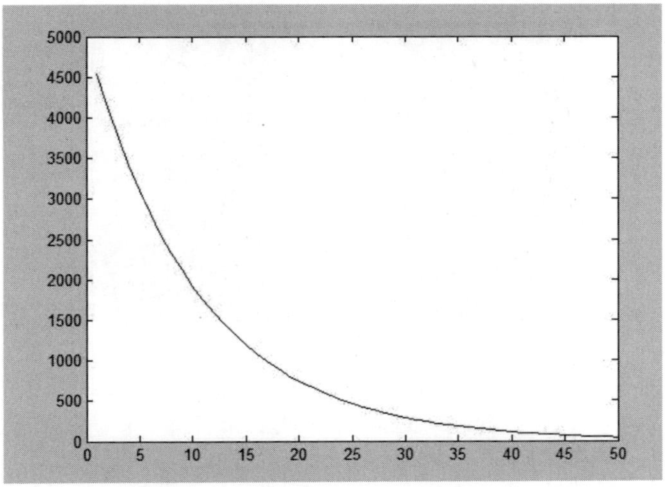

图5-1　流量流失仿真图（其纵轴表示单一页面流量，横轴表示搜索页数，可以看到单一页面流量，随着搜索页数的增多而呈现指数化下降）

5.2.2　别人未上架产品/新品子变体关键字

对于别人未上架产品/新品的子变体关键字要求不是很多，只需要将父产品 5 个关键字没有涵盖的点进行补充即可。当然，除了对基本的关键字或者卖点进行描述和补充外，还可以加入一些特殊的关键字提升曝光。

如图 5-2 所示，北美还有 12%的西班牙语顾客，虽然用西班牙语搜索的用户较少，但是鉴于子产品关键字空缺的栏位非常多，所以可以将现有的英文关键字转化为部分西班牙语关键字进行输入。

虽然亚马逊会智能转换外文，即当用户设置为西班牙人时自动将英语转换成西班牙语，但是鉴于语义识别技术现在还不是特别完善，在一些细节词的转化上肯定不如人工转化的精确性高。

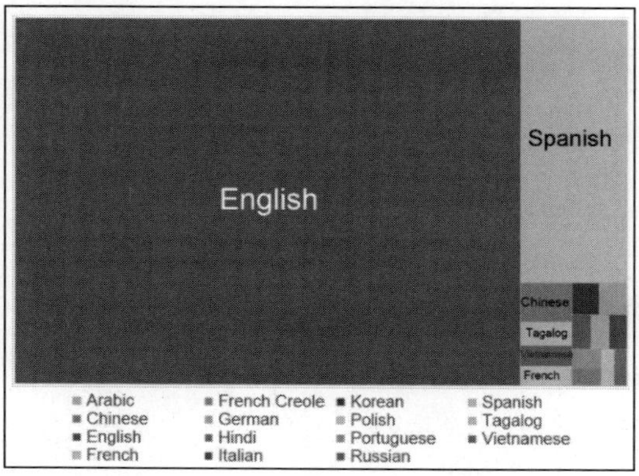

图5-2　美国不同语言的使用比例图

当然，除了将部分关键字转化为西班牙语外，在消费领域普遍有着关联消费的现象，比如搜索孕妇装的女士很有可能会去买婴儿奶粉，其购买行为的背后原因可能是因为小宝宝快出生了；又或者买长途机票的人士在过年会购买一些纪念品带给家里人作为礼物等。

在服装领域，怀孕 8 个月左右的孕妇会在 Amazon 上挑选大尺码的 tunic 与 blouse 进行购买，与此同时这些 tunic 与 blouse 与热卖款又有许多不同，款式偏向于可爱、温暖、柔软等，所以当你在上架一些符合这类型款式的 tunic 与 blouse 时，可以添加孕妇的相关关键词来进行关联曝光，然后提升订单量。

5.2.3　别人已上架产品子变体关键字

对于别人已经上架的产品，亚马逊的 A9 算法会对所有关键字组合给出最适合的图片。以“Prinstory”店铺的一件 T 恤为例，listing 界面如图 5-3 所示。

该 listing 下拥有多种颜色，多种尺码且各个产品区别明显，那么在搜索栏目中搜索不同关键字的组合对应结果也会不同。

当在搜索引擎中输入“Women's Short Sleeve Casual Cold Shoulder Loose Blouse Shirts”时，如图 5-4 所示。

可以在首页看到如下链接与主图，如图 5-5 所示。

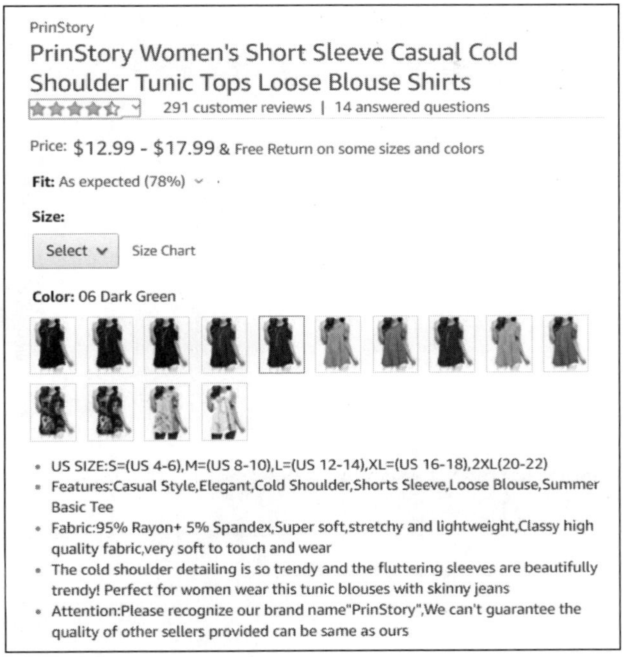

图5-3 listing示意图

（图例中的产品名称为“PrinStory Women’s Short Sleeve Casual Cold Shoulder Tunic Tops Loose Blouse Shirts”即女短袖休闲冷肩上衣宽松衬衫）

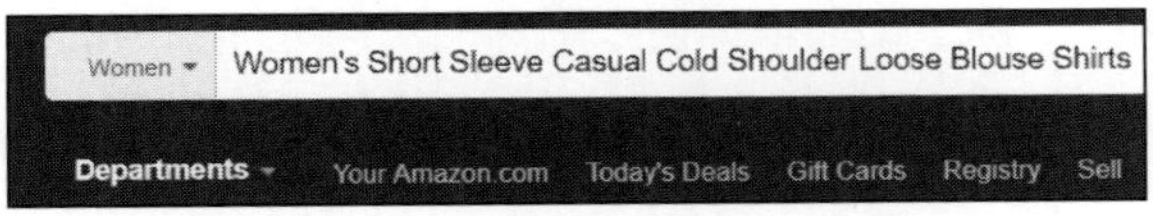

图5-4 输入“Women's Short Sleeve Casual Cold Shoulder Loose Blouse Shirts”

图5-5 曝光链接图1

（图中展示的为黑色上衣）

当我们再输入“tunic top casual Blouse Shirts”时，如图 5-6 所示。

可以在首页看到如下链接与主图，如图 5-7 所示。

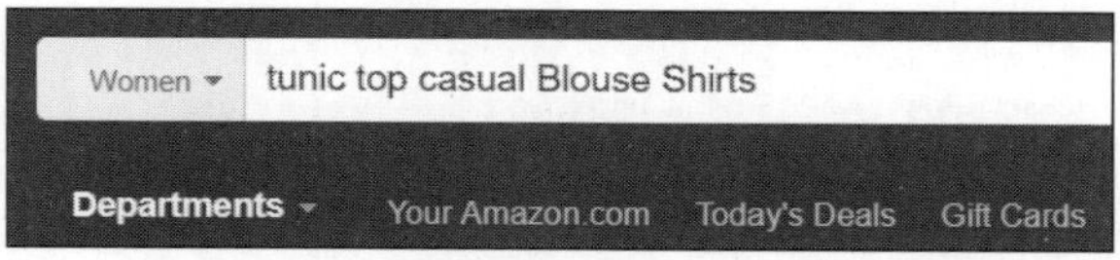

图5-6　输入“tunic top casual Blouse Shirts”

图5-7　曝光链接图2
（图中展示的为红色上衣，因为书籍为黑白印刷，所以可能与图5-5的图片相似，请读者注意区分）

依此类推，不同的 keyword 组合 A9 算法会给出不同的图片与链接，因此对于多颜色多子变体的产品，在已经有其他运营上架的情况下不同子产品的关键字需要与 A9 的搜索结果一致。

以上述 T 恤为例，两者因为 keyword 输入的不同而出现不同的结果，那么对于第一个黑色的子变体，子关键字需要围绕“short sleeve”或“cold shoulder”来输入，对于第二个子变体，需要围绕“tunic top”来输入。

以服装类产品为例，其产品基本都有 S~XL 总计 4 个尺码，其中每个尺码 5 个关键字总计 20 个关键字可以填写，除了上述根据搜索图片的不同选择不同的子变体关键字外，还可以根据同一子产品不同主图来填写子产品关键字。

5.3 广告对流量的影响

5.3.1 自动广告①

广告的运作机制是吸引顾客点击广告进入商品页面，然后根据点击次数进行收费，通常的广告思路都是到这一步截止。但是本小节会从其他角度向大家详细介绍如何利用新的思路使广告的收益达到最大化。

我们可以想象一下顾客点击广告后会发生什么行为？可以将顾客行为分为以下 3 种：

（1）购买商品；

（2）浏览页面后离开；

（3）浏览该页面上的其他商品推荐。

我们通常一直盯着第一种顾客行为即订单成交额，即 ACoS 数值的变化，但这种单一的广告效果考核方式是极其片面且不长远的，一个好的广告除了观察 ACoS 数值的变化，更应该关注顾客“浏览该页面上的其他商品推荐”对于店铺整体内部流量消化的作用，而这一作用对于每天流量巨大的爆款来说格外重要。

下面模拟一下顾客点入一个产品页面后会点击哪些链接：

首先是商品卖点介绍下方的商品推荐链接（图 5-8）；

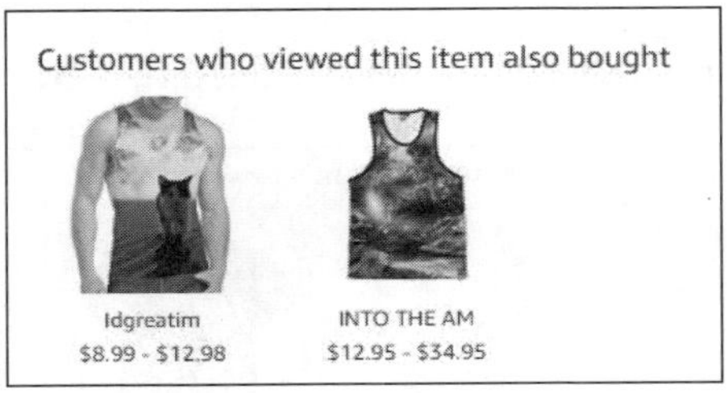

图5-8 商品卖点介绍下方的商品推荐链接

① 注意：本节内容比较适合初级运营从业者，关于更精确的关键字匹配方法和广告优化技巧请查阅第 7 章 7.5 节，即如何利用 A9 算法优化站内广告。

其次是相关推送产品的商品链接（图 5-9）；

图5-9　相关推送产品的商品链接

再次是非推送产品的商品链接（图 5-10）；

图5-10　非推送产品的商品链接

最后是在“Customer questions & answers”栏目上方的相关产品的商品链接图 5-11。

图5-11　在“Customer questions & answers”栏目上方的相关产品的商品链接

总而言之，顾客点击产品进入商品页面后，除非有些顾客选择直接离开页面，否则这些被广告吸引进入的流量都会被这些栏目中的链接分流，那么我们可以得到一条结论：

广告的效果与该商品页面同店铺商品推荐链接的数量成正比，与竞争性同类商品的链接数量成反比，与替代品的链接数量成反比。

我们可以将广告效果设为R，同店铺商品推荐链接的数量设为N_1，竞争性同类商品的链接数量设为N_2，替代品的链接数量设为N_3，以上结论可形成如下公式：

$$R = \alpha \times N_1 - \beta \times N_2 - \lambda \times N_3 \tag{5-1}$$

而广告效果无非是订单量，结合订单的计算方式可以把式（5-1）改写成下式（其中广告带来的流量设为n_a，广告的转化率设为p_a，一个 listing 下同店铺商品链接数量为x）：

$$\sum_{1}^{x} n_a \times p_a = \alpha \times N_1 - \beta \times N_2 - \lambda \times N_3 \tag{5-2}$$

上述式（5-1）、式（5-2）需要计算 3 个系数，3 个未知系数需要至少 3 组具体数据才能确定，所以需要找到 3 组正确的数据。

第一组数据：广告花费，ACoS→点击次数，转化率→产品的n_a和p_a。

第二组数据：同店铺关联商品在爆款打与不打广告时数据的变化→关联产品的n_a和p_a。

第三组数据：可由第一、第二组数据多次记录实验得到。

计算出 3 个系数到底有什么用呢？举例来讲，如果能确定广告效果的 3 个具体系数以及计算出商品页面所有链接的关系和数量，就能较为精确地计算出一个热卖款式 listing 一天的流量能有多少可以在店铺内部消化掉，而不会产生流量流失的不良情况。

当然如果难以精确计算每个具体数值，可以根据以下几点来判断是否需要为某一商品投入大量的广告引流：

- 关联产品中同店铺产品数量越多越好；
- 关联产品中低价竞争产品越少越好；

- 关联产品中替代产品越少越好；
- 关联产品中非本店铺产品 review 评分越低越好。

综上所述，**对新产品而言，好广告指的是那些可以把产品推出去，且不会产生巨大费用的广告策略；对于爆款产品而言，好广告指的是那些可以带来巨大流量，且能让这些流量能在店铺内部消化掉而非流失的广告策略。**

2019 年以来，亚马逊对站内页面进行了重新编辑，“看了又看”“买了又买”的推荐栏位越来越多地被广告推荐位所代替。但从本质上来看，顾客的购买习惯并没有发生本质性变化，所以在 listing 下方推荐位被广告占据时以上的判断标准依然有效。

5.3.2 手动广告

与自动广告不同，手动广告可以通过加价直接在搜索界面 top3 位显示②。因此，在竞争者的 listing 慢慢上升时可以根据亚马逊 A9 算法给予竞争对手 listing 的“定位”来确定手动广告关键字的选择。

在推导 A9 的一些基本逻辑前，我们可以先了解下一种类似搜索引擎的经典算法——蚁群算法。蚁群算法是一种用来寻找优化路径的概率型算法。该理论于 1992 年提出，其灵感来源于蚂蚁在寻找食物过程中发现路径的行为。

蚁群算法具有分布计算、信息正反馈和启发式搜索的特征，本质上是进化算法中的一种启发式全局优化算法，如图 5-12 所示。

蚁群算法就是找到一个到达目的地的最短路径。而 A9 搜索引擎的最终目的与之类似，就是将顾客最有可能购买的产品通过顾客搜索 Keyword 的不同推荐给用户，从这一理论上推导与蚁群算法逻辑层面并无差别，而千千万万顾客的搜索与交易信息就像蚁群算法中无数只蚂蚁爬行的轨迹一样，最终会趋于一个最佳路

② 手动广告选择单次点击加价 50%的功能后，如果单次广告点击价格设置较高，产品会直接显示在搜索页面的前 3 位，对于曝光产品有很大的作用。

径或者解法。

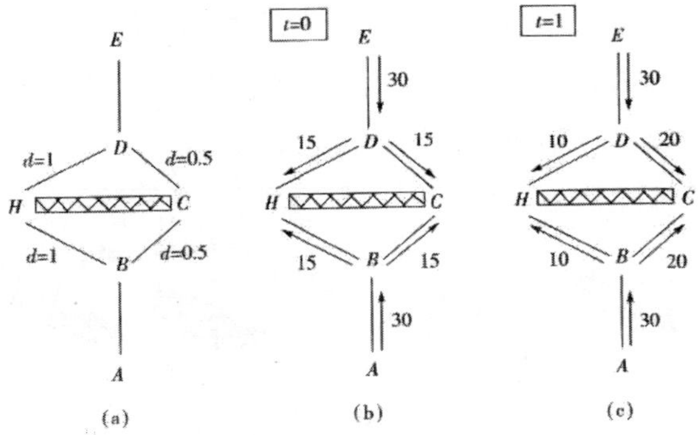

图5-12 蚁群算法图

以几款产品的流量变化图为例，以 Q&A 的方式进行说明，产品数据如图 5-13 所示。

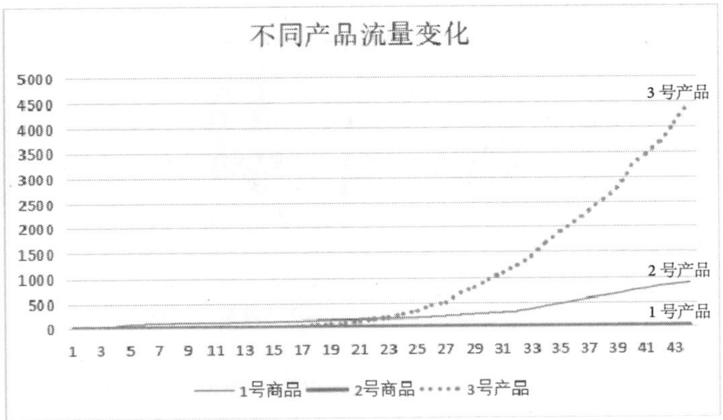

图5-13 产品流量图

Q：为什么 3 号产品较 1 号、2 号产品拥有更猛烈的流量增长和变化？

A：因为 3 号产品是爆款所以 Amazon 的 A9 算法发现该产品的曝光点击转化率和流量订单转化率远高于其他产品，所以给了更大的曝光，因此有了更大的流量。

Q：为什么流量不会一直增长下去？怎么来判断一个产品到达 A9 算法给予的曝光顶峰呢？

A：参考蚁群算法，所谓 A9 中的曝光顶峰就是那条最短路径罢了，就好像两点之间直线最短，所有带有弯曲或者绕路的线路都不是最佳路径，那么在 Amazon 平台就可以理解为所有处于上升或者下降趋势的产品都没有处于这条最佳路径上。这可以由产品 listing 下方的相关产品栏目予以体现，在 Amazon 的产品栏目中，一般分为如下几类，如图 5-14～图 5-17 所示。

图5-14　Sponsored products related to this item（即与该产品相关的广告曝光商品）

由图 5-14 可知，以上类目属于“Sponsored products related to this item”。这一类多为相关的广告性产品推荐。

图5-15　Customers also shopped for（即顾客也会购买……）

由图 5-15 可知，以上类目属于“Customers also shopped for”。这一类多为大类目产品推荐，与原 listing 产品并不是非常相关。

图5-16　Customers who bought this item also bought（即买了这个产品的顾客也会购买……）

由图 5-16 可知，以上类目属于“Customers who bought this item also bought”。这一类为订单相关性产品，订单关联度在服装类目一般为 2%~5%，即每 100 单就有 2~5 单会同时购买该 listing 与该推荐类目的产品。

图5-17　Customers also considered（即顾客也会考虑……）

由图 5-17 可知，以上类目属于“Customers also considered”。这一类为大类目产品推荐，与原 listing 产品有一定相关性。

图5-18　“4 stars and above Sponsored”　4星以上推荐产品广告

图 5-18 展示了之前提到的“4 stars and above Sponsored”　4 星以上推荐产品广告，其展示的商品均为 review 在 100 个以上且评分 4 星以上产品。根据其出现位置和推荐产品，可以发现其产品多与原产品款式类似，排名多在 5 万名以内，属于同类目的平台热销产品。

我们再回过头看刚刚的命题，如果一个产品到达顶峰，Amazon 平台为了获得最大的利润一定会尽量将其匹配到适合的产品类目去，通过在下方的推荐栏目中给予最精确的组合与推荐，达到佣金和广告利润的最大化。所以，**如果你看到一个产品下方只要没有“Customers who bought this item also bought”这个栏目，或者“4 stars and above Sponsored”仍未出现，该 listing 就没有达到稳定位置，还会处于严重的波动阶段。**

与此同时，即使当一个产品已经日出 50 甚至 100 单，但是下方栏目仍然是“Customers also considered”或者“4 stars and above Sponsored”未出现在第一个推荐位，那么 100%可以肯定这个 listing 中的产品必然是爆款而且其销量/流量仍然会继续上升，直到 Amazon 找到与之匹配的产品类目与相关推荐才会进入流量/订单稳定期。这样就能判定竞争对手是否处于订单稳定期，如果 listing 本身还处于上升期，就可以通过手动广告抢到一定的市场份额。

Q：如何通过手动广告在其他卖家 listing 已经领先的前提下赶超或者抢到一定的市场份额？

A：每个产品都有自己的对应属性，每个对应属性就类似于数学线性代数里的一个矩阵中的一个值。以一名牌的 T 恤为例，如图 5-19 所示。

图5-19　产品示意图

该 T 恤的根属性为上衣（Blouse），其余属性为 T 恤、圆领、短袖、休闲、纯色、女士、棉……

那么首先可以构建如下一个矩阵（注意，本节所写内容并非严格的数学计算，只是想通过逻辑推导的过程得出相关定性的结论，帮助我们更好地从事运营类工作）：

$$
\text{上衣}\begin{bmatrix} \text{T恤} & \text{圆领} & \text{短袖} \\ \text{女士} & \text{纯色} & \text{棉} \\ \text{休闲} & \text{夏天} & \text{时尚} \end{bmatrix}
$$

然后我们将其翻译成英文：

$$
\text{Blouse}\begin{bmatrix} T-shirt & round-neck & short-sleeve \\ women & solid & Cotton \\ casual & summer & fashion \end{bmatrix}
$$

注意，以上两步仅仅只是为了便于理解，而这个矩阵中每个元素的值为在亚马逊搜索引擎中搜索其中任意一个属性与根属性的搭配从而产生的搜索排名即 rank 值。

例如搜索 women blouse，该产品排名为 100 名，则上述矩阵中 1 列 2 行数字为 100，同时将整个关键字搭配的搜索结果（总共能搜索到多少产品）作为另一个矩阵记录数据，利用 Amazon 平台将各个搜索结果填写进上述矩阵中，如图 5-20 ~ 图 5-23 所示。

图5-20　输入“T-shirt blouse”

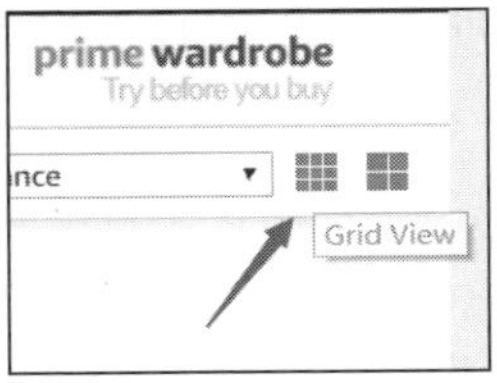

图5-21　选择Grid View选项

图5-22　寻找竞争产品，并且记录其搜索排名数值

图5-23　记录搜索结果数值

$$\text{Blouse}\begin{bmatrix} T-shirt & round-neck & short-sleeve \\ women & solid & Cotton \\ casual & summer & fashion \end{bmatrix} \rightarrow \text{Blouse}\begin{bmatrix} 80 & 270 & 20 \\ 100 & 160 & 70 \\ 150 & 80 & 180 \end{bmatrix}$$

搜索结果矩阵（超过 X0000 的按 X0000 计算，例如排名为 51 234 的产品可以按 50 000 来计算）为：

$$\begin{bmatrix} 20000 & 7000 & 10000 \\ 50000 & 10000 & 30000 \\ 40000 & 10000 & 50000 \end{bmatrix}$$

我们可以从这些排名中找到“相对强属性搭配”，即 80 名的“T-shirt Blouse”，20 名的“short-sleeve Blouse”，70 名的“cotton Blouse”与 80 名的“summer Blouse”，这些词代表了该产品与这些关键词的匹配程度较高，但是这只是做了第一层 A9 属性匹配，还不精确，还需要做第二次 A9 的属性匹配。

分别选择一个普通属性与强属性进行搭配作为新的根属性，然后再分别搜索各个不同属性进行搭配后的搜索排名填入，从一行一列开始，同时也记录下新的搜索结果矩阵，操作如图 5-24 所示。

图5-24　在原搜索词的基础上添加新的属性词

$$\text{T-shirt Blouse}\begin{bmatrix} T-shirt & round-neck & short-sleeve \\ women & solid & Cotton \\ casual & summer & fashion \end{bmatrix} \rightarrow \text{T-shirt Blouse}\begin{bmatrix} 80 & 180 & 12 \\ 70 & 120 & 40 \\ 110 & 30 & 130 \end{bmatrix}$$

新的搜索结果矩阵（超过 × 0000 的按 × 0000 计算）为：

$$\begin{bmatrix} 20000 & 4000 & 6000 \\ 20000 & 4000 & 10000 \\ 10000 & 6000 & 20000 \end{bmatrix}$$

其他矩阵依此类推。在第二次匹配中，一共会有新的 9 个矩阵，每个矩阵中会有一个数值不变，其他数值应该都会在一定程度上变小，其变小的比率就是该属性与新的根属性之前的匹配程度。二次匹配的每 2 个矩阵可以理解为前一个矩阵是 Y 即结果，后一个矩阵是 X 即环境，如下所示：

$$\text{Y1: Blouse}\begin{bmatrix}80 & 270 & 20\\100 & 160 & 70\\150 & 80 & 180\end{bmatrix}$$

$$\text{X1:}\begin{bmatrix}20000 & 7000 & 10000\\50000 & 10000 & 30000\\40000 & 10000 & 50000\end{bmatrix}$$

$$\text{Y11: T-shirt Blouse}\begin{bmatrix}80 & 180 & 12\\70 & 120 & 40\\110 & 30 & 130\end{bmatrix}$$

$$\text{X11:}\begin{bmatrix}20000 & 4000 & 6000\\20000 & 4000 & 10000\\10000 & 6000 & 20000\end{bmatrix}$$

$$\text{Y12:round neck t shirt blouse}\begin{bmatrix}YY & YY & YY\\YY & YY & YY\\YY & YY & YY\end{bmatrix}$$

$$\text{X12:}\begin{bmatrix}XX & XX & XX\\XX & XX & XX\\XX & XX & XX\end{bmatrix}$$

…

通过以上二次匹配，我们已经可以获得多个关键字对应的 listing 搜索排名和搜索结果的总数。把某个关键字的搜索排名设置为 R，把该关键字搜索结果的总数设置为 N，那么关键字矩阵 X 对应的搜索可见概率 $P(X)$（搜索可见概率为一种概率模型，当概率值极大接近于 1 时，表明当用户输入该关键字，几乎 100%可以浏览到产品 listing），因此可以按下式进行计算：

$$P(X)=(N-R)/N \tag{5-3}$$

以上述一次匹配矩阵为例，搜索“T-shirt Blouse”，此时 R 为 80，N 为 20 000，那么这时 $P(X)$ =(20 000-80)/20 000=0.996，即 99.6%。我们可以认为当用户在 Amazon 平台输入“T-shirt Blouse”时，有 99.6%的概率可以看到该商品。

以上述二次匹配矩阵为例，搜索“T-shirt Blouse round neck”，此时 R 为 180，N 为 4000，那么这时 $P(X)$ =(4000-180)/4000=0.955，即 95.5%。我们可以认为当用户在 Amazon 平台输入“T-shirt Blouse round neck”时，有 95.5%的概率可以看到该商品。

当然，这个概率只具有数量上的逻辑意义，即“大与小”的意义，而不是数值上的精确意义，只需要计算出关键字矩阵中各个元素对应的搜索可见概率。

我们需要统计出其中的高数值项，然后在上架同样产品的时候避免这些关键字的组合，选择那些一次匹配概率值较大但是二次匹配概率值较小的关键字组合作为关键字，这样才可以做到当用户搜索某些大流量关键字时我们的产品可以比竞争对手的产品优先显示。

通过以上分析可以了解到，在 Amazon 平台中每个产品都有其固定的搜索序位，当你的竞争对手已经占据了一定序位的时候，无论是通过广告、FBA、review 评分等任何手段都是很难将已经领先的竞争对手打败。但是，当竞争对手的 listing 还处于上升阶段时，我们可以通过手动广告的 top 曝光搭配竞争对手的 listing 关键字矩阵分析进行赶超。

在使用这个技巧时，请确保竞争对手的 listing 有以下几个特征：

- listing 仍处于上升期即还未到排名和销量的平稳期；
- 产品拥有多个颜色/尺码/小类；
- 不同颜色/尺码/小类产品拥有各自区别明显的图片。

如图 5-25 所示，假设该图是我们竞争对手的 listing 图片，其 listing 下一共有 10 个不同颜色的子产品，同时我们也能判定该产品处于上升期还未到平稳期。（判断方法在本节第二个 Q&A 中已经说明，这里不做赘述）

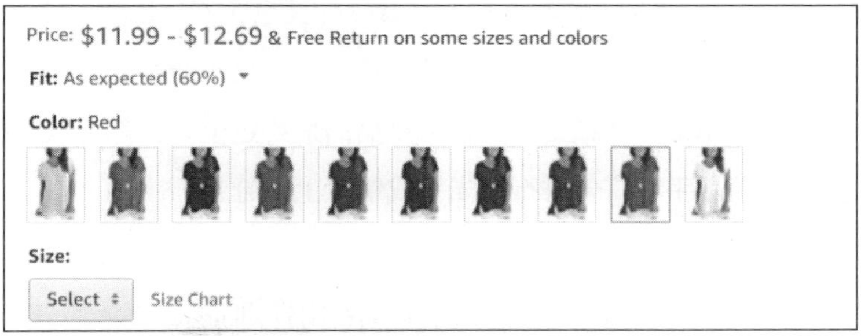

图5-25　listing中不同颜色子产品（图例中选择的子产品是“Red”即红色）

如图 5-26 所示，假设该图是我们竞争对手使用的标题，那么我们可以将产品的关键字/标题组合拆分为以下几类：

（1）faux wrap long dress；

（2）short sleeve；

（3）high low hem / asymmetric hem；

（4）loose / casual；

（5）t shirt / tee / tops / blouse；

（6）Basic。

Women's Short Sleeve High Low Loose T Shirt Basic Tee Tops

图5-26　产品标题

我们将上面 5 个词组一共 10 个关键字进行排列组合，然后分别填入 Amazon 的搜索引擎栏目中作为 key work 进行搜索，会发现某种颜色的子产品大概率出现在搜索结果中（例如 red 颜色的产品以 47%的比率出现在搜索结果中）。

通过以上步骤就找到了这个 listing 中，最热卖或者点击转化率最高的那个颜色，然后就能将对应剩下那 53%搜索结果的关键字，填入手动广告的关键字栏目中，同时选择那个最热卖的颜色作为手动广告的曝光对象，再选择愿意加价 50%的单次点击费让产品链接可以出现在 top3 或者 top5 搜索结果中，这样就可以获得大量的流量和曝光，从而增加赶超竞争对手 listing 的概率。

通过以上数量上的分析，可以得出一个结论：

A9 算法在一开始并不了解什么东西是爆款什么东西不是爆款，它只是通过给你曝光后分析产品的点击转化率和订单转化率，从而来判断是否需要再给你更多的流量。所以，**在 A9 算法最终找到某个产品的最终定位时，都可以通过排名，搜索结果分析，使用手动广告进行曝光完成销量上的赶超**。

5.4　价格对流量的影响

在产品上架不久时，如果 listing 显示的价格较低，就会有更大的曝光转化率即流量，此时价格在 3 个方面影响流量：一是关联流量；二是搜索流量；三是用户心理。

5.4.1 价格对关联流量的影响

在产品上架后，亚马逊会在其共有属性的其他 listing 下方进行关联推送，如果这时候新上架的 listing 拥有较低的价格，可以拥有较强的竞争力，从而促成用户点击形成流量，如图 5-27 所示。

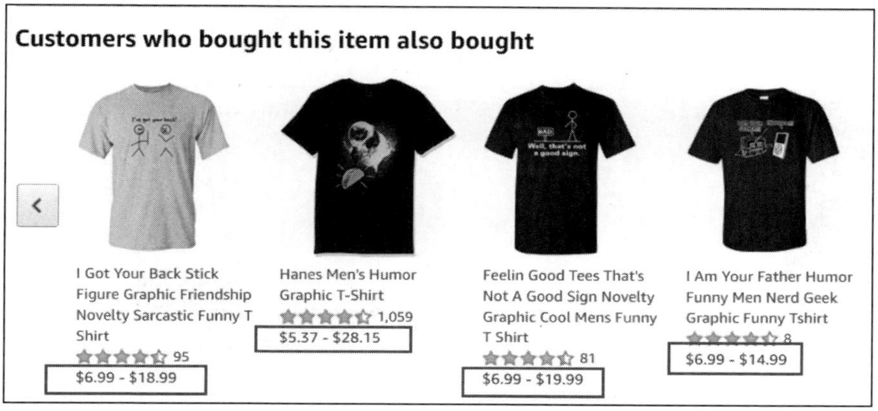

图5-27　不同产品价格对比图

在一开始我们就提到，亚马逊在逐渐提升广告展示位的同时，关联流量也在逐步下降。并且由于成本、利润等方面的把控，真实的产品价格浮动区间一般不会过大。这里显示的最低价格更多属于一种“招徕定价”，即使用一个明显的低价 SKU 吸引买家点击，在下一小节我们将详细介绍。

5.4.2 价格对搜索流量的影响

在亚马逊搜索栏的右边有一个选择框，在这个框中可以选择“Price: Low to High”,通过这一选择，亚马逊会把产品的最低价格作为一个很重要的考量，同时将会结合产品的 review 评分以及排名作一个新的排列，如图 5-28 所示。

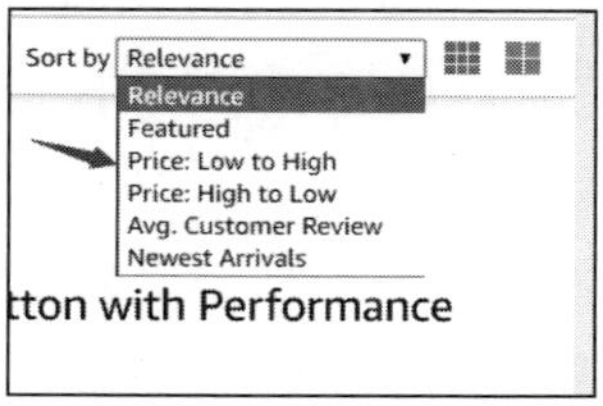

图5-28　亚马逊的价格从低到高排名选项示意图

从中可以发现很多产品的最低价与最高价之间相差非常悬殊（如图 5-28），这种悬殊并非因为产品本身的价格差异造成的，而是一种特殊的运营技巧，只需在后台添加变体然后设置超低价再让其禁止显示即可。

需要注意的是，禁止显示的变体需要每隔一段时间让其正常销售（可以选择超低流量的夜间操作），不然其子 ASIN 会因为被亚马逊判定无法销售而无法显示其对应的超低价格。

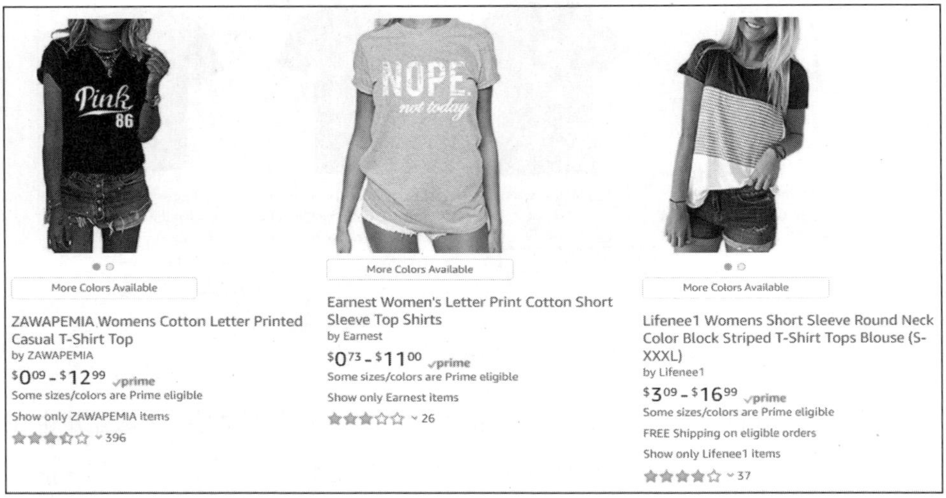

图5-29　亚马逊超低价格listing示意图

5.4.3　价格对用户心理的影响

除了上述技巧对产品 listing 设置一个低价形成价格区间外，当产品本身售价偏高时，还可以设置一个更高的价格来使该产品“看起来没这么贵”。这也是日本零售大王铃木敏文（日本 7-11 便利店创始人）常用的价格欺骗手段[③]。

③ 铃木敏文的《一个经营鬼才的自白》中提到过一个案例：38 000 日元的羽绒服产品在只有 18 000 日元羽绒服做对照的时候销量很差，但是当添加了 58 000 日元羽绒服为对照商品的时候销量爆增。

5.5 FBA 对流量的影响

在 Amazon 平台中，产品只有拥有 FBA 库存销售时，该产品链接会带有“prime”标志。因为带有“prime”标志的产品就意味着可以支持 FBA 配送，从而能大幅度减少物流时间，所以拥有该标志的产品会有更高的曝光转化率，如图 5-30 所示。

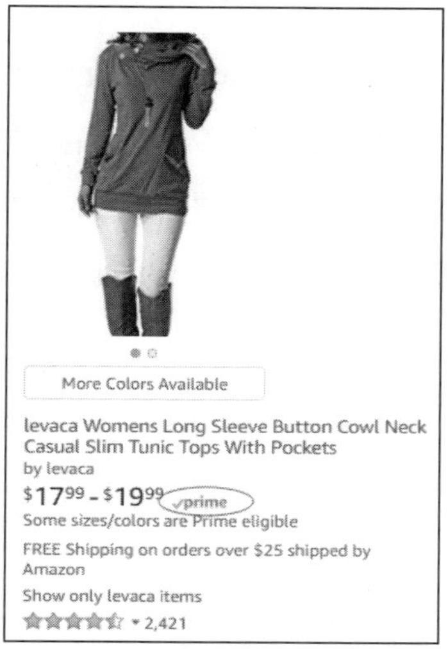

图5-30 亚马逊“prime”标志示意图

一个产品刚刚上架的时候可能并没有真实的货物去发送 FBA，但是仍然可以通过运营的操作让产品链接带上“prime”标志。

首先要在后台插入变体，然后将该变体的图片设置为现在拥有可以发 FBA 库存的产品的图片（可以找一些与原产品相关或者类似的库存类产品），最后发送 1~2 件商品过去，这样就可以让新上架的商品在特定的关键字搜索结果下带有“prime”标志，提高曝光转化率及流量，从而促成订单成交。

此类方法涉及合并变体，存在一定的风险；并且店铺必须要有 FBA 尾货的 listing 才能进行操作。正常情况下的最佳操作方法，应该是上架即转为 FBA 并尽快发送库存，这样等 FBA 入库后配合广告等操作就可以使得链接快速成长。同样的，对于不准备后期发送 FBA 的 listing 而言，这类方法只能保证短期之内的流量增加，但从长期来看必然会对流量及评价产生负面影响。

5.6 review 对流量的影响

在产品刚刚上架的时候，review 为空值，但是如果能给新上架的产品做直评、测评或者送评④，那么优质的 review 可以立刻优化产品的曝光界面，从而吸引顾客点击。在新品 review 优化方面，一般采用最多的是送评和直评，但是因为现在亚马逊使用直评的卖家有很多，而送评需要一段时间才能有效果，所以本节介绍一种更优质的 review 新品优化方法——系统性测评 review。

图 5-31 所示为一个名叫“ZANZEA”的店铺中，某一产品的 listing 截图，该 listing 除了精美的界面外，我们可以看到其 review 栏内排名第一的 review，是一个系统性评测 review，如图 5-32 所示。

图5-31　listing示意图

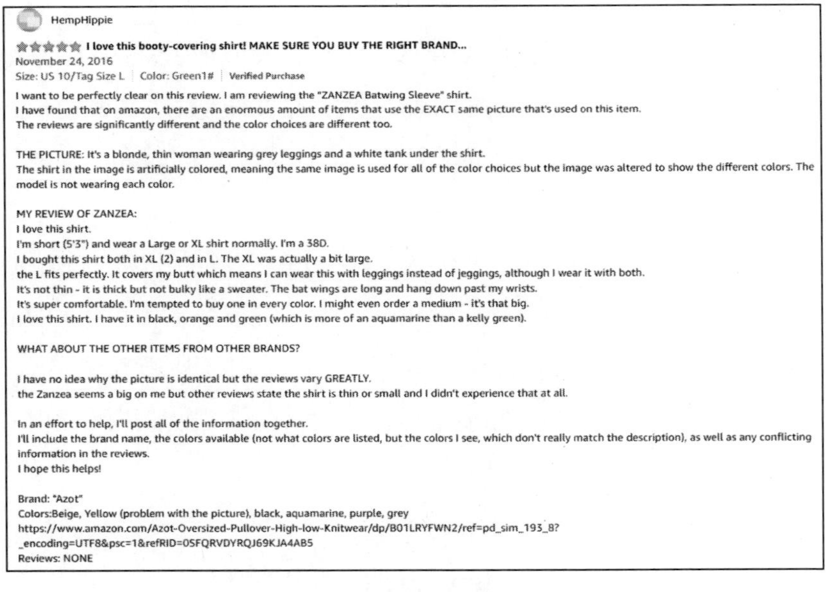

图5-32　系统性评测review

④ 送评是指将产品直接赠送给某些专业评测师或者“网红”，从而索取优质 review 的一种方式。

该评测 review 把整个亚马逊平台上，与该卖家销售同类产品的产品品牌与链接都放进了 review 内容内，并一一进行对比和参照。从该条信息我们可以了解到在 review 内放入以下内容并不会造成违规：

（1）其他产品链接；

（2）其他产品品牌；

（3）比较不同产品；

（4）引导他人进行购买。

所以，当我们对自己的产品质量很有信心时，不要忌惮在 review 里与其他竞争者进行对比。完全可以放心大胆地将 review 评分较低的产品链接或者品牌置于 review 的评测内容中，进一步方便消费者对比不同产品的质量，从而增加产品转化率。

5.7 图片对流量的影响

在产品的上架过程中，除了原封不动选择白底图片作为主图上架外，还可以将图片稍做改动作为新品上架。

以图 5-33 所示的服装类产品主图为例，先分析一下，如果这个款式是个爆款，那么卖点是什么：

图5-33 产品主图

（1）蕾丝上衣；

（2）镂空花纹；

（3）破损牛仔短裤。

通过站内产品排名综合对比，发现牛仔短裤类产品销售情况明显优于蕾丝上衣类产品，因此我们把这3个信息筛除两个，只留下破损牛仔短裤一个卖点，那么可以将这裙子图片拆分为上半身与整体图片，如图5-34所示。

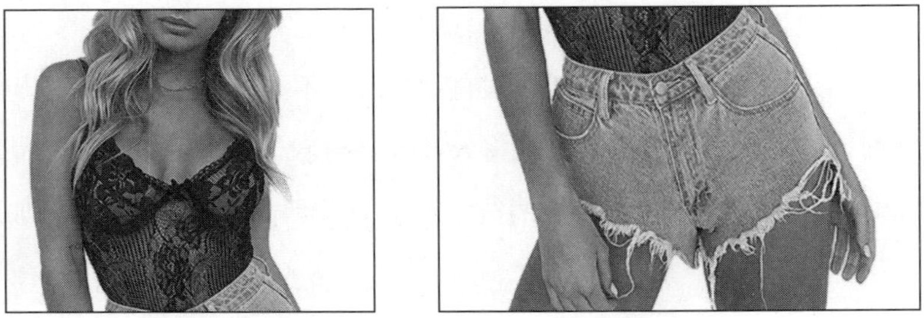

（a）　　　　（b）

图5-34　将原来的产品主图一拆为二

我们完全可以把图5-34作为主图在标题和类目选择上选择上衣或者牛仔短裤的类目和词汇。如果该套装的确是个爆款，那么你把上半身和下半身单独截取出来作为主图也一定拥有不错的流量，并且分开销售的变体还能在非套装类目里发光发热，何乐而不为呢？

当然，除了拆分主图外，还可以使用不同的产品图片作为主图重复上架某一产品，这样可以防止因某张主图不符合国外用户审美，而导致listing流量较少的情况出现。

所以，对待一款产品，如果它的卖点在部分区域就可以体现出来，完全可以截取部分图片作为主图上架到不同类目中。这样不仅防止产品重复上架导致listing关联，也可以扩大曝光量，从而有助于销售额的提升。**需要注意的是，这种套装类产品上架到上衣类目中属于踩了亚马逊上架规则的“黄线”，但仍然没有越过红线；有些跨类目上架或者插入变体/更换主图的举动会越过亚马逊规则的红线，最终会被亚马逊平台禁止显示。**（例如鞋子类目与服装类目基本水火不容，不可模糊

上架，不然会被亚马逊 A9 算法判定为违规而将 listing 图片禁止显示）

除了以上对主图拆分分别上架外，还可以根据标准品、非标准品类别的不同，选择不同的主图类别进行展示。

在亚马逊平台的选品大致可以分为两大类：

（1）标准品（如家具、仪器、电器等）；

（2）非标准品（如服装、个性化产品等）。

以服装为例，非标准品一般为白底图片，其主图选择无非是考量产品展示角度与模特选择，例如正面/侧面展示、黑人/白人模特展示，如图 5-35 ~ 图 5-37 所示。

而标准品的主图图片除了涉及产品角度外，还有一个重要的分类，即场景图与产品图的不同。以书桌为例，可以看到在亚马逊上有两大类主图，如图 5-38、图 5-39 所示。

图5-35　背面展示

图5-36　侧面展示

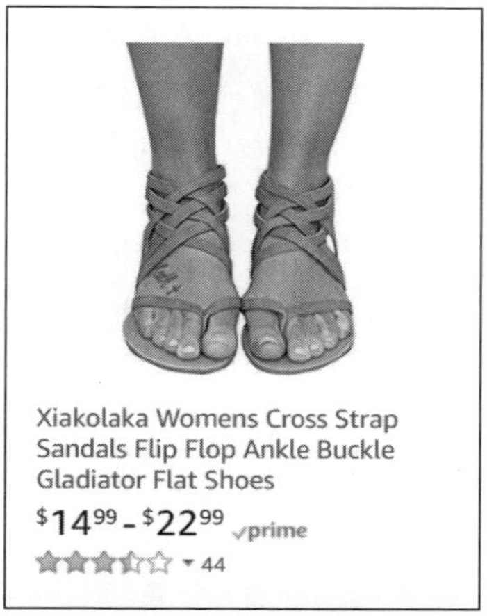

图5-37　正面展示

图5-38　标准品场景图

图5-39　标准品产品图

所以，当涉及标准品的销售时，除了要考虑作为主图的产品的颜色、拍摄角度、光亮等基本要素外，还需要仔细考量产品主图的定位，从而在场景图与产品图之间做出恰当的选择。

如何进行主图分析呢？一般分为以下几个步骤：

第一步：搜索自身类目定位，根据竞争程度，选择分析排名前 5~20 页产品的主图分类。

第二步：确定产品的决定性要素，如价格/颜色/尺寸等，观察要素与主图分类的联系。

第三步：数据可视化，确认自身产品主图定位。

以“table”类产品为例，首先在亚马逊搜索相关产品，如图 5-40 所示。

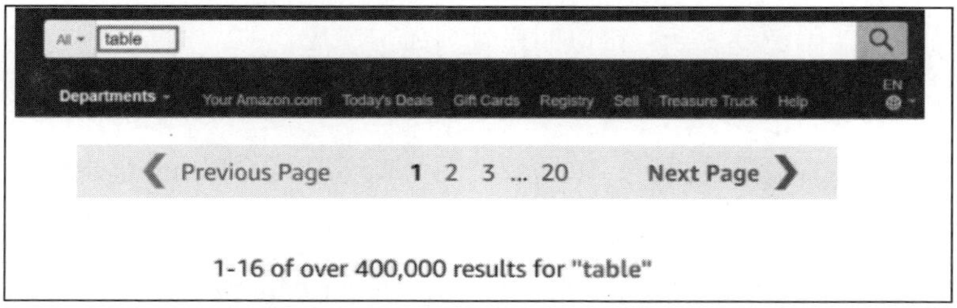

图5-40　具体搜索词汇对应其搜索结果图

然后统计排名前列的产品主图的两种分类的数量，在此统计了排名前 10 页的 listing 主图中场景主图与产品主图各自的数量，如图 5-41 所示。

页数	场景主图	产品主图
1	11	17
2	10	18
3	14	14
4	8	20
5	8	20
6	13	15
7	23	5
8	18	10
9	21	7
10	18	10

图5-41　场景主图与产品主图数量对比

根据图 5-41 中的数据，可以绘制成如图 5-42 所示的折线图。

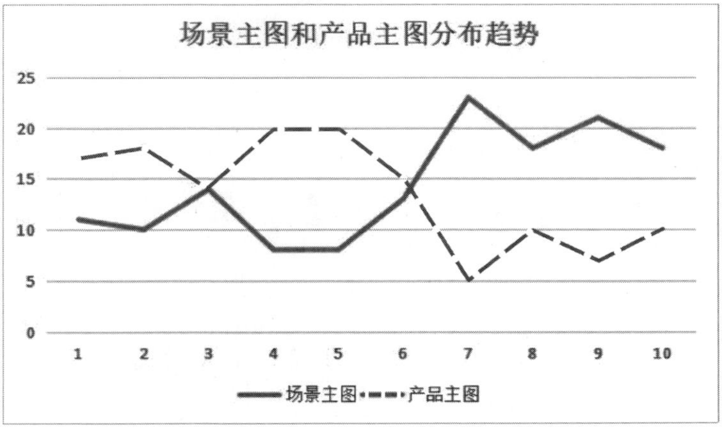

图5-42　场景主图与产品主图趋势分析图

通过分析图中数据波动，可以明显看到如下规律：

（1）随着搜索页数的提升，以产品主图为表现形式的 listing 逐渐减少。

（2）随着搜索页数的提升，以场景主图为表现形式的 listing 逐步增加。

根据上述规律，可以知道单以“table”这一关键字而言，产品主图的竞争力要远大于场景主图，因此如果我们的产品若以“table”关键字为切入点进行销售，必须使用产品主图作为表现形式。

5.8　新品不同上架策略及技巧对比

5.8.1　老 review 高分 listing 改进上架

在上架新品的时候，一般都是采用把产品上架到一个新的 listing 上这一方式。但是有些时候我们可以对那些有高分 review 的过季/非热卖产品的 listing 进行适当改进，将新品推广出去。

如图 5-43 所示，该 listing 一共有 10 款产品，其中前 9 款明显是属于同一个类别的裙子，而最后一款裙子无论是从款式还是花纹上看与前 9 款都不属于一种类别。

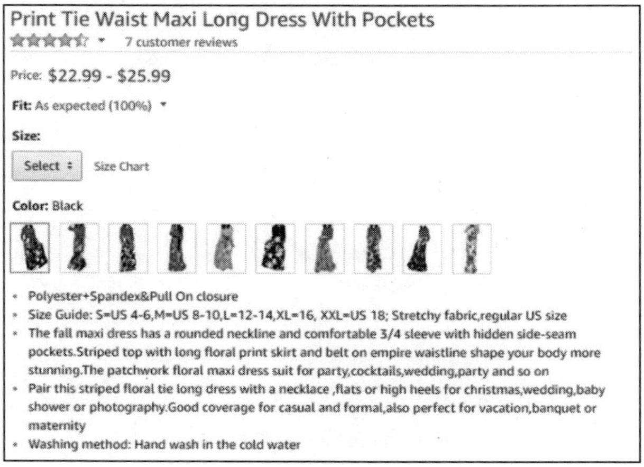

图5-43　listing示意图

图例中产品标题为“Print Tie Waist Maxi Long Dress With Pockets”，其意思为印花领带长裙（附有口袋）

当我们点击最后一个款式的图案可以看到其 Color 对应的为 Z-white。（如图 5-44）。

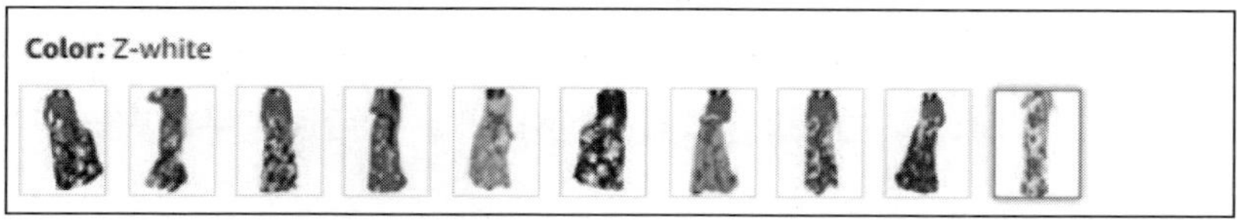

图5-44　选择listing中最后一个子变体，图例中的子变体为“Z-White”即白色

观察大部分的 review 评论可以留意到所有的评论都针对的是 Z-white 这个变体而非前面 9 个变体（见图 5-45），因此我们可以断定该 listing 原本是用来销售和推广 Z-white 这个产品的，但是因为该产品的卖点逐渐淡化（产品不再热销），这位卖家选择利用该 listing 的高评分 review 将其彻底转变为另一款产品的销售 listing。

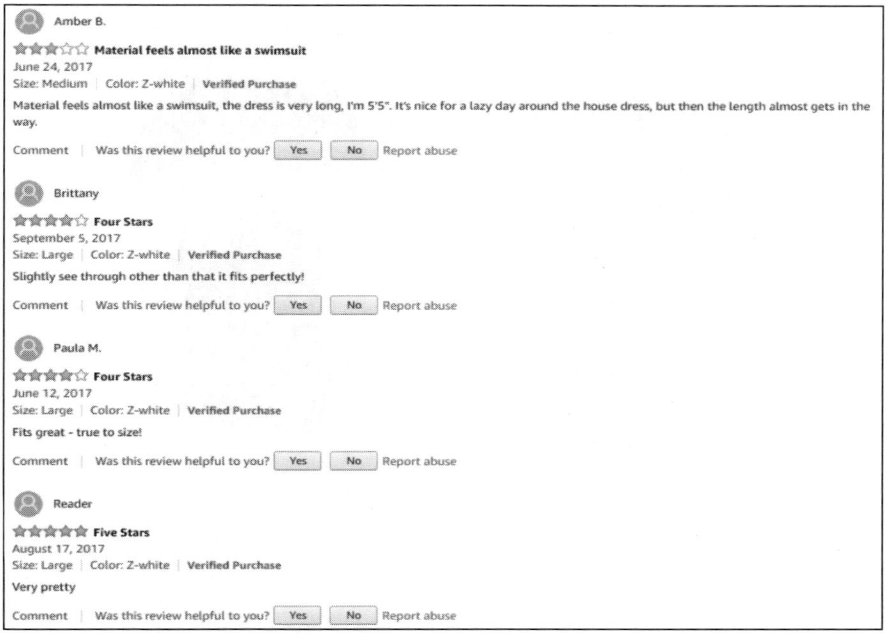

图5-45　将review内容与具体子变体进行对照，分析是否为改进上架

但需要注意的是，**单纯插入变体或者修改图文乃至标题，从而想转变 listing 的产品推广，这种行为如果不依赖更高端的运营手段，几乎是百分百不会成功的**。每个 listing 都对应 A9 算法的一个搜索栏位，当这个栏位确定时，擅自修改其中的产品并不会帮助这个产品进行推广和销售，反而会因为 A9 算法的精准推荐让搜索到产品的客户觉得驴唇不对马嘴。所以当想要修改一个 review 高分 listing 的搜索栏位时，需要先进行搜索栏位分析[⑤]，然后通过手动广告辅助曝光才能实现。

5.8.2 迅速与现有热卖款形成关联

亚马逊平台的 A9 算法本身是带有图像识别机制的，认识到这一点后，假设你要上架如图 5-46 这款产品，你会如何选择？

除了选择以该图片为主图上架到一个新链接外，还可以利用产品之间的相似度，使该产品强行与那些已经成长起来的热卖款式 listing 形成关联，在亚马逊平台上不难找到类似图 5-46 中款式的产品，如图 5-47 所示。

图5-46　产品主图1

图5-47　产品主图2

其产品属性都有共通点：Solid，Long Sleeve，V neck，henley shirt。同时，该

⑤ 搜索栏位分析是指分析 listing 在各个 keyword 下各自的搜索结果即搜索排名，从而辨别出与产品最适合/最贴切的 keyword 组合。

款式已经有好几个成长起来的 listing 链接，那么可以开始操作关联销售，其步骤如下：

- 分析已经成长起来的相似款式 listing 中哪个子变体为最热卖款式。
- 将需要关联的 listing 的相似款热卖子变体图包下载，插入到上架的链接中。
- 利用 7.5 节中的方法分析该相似款占据的搜索栏位和其对应的 keyword。
- 将对应 keyword 加入手动广告曝光关键字中。
- 当产品最终与相似款产品 listing 出现如图 5-48 形式的关联后，可以停止广告。

需要注意的是，该方法虽然可以很快让新上架的产品通过关联链接获得稳定的曝光和流量，但是此时 A9 算法会认为该新品与其相似品为同一类型产品，从而最终锁定其搜索栏位和排名，这就相当于牺牲了产品本身的成长性。**因此，如果产品有爆款潜质，一定要重新上架到新的非关联 listing 来使其获得最大的成长潜力。**

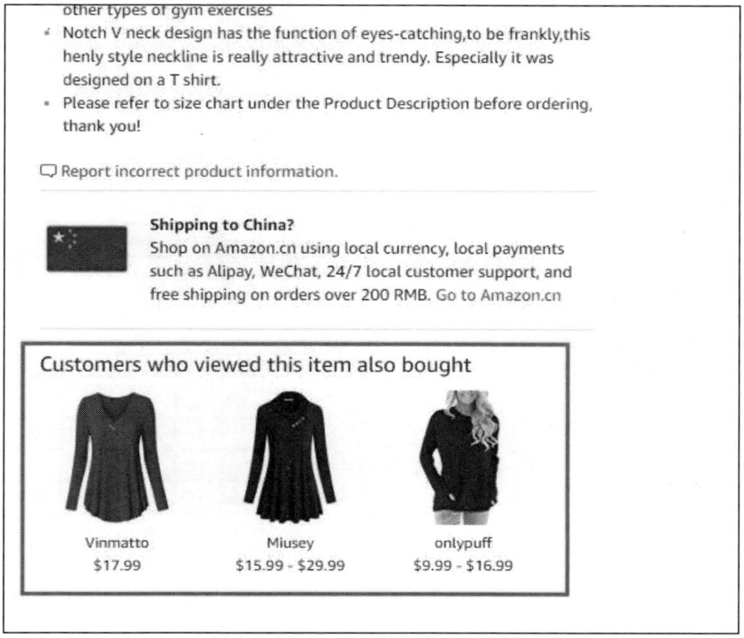

图5-48 “Customers who viewed this item also bought”栏目

5.8.3 对于测款的上架技巧

单独把测试类款式做 listing 优化介绍，是因为该类产品可能只有图片而并没有样品，因此依赖常规操作无法上传细节图片/图片直评 review/视频等，但是我们可以通过寻找类似热卖替代品的相关信息来进行 listing 界面优化。

以服装类为例，假设运营需要上架图 5-49 所示这款上衣，无样衣，无具体尺码，暂时定价为$15.95，那么除了完成基本的上架工作外，我们可以做哪些优化呢？

图5-49 产品主图

第一步：寻找相近款式，制作/复制其对应尺码。

在测试类产品对应的大类目中找到相似款式，然后找到相似款式的具体尺码/尺码表，适当修改后（比如相似款是长袖，我们上架的测品类产品为短袖，这时需要修改 sleeve 一栏的尺码），上传到新上架的测试类产品 listing 中，如图 5-50 所示。

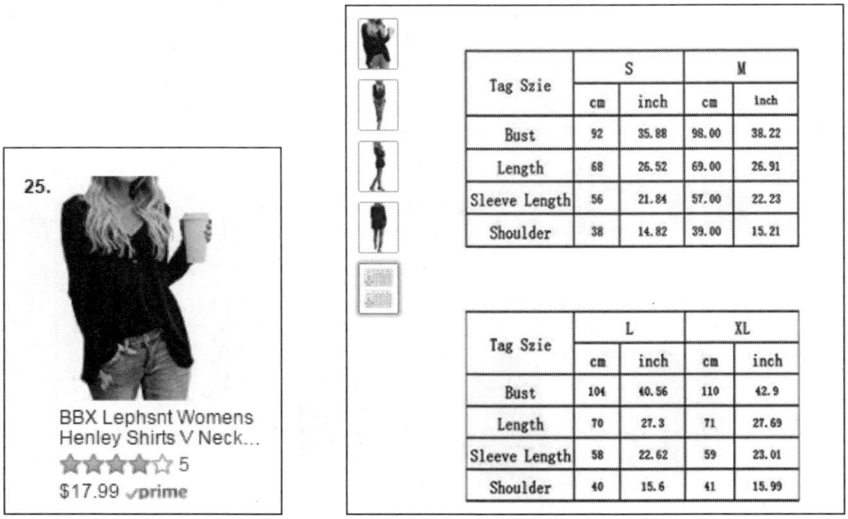

Tag Szie	S		M	
	cm	inch	cm	inch
Bust	92	35.88	98.00	38.22
Length	68	26.52	69.00	26.91
Sleeve Length	56	21.84	57.00	22.23
Shoulder	38	14.82	39.00	15.21

Tag Szie	L		XL	
	cm	inch	cm	inch
Bust	104	40.56	110	42.9
Length	70	27.3	71	27.69
Sleeve Length	58	22.62	59	23.01
Shoulder	40	15.6	41	15.99

（a） （b）

图5-50 listing尺码表

第二步：将拥有图片/视频 review 的相似款式的对应图片/视频保存下来，与

新上架的测品类产品放于一个 listing。

当发现某一相似款式拥有图片直评/视频后（见图 5-51），可以将该相似款式一起上架到我们的新 listing 中，同时将库存调整为 0 或者停售状态，再把价格设置为正常价格的 120%~130%（该步骤是为了降低测试类产品的相对价格），如图 5-52 所示。

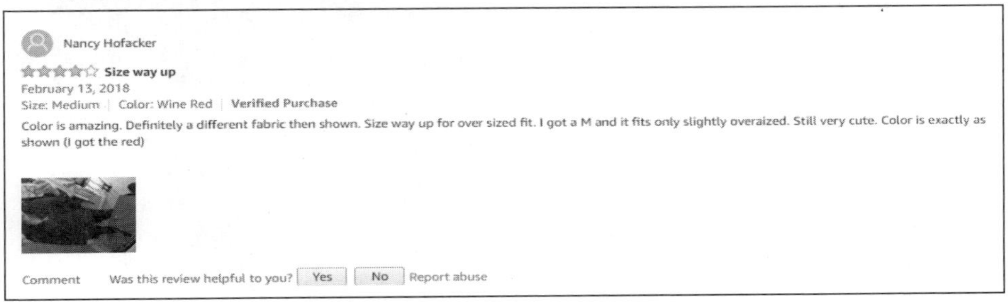

图5-51　图片review示意图

第三步：将相似款的带图 review/视频以直评方式上传到我们新的 listing 中，同时将刚刚自配送库存调整为 0 的相似款 ASIN 转化为亚马逊自配送，然后发送一件产品到 FBA 仓库。

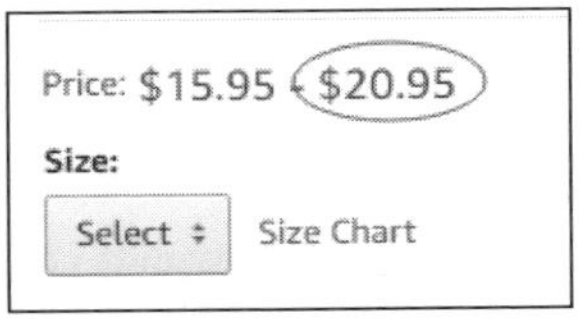

图5-52　高价设置子变体示意图

上述两项操作，前者是为了体现 listing 的真实性，因为图片/视频可以让顾客直观地感受到这不是一个单纯"测试类产品"或者"发不出货"的 listing；后者是为了让新上架的产品在特定的搜索结果下带有"prime"标识，增加点击转化率。（如果只是想带有"prime"标识，不想让该 FBA 库存正常销售，可以删除对应变体的主图，让该子变体禁止显示）。

第四步：完成 A+图文页面/直评/库存优化/关键字优化/标题优化。

5.9　利用非广告关联曝光新品

一个产品的流量可概括为：排名流量+搜索流量+广告流量+非广告关联流量。排名流量是指当产品排名进入亚马逊产品分类表中"Best Sellers"（销量最佳）、

“New Releases”（最新热卖）、“Most Wished For”（最多人想要）、“Gift Ideas”（礼物清单）以及“Movers & Shakers”（销量飙升） 等排名清单前 100 时，顾客通过浏览排名清单看到你的产品，从而点开链接产生的流量，如图 5-53 所示（Women’s Blouses & Button-Down Shirts 类目排名）：

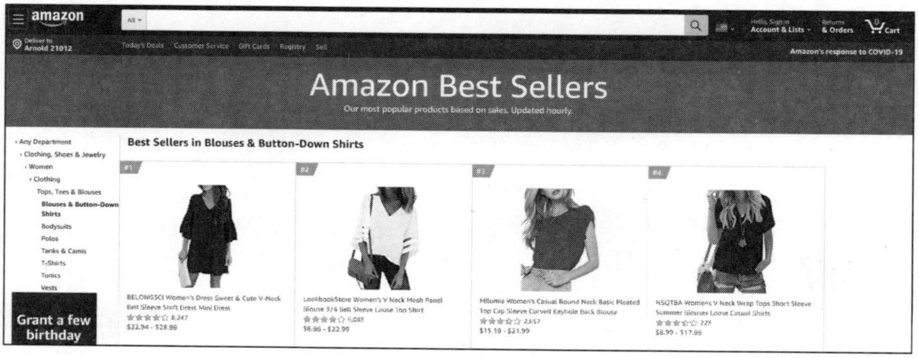

图5-53 类目排名商品界面

搜索流量的含义为顾客通过搜索引擎输入某些 keyword，如果你的产品在搜索界面产生了曝光，那么这时因用户点击而产生的流量就是搜索流量。例如，当我们输入 women’s henley shirt 时，可以看到如图 5-54 所示。

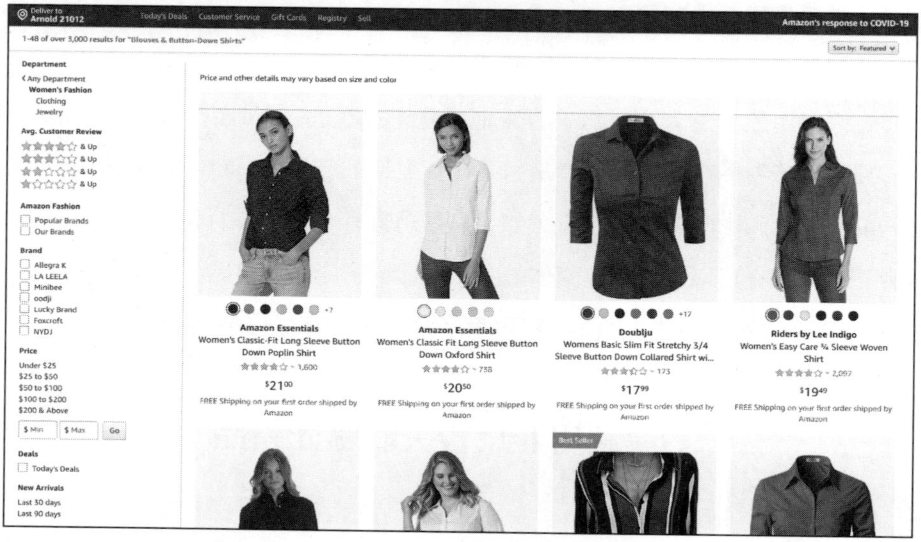

图5-54 搜索结果

广告流量分为头条广告流量、top3 栏位手动广告流量、关联推荐广告流量，其形式分别如图 5-55～图 5-57 所示。

图5-55　头条广告

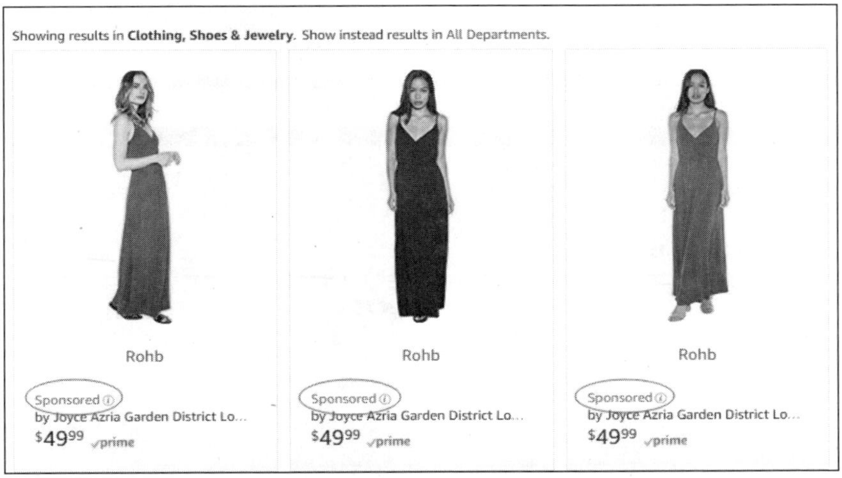

图5-56　top3栏位手动广告

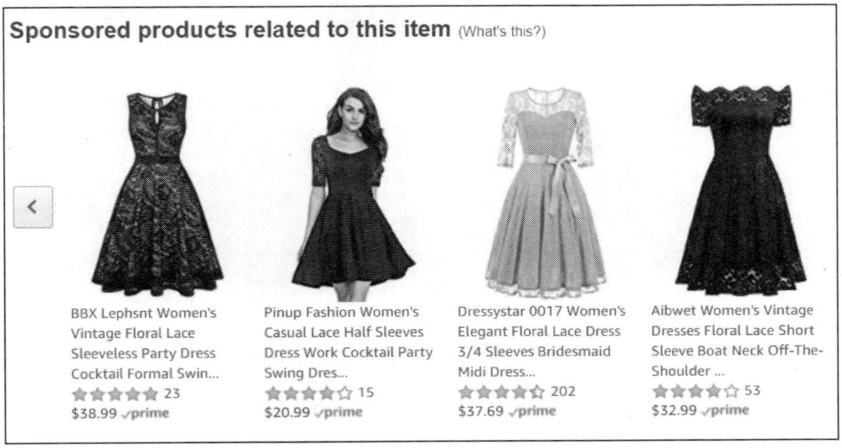

图5-57　关联推荐广告（与这个产品相关的广告曝光的商品）

最后是非广告关联流量，其主要形式为 A9 搜索引擎根据相似产品属性推荐曝光产生的流量。本文将重点阐述如何分析产品流量来源，从而推动新品进行曝光与销售。

首先需要明确的是，一个产品的自然流量大多数来源于搜索流量，而排名流量和非广告关联流量一般不是主要的流量来源。正因为如此，我们可以利用这一规律让某些新品获得额外的曝光。

我们先在亚马逊平台的 Women 类目中搜索 t-shirt，如图 5-58 所示。

图5-58　搜索“t-shirt”

搜索结果如图 5-59 所示。

图5-59　“t-shirt”搜索结果示意图

由图 5-59 可知，除了前 4 个为广告“Sponsored”链接外，第一个链接的标题为“YunJey Short Sleeve Round Neck Triple Color Block Stripe T-Shirt Casual Blouse”，这表明亚马逊的 A9 算法认为该产品为最适合推送到第一栏位的产品，即该产品与“t-shirt”这一 Keyword 最为匹配。

然后点击该链接，可以看到如下非广告关联推送的产品链接栏，如图 5-60 所示。

图5-60　非广告推送栏目1（买了这个产品的消费者也会购买……）

一般在这种热卖 listing 下，非广告关联的链接是两两关联的，也就是说 A 产品关联到 B 产品的同时 B 产品也会与 A 产品产生关联。点击第一个关联链接，其标题为“Romwe Women's Color Block Blouse Short Sleeve Casual Tee Shirts Tunic Tops”，可以看到其 listing 下也有非广告关联推送的产品链接栏，如图 5-61 所示。

图5-61　非广告推送栏目2（买了这个产品的消费者也会购买……）

可以留意到其 listing 下第一个关联的链接，就是我们刚刚搜索的 women 类目下 t-shirt 作为 keyword 时排名第一的链接。然后可以发现到一个规律：**该关联链接推送图片与搜索推送图片不一致**，如图 5-62 所示。

（a）为关联链接　　（b）为搜索推送图片

图5-62　推送图片

图 5-62（a）为关联推送图片，图 5-62（b）为搜索推送图片。从前述 A9 数理推导中可知，A9 算法不可能无意义地随机推送图片，搜索结果推送其 listing 下 “Red” 颜色的图片必然是因为该子变体拥有最高的转化率与订单成交额。根据其 listing 下的 review 分布进行订单占比分析，如图 5-63 所示。

图5-63　review界面（“Customer Reviews”的意思就是顾客评价）

图 5-63 为该 listing 下与 2018 年 3 月 20 日的 review 截图，一共有 290 个 review，其中“Red”颜色的 review 数量为 109 个占 37.5%，其他颜色占 62.5%。该 listing 下一共有 11 个颜色的子变体，其单个颜色如果是按平均销量计算应该占 9.1%左右。但是通过统计发现，“Red”颜色的 review 比率已经远超该比率，因此可以断定该颜色为最热卖颜色，这与之前通过 A9 搜索算法的推送结果保持一致。

我们可以通过统计差评的数量来验证这一结论。该 listing 下差评一共为 53 个，其中“Red”颜色的差评 review 为 18 个，占 33.96%，其他颜色占 66.04%，理论上每个颜色平均比率应为 9.1%左右，“Red”颜色的 review 比率已经远超该比率，结论成立。

那么，可以根据以上推断抛出一个疑问：为什么在非广告关联推送中亚马逊 A9 算法不把转化率和订单额最高的“Red”颜色子变体作为推送链接主图呢？

原因有以下两点：

（1）该推送主图与其对应链接的相关率较大，能更促成顾客同时购买两件商品，正如其栏目名称“Customers who bought this item also bought”一样。

（2）原链接流量大幅度依赖与搜索流量而非关联流量，因此关联链接主图为随机显示。

如果是（1），其关联订单率根据服装产品的运营经验不会超过 1.5%~2.5%，这还是排名第一产品的关联成交率，即顾客购买 100 件原链接产品平均会购买 1.5~2.5 件关联产品。通过产品关联来提升订单效率是很低的，所以靠关联来获得订单大幅度提升是不现实的。

如果是（2），则证明原产品 listing 的流量基本不依赖关联流量，而是依赖搜索流量。

那么如何利用非广告关联推送来曝光新品呢？

方法很简单——插入变体。但是这里的插入变体有些细节需要注意：

找到非广告关联链接主图对应的子变体属性，在服装领域，其子变体属性基本是颜色。以刚刚“YunJey Short Sleeve Round Neck Triple Color Block Stripe T-Shirt Casual Blouse”即“短袖圆领三色方格条纹 T 恤休闲衬衫”的案例为例，“Black”就是对应的子变体属性，如图 5-64 所示。

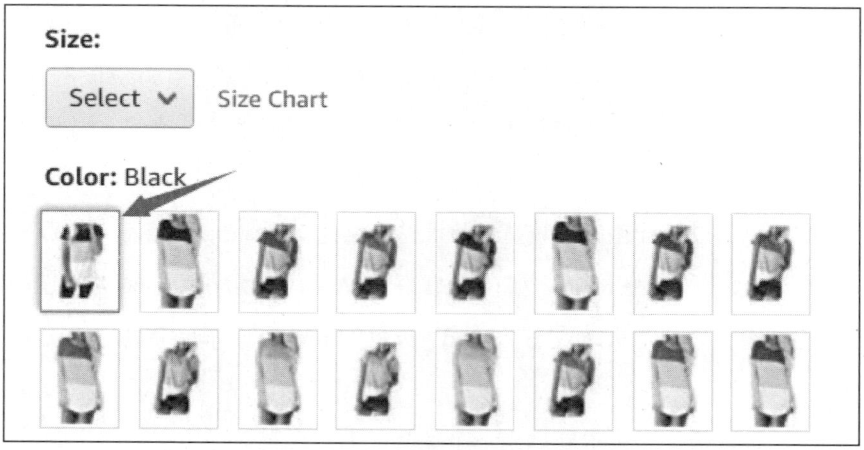

图5-64　选择对应子变体“Black”

然后根据字母排序加入变体，非广告关联推送的变体图片一般为原子变体前一个属性的主图。还是以刚刚的链接为例，现在“Black”作为关联链接主图，那么需要有一个子变体排在“Black”前才可以显示，根据英文字母 A~Z 的排序，可以在变体属性前添加“A-”的标注，这样就能成功让新添加的变体霸占关联链接的主图，从而获得大量曝光（如果曝光无明显效果，可立刻更换新品图片提升测品效率）。

最后需要观察原 listing 产品销量的变动，如果新加入的变体成功销售且订单数量逐渐提升，那么证明该新品拥有不错的卖点和市场潜力，可以将它单独上架然后销售，这样更方便亚马逊的 A9 算法帮它寻找到适合的搜索栏位，从而最大程度地提升销量。

第 6 章

打造爆款第三步——出色的 listing 与店铺维护

- 完成上架操作后如何运营好一个 Listing 使其从众多竞争者中脱颖而出?

6.1 如何优化转化率

6.1.1 如何计算转化率？建立求和方程

在考虑转化率前，先设定必要的几个参数：

- 订单额 S
- 总流量 N
- a 商品流量 n_a
- 平均转化率 P
- a 商品转化率 P_a
- 店铺商品总数 x

根据以上参数，转化率计算公式可以为如下两种形式：

$$S=N\times P \tag{6-1}$$

$$S=\sum_{1}^{x} n_a\times P_a \tag{6-2}$$

式（6-1）、式（6-2）中，暂时将所有流量相关数据设为定值。

6.1.2 如何找到需要转化率优化的产品？商品大类区分

很多运营者喜欢关注式（6-1）中的数据波动，**而该式本身对于优化转化率是没有意义的**。转化率是针对某个产品而言，除非是针对店铺进行的品牌化优化，否则整体的数据并不能体现单个转化率的优秀与否，所以在**进行转化率优化时需要采用式（6-2）进行参考**。

在使用式（6-2）进行优化参考前，还需要做一个重要的工作——**店铺商品大类区分**。商品大类区分是指根据销售额占比将店铺所有产品进行归类，一般采用25%+50%+25%的区分方式。

根据上述比例，首先将店铺中的所有产品分为三大类，第一类为爆款（一般为日均销量大于 40 件的产品）；第二类是上升款（一般为日均销量大于 5 件且小于 40 件的产品）；第三类为低单款（一般为日均销量 1～5 件的产品）。

最后根据以上产品分类将转化率的计算方法变成如下公式：

订单额=爆款转化率×爆款流量+上升款转化率×上升款流量+小额款转化率×小额款流量

不考虑流量变化，那么三类产品的转化率的优化重心是哪类产品呢？

——重点优化上升款（即占销售额 50%的中间款式）。

理由如下：

（1）爆款已经每日稳定产生大量订单，一旦进行转化率优化改变现在的产品描述、介绍乃至图片，那么所导致的后果既有可能是单量上升，也可能致使转化率不升反降，所以针对爆款产品，建议维持现状。

（2）对于低单款产品，由于这些产品数量庞大，单量却又极少，很可能转化率在 10%～100%之间大幅度波动，这样贸然优化转换率不仅工作量极大。且效果也不会显著。

（3）上升款应该占据一个店铺销售额 40%以上。大量的上升款甚至可以达到店铺销售额的 60%，这些款式往往有部分在未来会成为店铺的爆款，且处于上升期的稳定款每天也会有大量的流量，所以一旦转化率有所提高，业绩也会明显上升。即便出现优化错误转化率下降的情况，也不会像爆款产品一样产生无法弥补的损失。

6.1.3 如何设定优化目标？历史数据总结

既然决定优化，就得制定最终目标，是 10%还是 20%？我们可以将下述数值定为优化目标：

（1）在现有店铺中流量已经稳定的上升款式中，选择其中最大转化率为参考目标。

（2）以优化后平均转化率为 10%且上下波动 2%为参考目标。

（3）以优化后平均转化率提升 30%以上为参考目标。

每个类目转化率都是有行业优秀标准的。以服装类目为例，一切不足10%的转化率都称不上是优秀转化率，一切不足5%的转化率则为不合格转化率。

6.1.4 如何在众多要素中寻找关键点？关注FBA

在对产品listing的转化率进行优化的过程中，首先要关注的是有无FBA库存进行销售。在亚马逊平台，商品物流模式分为FBA（Fulfillment by Amazon）与FBM（Fulfillment by Merchant），前者属于亚马逊配送，后者属于自配送。在第5章我们提到的FBA对流量的影响只是阐述了“prime”标识对于用户点击率即流量的正面影响，本小节重点探讨FBA对于转化率的影响。

对于新卖家而言，从上架第一个产品到获取购物车资格，往往需要1-3个月的时间。。如果可以在最开始就发送FBA，链接是可以直接获取黄金购物车的。黄金购物车如图6-1所示。

图6-1　黄金购物车

拥有黄金购物车的listing可以让顾客直接将产品放入购物车，而没有黄金购物车的listing则需要用户先查看卖家信息，然后再操作购买选项，操作会比较烦琐。在亚马逊平台上，对于没有购物车的产品，如果用户想要购买就需要点击超过3次，这严重影响了转化率①。所以，如果想让新品的转化率快速提升，发货到亚马逊海外仓库使产品拥有FBA配送服务是不二之选。

6.2 商品页面优化改进

6.2.1 库存设置——低库存购买提示

在产品微观图片展示的栏目下，当你选择一个具体属性的产品时，如果该产

① 什洛莫·贝纳茨、乔纳·莱纳的《屏幕上的聪明决策》一书中提到了“三次点击原则”，即如果用户在三次点击中无法找到信息和完成网站功能，就会停止使用这个网站。

品自配送库存/FBA 库存小于一定数量时，Amazon 就会有“Only XX left in stock - order soon”的提示样式，如图 6-2 所示。

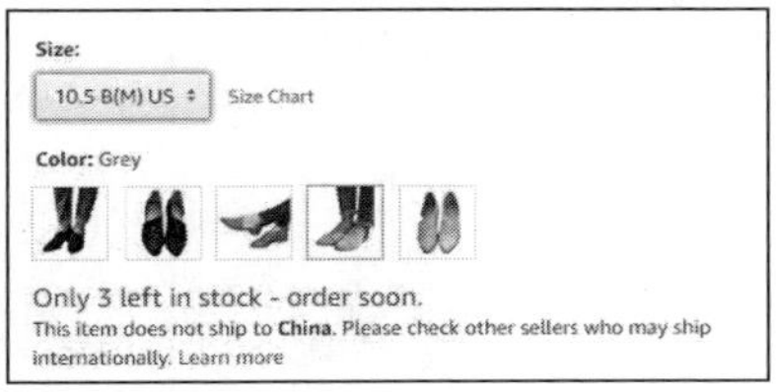

图6-2 低库存购买提示

所以当产品处于上升期，且已经完成界面优化的时候，可以每过一段时间去后台将可售库存调整成 5 件或者更少，这样既可以保证每次产品界面出现低库存购买提示，也可以在一定程度上促成交易，如图 6-3 所示。

图6-3 低库存设置技巧

需要注意的是，FBA 需要控制发货才能有低库存显示，所以操作难度较大。而自配送库存虽然可以实时调整，但是一旦忘记调整库存会造成订单的损失。所以，当**对某些 listing 进行低库存调整的时候，注意对 ASIN 或者 SKU 进行记录以免出现遗漏**。

6.2.2 价格定位——价格梯度

如图 6-4 所示，该产品价格为$9.48~$21.09，但当顾客点击某个具体尺码时，很难找到$9.48 对应的产品。该操作技巧称为价格梯度，操作方式为设置某个最不热销子产品的价格为超低价，也可以让超低价的子产品禁止显示来达到“看得到买不到”的效果。

图6-4　价格梯度listing示意图

另外一种价格梯度定价方式，是将为单独一个 SKU 添加运费模板，比如产品售价显示为$9.48，但该 SKU 运费为$10，最终的售价为$19.48，比正常售价略低即可。这种方法适合内部 SKU 较少的 listing。但需要注意的是，如果只有 1 个 SKU，那么价格最好不要包含运费，否则会引起顾客的反感降低转化率。

6.2.3　价格“区别”

1. 什么是价格“区别”

价格“区别”（price discrimination）实质上是一种价格差异，通常指商品或服务的提供者在向不同的用户提供相同等级、相同质量的商品或服务时，在用户之间实行不同的销售价格或收费标准。经营者没有正当理由，就同一种商品或者服务，对若干买主实行不同的售价，则构成价格“区别”行为。

2. Amazon 平台价格“区别”分类

Amazon 平台常用的价格“区别”依据一般分为以下几类：

（1）年龄（例如将 20~30 年龄阶段层与“30+年龄”阶段层的顾客分开）；

（2）地区（例如将加利福尼亚州、佛罗里达州与其他州的顾客分开）；

（3）职业（例如将学生与非学生的顾客分开）。

由于 Amazon 网络交易的信息透明化，在该平台使用价格“区别”手段并不是为了获得传统实体交易想得到的“超额利润”，而是让部分顾客获得“特殊对待”的感觉，从而促成成交。亚马逊对其 prime 会员也有明显的区别分类，比如专门针对学生的半价 prime 会员和针对季节性购物的半价季卡等活动。对于卖家而言，也可以积极使用价格“区别”策略，提升运营效果。

3. 如何构建价格“区别”

首先要确认自己需要构建哪种类型的价格“区别”，其确认方法来源于订单信息或者数据分析结果。地区类型的价格“区别”方法最为常见与普遍。

将自身运营店铺的所有订单信息汇总，然后抓取订单中物流信息的“州”一栏，就可以直观看到自身店铺或者产品的市场定位与区域定位。

在下载的订单报告中，可以找到“州或省”一栏，然后通过 Excel 表格的筛选功能，就可以得到自己店铺的顾客地区分布，如图 6-5 所示。

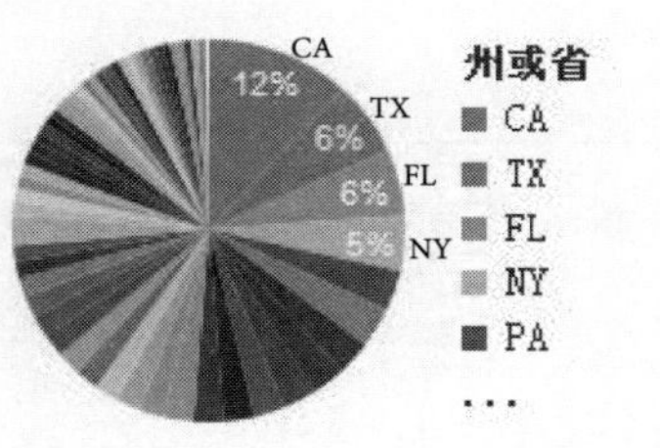

图6-5　店铺顾客地区分布

当下载订单报告完成后，我们可以开始分析顾客的地区分布，以图 6-5 为例，12%的顾客来自于加利福尼亚州，6%的顾客来自于得克萨斯州，6%的顾客来自于佛罗里达州，6%的顾客来自于纽约州，那么总计 30%的顾客地区分布就可以确定了。在此基础上，只需要在 5 点描述中添加类似于“If you live in California/ Texas/ Florida/ New York/ Pennsylvania/ Illinois, you can get a XX% discount. Please provide us with the order number through e-mail.”（如果你住在 XXXX 这些州，我们可以给你 × ×%的优惠），如图 6-6（5 点描述中的第一个）所示。

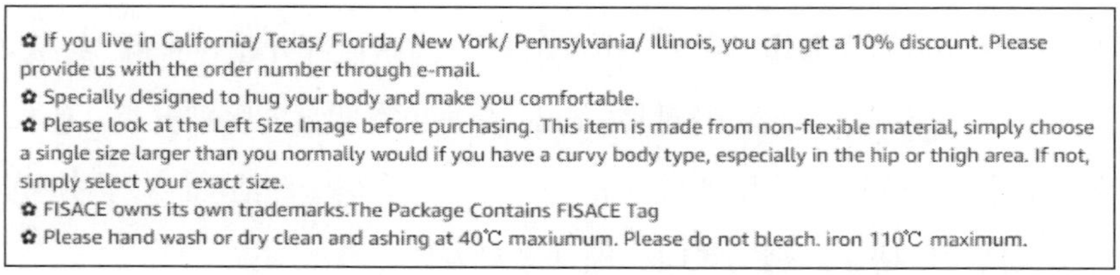
✿ If you live in California/ Texas/ Florida/ New York/ Pennsylvania/ Illinois, you can get a 10% discount. Please provide us with the order number through e-mail.
✿ Specially designed to hug your body and make you comfortable.
✿ Please look at the Left Size Image before purchasing. This item is made from non-flexible material, simply choose a single size larger than you normally would if you have a curvy body type, especially in the hip or thigh area. If not, simply select your exact size.
✿ FISACE owns its own trademarks.The Package Contains FISACE Tag
✿ Please hand wash or dry clean and ashing at 40℃ maxiumum. Please do not bleach. iron 110℃ maximum.

图6-6　价格“区别”技巧

当顾客看到这些信息后，会发来如下邮件，如果类似邮件的数量逐渐增多，那么代表价格“区别”的策略执行成功了（如图 6-7）。

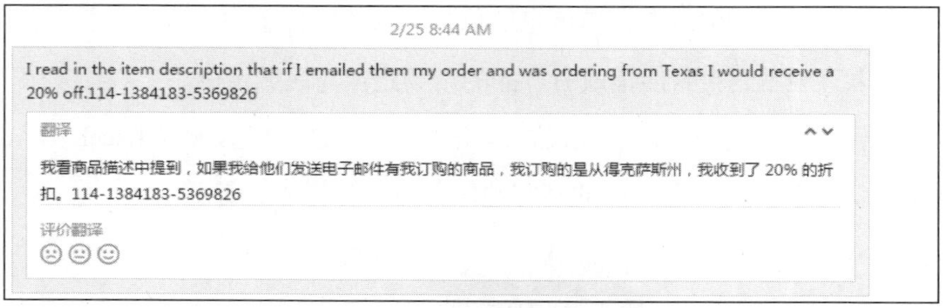

2/25 8:44 AM
I read in the item description that if I emailed them my order and was ordering from Texas I would receive a 20% off.114-1384183-5369826
翻译
我看商品描述中提到，如果我给他们发送电子邮件有我订购的商品，我订购的是从得克萨斯州，我收到了 20% 的折扣。114-1384183-5369826
评价翻译

图6-7　价格“区别”技巧成功后收到的顾客邮件

当然，你也可以适当陈述一下给予优惠的理由，比如这些州我们拥有特定的仓储配给点，或者这些州与我们的供应商有运输合作等。这样的区域性价格“区别”既不会让其他州的顾客觉得不公平，也可以促成特定区域顾客的成交。（**注意，亚马逊平台规定在 5 点描述中是不可以明目张胆地添加优惠信息的，但是“价格区别”属于例外，可以在 listing 上升期间进行使用，等产品 listing 成长到一定阶段后，可以将 5 点描述改为其他内容**）

除了对全店铺的顾客进行地区划分，也可以对某一具体产品的顾客地区分布进行价格“区别”，如图 6-8 中的顾客比例分布就与第一张饼状图不太一样。假如我们销售的是某一款毛衣，当发现其中占比较大的一个州气温快速上升时，我们就可以对该地区的顾客群体给予适当优惠，理由可以为“毛衣过季，清仓销售”，从而进一步提升产品的转化率。

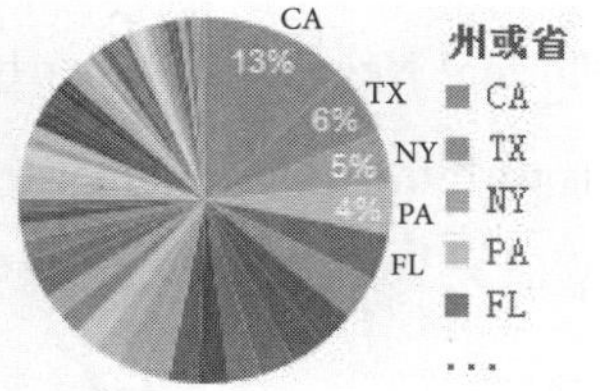

图6-8　某一店铺的某一产品的顾客地区分布饼状图

6.2.4 Q&A 部分优化

在一个 listing 界面中，有一个“Customer questions & answers”部分，即 Q&A 部分（如图 6-9）。该部分内容因为与顾客的购买体验直接相关，所以顾客浏览的概率也会很大。在新上架的产品中，我们可以到已经拥有大量 Q&A 的同类商品中截取相关内容，并更新到我们的 listing 产品界面上，在解决顾客疑惑的同时促成订单的成交。

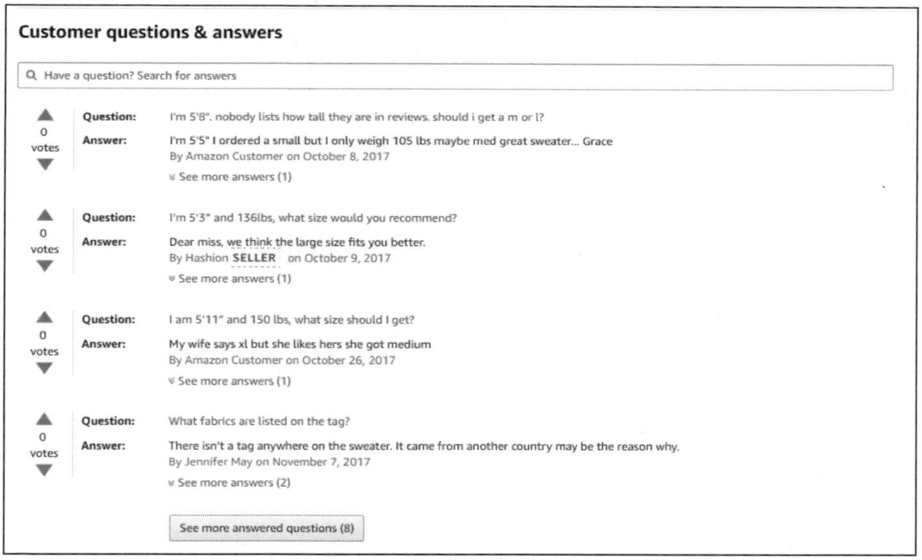

图6-9 Customer questions & answers即消费者疑问和回答

6.2.5 图片列表优化

在图片列表中，除了选择高清且适合的白底图片作为主图外，还需要带有简单易懂的产品信息表。根据相关科学论证，人有超过 80%的信息来源于视觉，而人又偏向于看图而非文字或者表格。所以，一张美观的产品信息表会大大提高客户在页面的停留时间乃至提高转化率。以服装尺码表为例，可以设计一张如图 6-60 所示的品牌尺码表。

Follow bust is recommended circumference size. Sleeve length and back length mersurements are actual flat measured clothing length.

	S	M	L	XL
Bust	116	120	124	128
Sleeve Length	58	60	62	64
Back Length	88	90	92	93

（a）

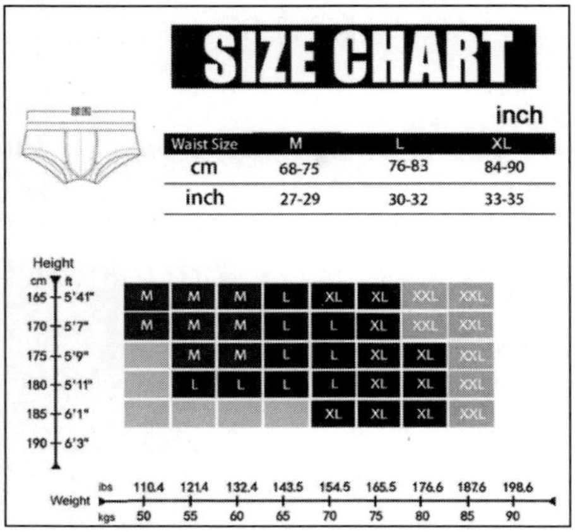

（b）

图6-60　品牌尺码表

6.3　商品介绍优化改进

在商品介绍的优化中，“A+广告”的优化是最为有效的。以服装产品为例，现在仍然有许多店铺的商品介绍如图 6-11 所示。

Product description

S------Bust 90cm-------Length 64cm

M------Bust 94cm-------Length 65cm

L------Bust 98cm-------Length 66cm

XL-----Bust 100cm------Length 67cm

图6-11　店铺商品介绍

虽然很多运营者会说，那些大牌不也是只写了一句话或者放了一个简单的尺码信息，他们不也在大卖特卖吗，何必费精力去写这些商品介绍呢？但是市场竞争是优胜劣汰的，大牌靠广告靠质量靠品牌取胜，我们只能通过“A+图文”去尽可能做宣传。

首先，此类产品描述在内容上就犯了一个很大的错误：单位没有换算，依然写做 cm。对于美国买家而言，他们更熟悉的是英制单位，即英寸 inch。单纯列出公制单位的尺码表，极易造成买家无法挑选合适尺寸而放弃下单的问题。可能一些运营者会说，top100 里的一些大牌不也是只写了一句话或者放了一个简单的尺码信息，照样也在大卖特卖吗？我只需要模仿对方即可，何必费精力去写这些商品介绍呢？但是市场竞争是优胜劣汰的，大牌上架时间久，链接产生的大量 review 已经可以弥补上架的不足，并且产品在长期经营的情况下，广告、产品质量都经过了多轮的优化，并产生了品牌效应，自然可以取胜。在大牌面前，我们只能选择差异化竞争，通过 A+图文去尽可能做宣传。

为此，建议所有品牌店铺结合各自店铺风格，对其销售的所有 listing 进行优化改进：商品介绍全部采用高质量“A+图文”广告进行介绍，**虽然“A+图文”广告的作用已经证明小于视频化 review 与 FBA，但是作为运营手段之一，在未完成店铺风格视频化转变与发送 FBA 库存前，“A+图文”宣传仍是不错的运营优化手段。**

因为亚马逊平台上华丽优秀的“A+图文”广告有很多，下面以其中部分优秀的“A+图文”广告为例供大家参考（见图 6-12、图 6-13）。

图6-12　A+页面示意图（图例品牌为HOOYON）

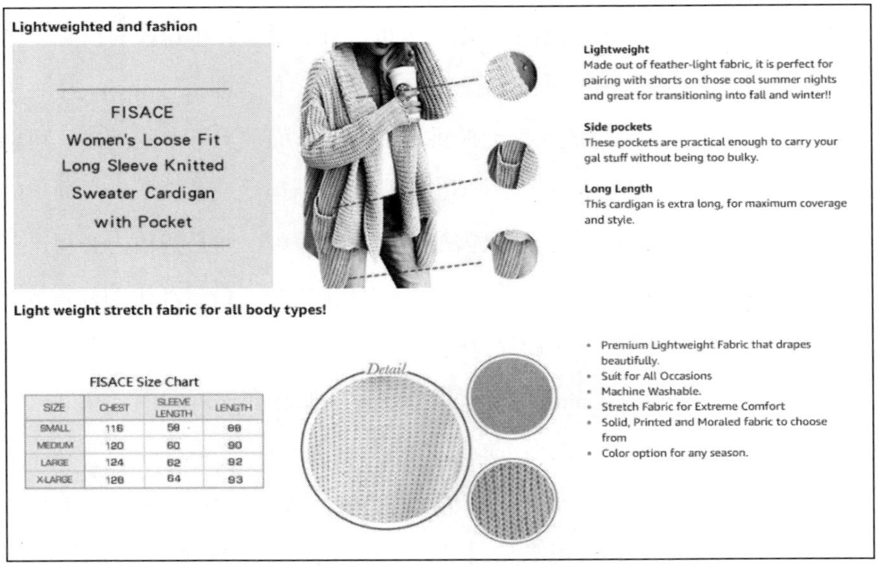

图6-13　A+页面示意图（图例品牌为FISACE）

除了使用“A+图文”广告进行产品宣传外，还要根据产品不同的定位来描写产品介绍。如果是针对男性的产品，可以描写较为详细的信息与内容；而女性产品则可以在介绍中加入一句“如果有疑问可以随时联系我们”[②]，来获得更高的转化率。

除了根据顾客男女性别的不同采用不同的优化方法外，还需要考虑一个重要因素——**年龄**。虽然大多数跨境电商卖家针对的是外国青年或中年顾客，但是如果我们的产品针对的是外国老年顾客，就需要调整字体大小[③]以便客户能更好地看到产品描述。

以下方法为亚马逊平台产品描述中常用的 HTML 代码（HTML 代码需要结合第三方的上架软件辅助使用，例如“ActNeed”第三方上架软件）：

② 帕科·昂德希尔在《顾客为什么购买》中阐述了男女购物习惯的不同，女性喜欢直接询问店员，而男性更倾向于从文字材料、宣传视频来获取第一手信息。

③ 帕科·昂德希尔在《顾客为什么购买》中有一段话：“到 2025 年，任何小于 13 磅字的文字说明都会是一种商业自杀。即使在今天，当我们的视力开始衰退，采用 9 磅字的说明也是在自毁前程”。所以针对老年人用户需要用大号字体的文字来传递信息。

（1）换行符号：第一行内容
第二行内容
第三行内容。

（2）加粗符号：<b>需要加粗的内容</b>。

（3）文字大小调整符号：<p style="font-size:10px">需要设置文字大小的内容</p>。

【通过改变 10px 来改变字体大小，如 14px 就比 10px 字体显示大】

（4）文字颜色变换符号：<p style="color:#fff000">需要设置文字颜色的内容</p>。

【通过改变替换#fff000 代码来改变文字颜色】

（5）文字斜体符号：<p style="font-style:italic">需要设置文字斜体的内容</p>。

（6）文字下划线代码符号：<p style="text-decoration:underline">需要设置文字下划线的内容</p>。

（7）文字删除线代码符号：<p style="text-decoration:line-through">需要设置文字删除线的内容</p>。

6.4 前中后期广告策略

在**前期策略**上，很多商家在选品过后，会通过自然流量的大小观察该商品是否具有潜力，从而决定是否选择广告宣传，但是这个策略并不是一成不变的。以品牌店铺为例，产品开始销售意味着可以对商品进行图文广告宣传，所以在前期策略上应该与普通店铺选择不一样的路线。

品牌店铺：上架就打广告→出单立即完成图文广告→关闭广告→观察后续数据变动从而决定是否再开启广告。

普通店铺：上架不打广告→观察后续数据变动从而决定是否再开启广告。

在**中期策略**上（一般为上架后的 1～2 周），如果运营者发现了一款不错的产品或者“潜力款”（“潜力款”的含义是该款式流量上升趋势符合爆款趋势，或者该款式转化率远高于平均值），那么这时候运营者需要做以下几个操作：

- 选择最热销的子产品进行自动广告宣传。
- 刷长段描述性 review 直评。

- 品牌店铺优化图文/非品牌店铺将商品高清细节图加入商品图片列表中。
- 完善商品页面下端Q&A栏目，仔细回答顾客疑虑。
- 添加子产品变体，变体为相关性产品。
- 联系“网红”或者“粉丝”顾客，询问他们是否愿意为你的产品做不错的review。

完成以上操作并且产品销量有可观的提升时，就要运作**后期策略**。注意这里的后期策略并不包含FBA，这是因为FBA备货不仅耗费巨大而且会带来退款率的提高。在控制FBA库存的前提下尽量要去使用更有效且廉价的运营策略：

- 将原本自动广告的单词点击费用降低，根据广告报告选择高点击词做手动广告。
- 刷带图+长段描述性review直评。
- 先选择非热卖产品发少量FBA。（让商品选择界面出现“prime”标识）
- 让之前已经联系好的“网红”和“粉丝”客户写下不错的review。
- 品牌店铺可以在商品质量合格且FBA有货的前提下选择头条广告宣传。

上述内容是在前期、中期、后期的广告运作思路，以下是具体运作方式方法。

6.4.1 前期广告策略

1. 常见广告优化思路及其优缺点

首先，当开启自动广告后，亚马逊就会根据产品listing自身的关键字和标题匹配其广告关键字，然后在相应关键字的搜索下对该listing进行曝光。那些被亚马逊自动广告系统所选择的关键字/标题，其本身已经具有较高的精确性，所以可以先将自动广告开启一段时间，然后下载自动广告的广告数据报表，把那些报表中表现较好（例如高曝光、高搜索量、高转化的词汇）的关键字填入到手动广告的关键字中，并否定掉一些表现过差（高点击、低相关、低转化的词汇）的关键词。这套广告处理机制属于基本的广告优化操作，其优点如下：

（1）可以避免对某些超低转化率的关键字进行曝光造成营销费用的浪费。

（2）可以直接寻找到适合曝光的关键字作为手动广告的关键字来源对其加强曝光。

但是缺点也比较明显：

（1）无法短时间内获得能够手动曝光的关键字。

（2）过分依赖广告曝光算法，其操作流程并没有参考其他数据来源。

2. 自动广告与手动广告运行逻辑说明

如图 6-14 所示，在后台 listing 的设置中，关键字加标题一共 6 个广告曝光文本来源，自动广告的逻辑在这些词汇中，挑选流量非常大的“定性名词+1～2 个常规形容词”对产品进行曝光推广，其范围一般不会超过大流量关键字即传统“大词”。

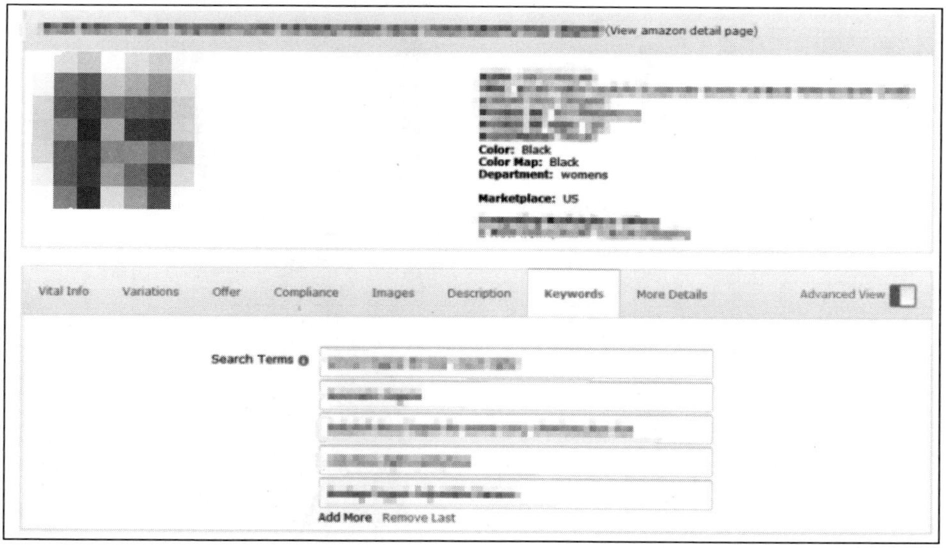

图6-14　listing编辑界面

图例中产品图片/关键字等相关内容为了防止公司产品信息泄露而进行了马赛克处理

当自动广告曝光达到一段时间后，我们需要注意一个问题，即自动广告与手动广告在曝光逻辑上的严重不同。自动广告报表挑出来的词汇确实属于合格的手动广告关键字，但是其曝光点击来源都是来自于那些大流量的宽泛词汇，而且顾客点击也是通过其他 listing 下方的推荐链接点击。以“dress”为例，顾客的点击逻辑如图 6-15～图 6-17 所示。

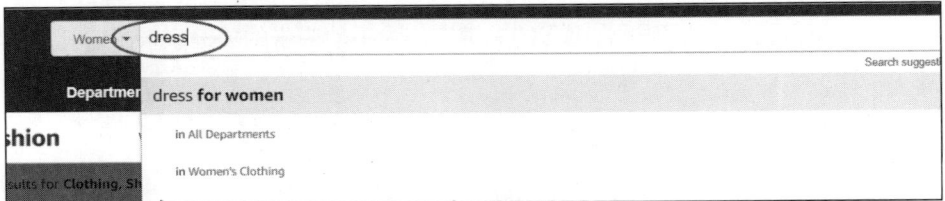

图6-15　顾客首先搜索dress

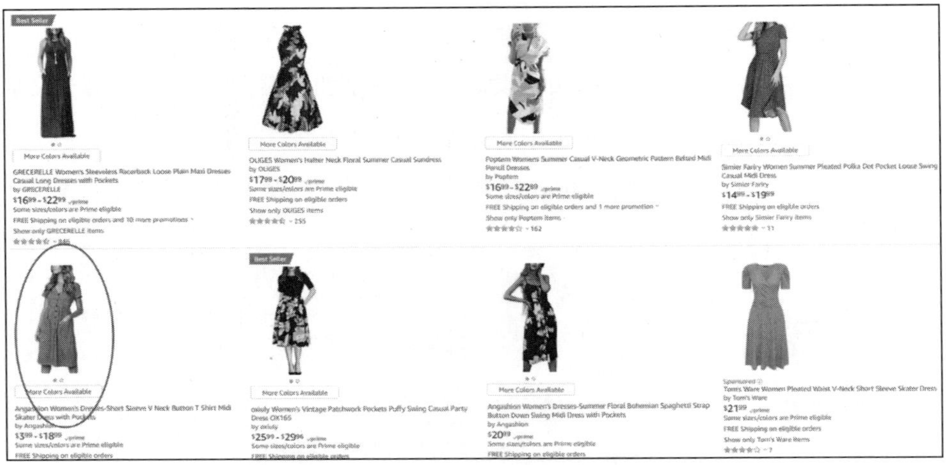

图6-16　顾客点击第二排第一个产品链接

图6-17　顾客看到下方的Sponsored products related to this item即与这个产品相关的广告曝光商品，并点击其中一个

如果顾客点击的那个 listing 恰好是我们做自动广告宣传的 listing，那么在广告报表中 dress 就会出现一次点击与计费，这就是自动广告的流量来源。但是，手动广告更多的是去占据每次搜索的 top 栏位，如图 6-18 所示。

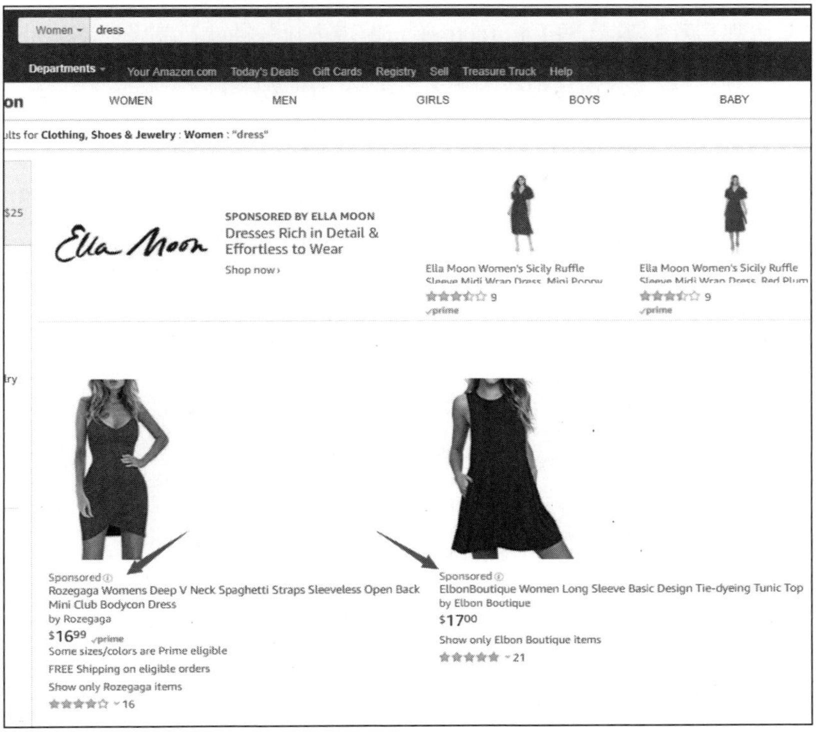

图6-18

同样是搜索 dress，如果将该词放入手动广告且选择愿意+50%的单次点击费用争取到 top 栏位，那么当单次点击出价足够高时，产品 listing 就会直接显示在 top 栏位中。

3. 手动广告操作思路及方法（单主图 listing）

注意：多主图 listing 与单主图 listing 的广告优化方法是完全不同的（多主图 listing 的广告优化方法参照中后期广告策略）。单主图 listing 手动广告的操作思路有两条：

（1）提升匹配大流量关键字下的广告栏位排序

该条遵循常规优化方法即可，在合理定价的情况下可以使产品 listing 链接在"Sponsored products related to this item"中的位次更加靠前，曝光次数也会提升。

一般自动广告匹配的关键字基本都是"大词"，这些词汇虽然占有大量的流量但是却拥有极其多的卖家竞争，且转化率偏低。例如，亚马逊上"dress"的流量非常大，但是除了大牌卖家没人愿意花 1.5~2 美元点击去抢"dress"的 top 搜索栏位，因为那基本都是亏本买卖，可能 1000 美元短短十几分钟就花完了还不能带来多少订单。（因为流量越大，走马观花的顾客也越多，可能只是看一眼并无购买意图）

（2）提升匹配中流量关键字下的搜索栏位排序

该条属于手动广告操作上的难点。假设产品 5 行关键字分别为：sexy baggy t shirt for women，cotton short sleeve cropped top tees t-shirt，slim fit scoop neck short sleeves T-shirt，lightweight chiffon casual round neck tunic top，summer loose fit sweatshirt tunic。算上单独的标题一共 6 个文本，那么匹配这 6 个文本所有短组合，例如：

baggy t shirt

short sleeve t shirt

cropped fit t shirt

loose fit t shirt

……

然后，在亚马逊平台上搜索这些短组合，直到能通过某些短组合搜索到自身的产品为止（当一个 listing 在成长的时候，其必然会因为单量和排名的提升在某些关键字组合上出现不错的搜索排名）。如果没有任何一个短组合能够直接搜索到产品，可适当加 1~2 个包含在原 listing 关键字中的文本来强化搜索；如果还是不能搜索到产品 listing，说明此时还不适合进行手动广告操作。

当找到某些组合可以搜索到产品 listing 后，例如：

short sleeve round neck baggy t shirt

loose fit scoop neck sweatshirt

summer slim fit lightweight casual t shirt

……

排除在自动广告中已经出现的大流量词，拆分偏长的组合词，删除废词。例如将 short sleeve round neck baggy t shirt 拆分成 short sleeve baggy t shirt，将 summer slim fit lightweight casual t shirt 拆分成 lightweight casual t shirt 与 slim fit casual t shirt，然后再用这些词搜索产品链接，比较各个搜索结果，选择最优的搜索结果所对应的词组填入到手动广告中，并且选择+50%单价争取 top 搜索栏位。

搜索结果好坏评判标准：

- 词组搜索热度（Google Trends）越大越好。
- listing 搜索位次排名越靠前越好。
- 与产品 listing 所在页面同页面大卖或其他优秀 listing 越多越好。

6.4.2 中后期广告策略

站内广告的第一大作用是拉动销量。我们可以根据产品本身的成长属性和供应链的强弱对长期的广告思路作一个分析。

我们首先将 listing 分为新上架阶段、成长阶段、稳定阶段三大阶段。

新上架阶段，广告可以带来大量的曝光从而拉动销量，大幅度提升排名；成长阶段，广告可以有助于分析产品的匹配关键字和市场定位；稳定阶段，广告可以拉动销量。

因为本节讲述的是站内广告的长期运营思路，所以需要以整体成本与整体收益为参考对象，在有限的成本下能做出的决策如下。

1. 在 ACOS 降低到某个临界点时开始将站内广告长期开设

单纯的数值计算非常简单，即广告的支出加上产品的成本（包含物流成本、生产成本等）是否低于售价，如果低于售价就应该长期开设广告，但是这只是单纯数值成本的计算，忽略了几个要素：

（1）广告订单产生的 review 对整体 review 的波动变化

该要素涉及 listing 订单的产生 review 的比例，例如 review 产品比例是 1%，且现有 review 评分是 3.7，自然排名日均销量 100，ACOS 为 5%且日均广告费为 10 美元，产品客单价假设是 10 美元。那么每天由广告带来的订单额是 200 美元，广告订单量为 20，平均每 5 天产生一个 review，其 review 期望值为 3.7，产品每日总订单量为 120。

假设产品毛利率是 8%，那么广告订单去除广告费用的毛利率是 3%，即单日自然流量利润额为 $100 \times 10 \times 0.08=80$ 美元，广告单日自然流量利润额为 $20 \times 10 \times$

0.03=6 美元，单日总利润为 86 美元，广告占比 6.9%，单日产生 review 期望值为 1.2 个，期望评分 3.7 分，其中广告订单产生 review 期望值为 0.2 个，占比 16.7%。考虑到 listing 本身可能在初期刷直评、测评等非正常方式获取高分评价，那么可以认为长期情况下随着正常 review 的逐渐增多，listing 本身的 review 评分会越来越低，也就是说我们增加了 16.7%的 review 下降波动风险来获取了 6.9%的利润，这在广告无法拉动产品排名的情况下会变得非常不利（因为随着广告订单的逐渐增多，差评 review 出现的概率也会变大）。所以即使在纯成本计算中广告成本不再占大头，也要根据现有 review 的评分来控制广告预算，不然销量越大差评出现的概率也会越大。

（2）广告本身占据的搜索栏位是否与现有搜索栏位冲突

以图 6-19 为例，搜索“braided wedge sandals”，可以获得如下界面：

图6-19 广告栏位与搜索栏位冲突示意图

卖家给这款凉鞋做了广告，这是一个爆款凉鞋，其广告序位为第 1 排第 1 个，自然搜索序位是第 2 排第 4 个，但是仔细观察就会发现几个运营失误点，如图 6-20 所示。

图6-20 广告栏位与搜索栏位冲突示意图

广告曝光的产品居然比自然曝光的产品定价高出 14 美元，尤其在这种大量重复性产品的页面中，价格是非常重要的影响因素，但是运营者显然没有操作好（价格比较如图 6-21）。

（a） （b）

图6-21 广告栏位与搜索栏位曝光产品对比图

与此同时，A9 搜索引擎自然曝光的是黑色，广告曝光的是银色，我们不妨可以去看看该 listing 下 6 个 review 分别对应什么产品，产品名称为“FISACE Womens Braided Mid High Wedge Sandals Casual T-Strap Wedge Heel Sandal Shoes”。

我们可以留意到 6 个 review 中 3 个是直评，其中 1 个 review 与黑色相关，2 个 review 与灰色相关。那么我们得知在“braided wedge sandals”关键字下，黑色比其他颜色更有竞争力，不然 A9 算法不会以黑色为优先曝光。因此该 listing 热卖的应该是黑色和灰色，不然 review 不会只有黑色和灰色相关 review；但是运营却不假思索地曝光银色，这不仅违背了 A9 的曝光逻辑，也违背了产品的销售逻辑。

最后，我们可以留意到该页面其实用不着广告来帮产品曝光，因为自然曝光的 listing 有如下优势：

- 颜色符合 A9 搜索曝光逻辑，为热卖色。
- 价格为前列产品最低价格，显示为 13.99 美元具有碾压性优势。

所以，上述情况在“braided wedge sandals”下曝光产品无异于画蛇添足，这时候哪怕 ACOS 降低到 5%以下也没有自然曝光高效。因此，在长期广告的运作中，运营者需要实时留意广告曝光本身是否与产品的自然曝光相冲突，需要每个关键字组合去一一排查。

2. 当产品 listing 不再成长时（平均订单量不再成长），不再开设广告

关于产品的成长，除非是某些爆款，否则产品的成长是有周期性的。第一波次的成长在于亚马逊 A9 搜索算法针对 listing 标题/关键字寻找其适合的搜索栏位，该部分可以通过自动广告加快进程，当找到搜索栏位时，可以通过手动广告强化其匹配程度。最后观察 listing 下方是否出现“Customers who bought this item also bought”字样，如果出现了该推荐栏，那么产品已经处于一个稳定期，即处于第二波次的缓慢成长期其会不会出现第三波次的成长取决于竞争品的质量与自身 listing 的 review 评分。

以小类目 casual jackets 类目下排名 top10 的产品为例，产品标题为“Women's Slim Fit One Button Office Knit Blazer Jacket,Made in USA (Small-3XL)”，其已经出现了相关推荐栏目，产品 listing 如图 6-22 所示。

那么该产品已经在 A9 搜索算法中占有其稳定序位，在不出现 review 评分极低或者突然 FBA 断货的情况下，短时间内销量波动不会很大，此时操作如下：

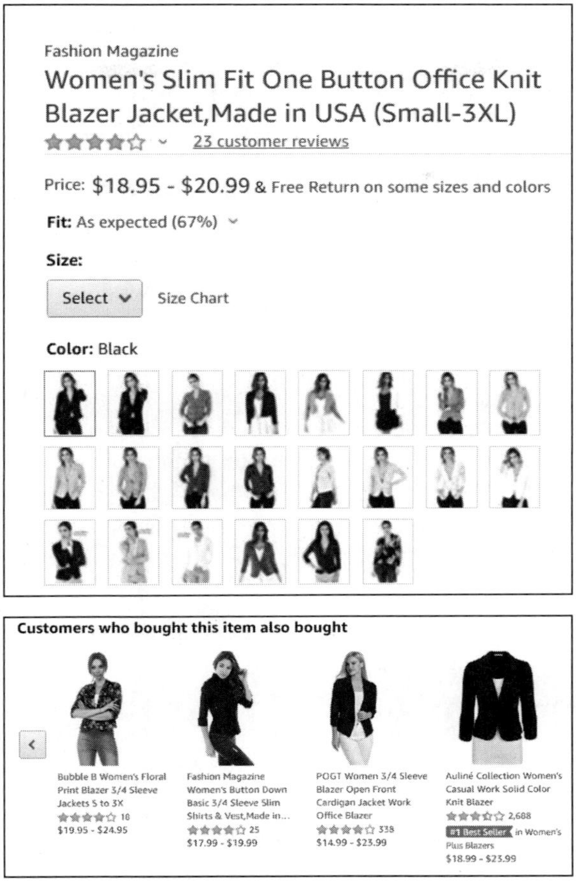

图6-22　listing示意图，图例中的产品

标题为“Women’s Slim Fit One Button Office Knit Blazer Jacket, Made in USA”,其含义为美国女式紧身办公室针织运动夹克

（1）关闭与该 listing 相关的 ACOS 较高的广告。

（2)开始关注自身 listing 的 review 评分与竞争对手 listing 的 review 波动情况。

（3）可以在适当情况下进行催评或者送评。（在 listing 稳定后，高质量 review 的提升是第一要务）

（4）开始营销操作。（YouTube 网红、测评类网站推广等）

3. 只在 listing 的新上架阶段和成长阶段开设广告

该决策与上述第 2 点最大的不同在于其会根据产品 listing 成长速度的快慢决

定是否继续做站内广告曝光，而第 2 点是直到产品 listing 不再成长，否则不会停止广告曝光，其两者的判断逻辑存在较大的差别。

在产品成长过程中，有时 listing 下方会显示“Customers who bought this item also bought”，而有时下方会显示“Customers who viewed this item also viewed”。以小类目 casual jackets 类目下排名一般的产品为例，产品标题为“Pop lover Womens Lightweight Jackets with Hood Quick-Drying Outdoor Windbreaker”，其 listing 界面与下方显示的栏位如图 6-23 所示。

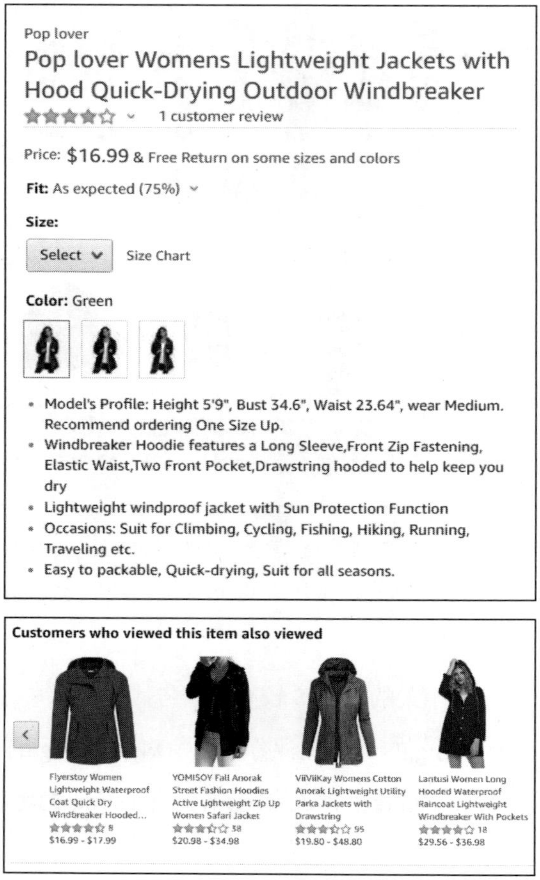

图6-23　listing示意图

图例所示产品标题为“Pop lover Womens Lightweight Jackets with Hood Quick-Drying Outdoor Windbreaker”，其含义为流行女装轻便夹克（带风帽）

这就表明亚马逊 A9 算法还没有找到与该产品匹配的搜索栏位，可能是由于产品本身卖点不足导致。针对该类产品，当广告操作一段时间还没有见效，且发现其下方推荐栏位还不是“Customers who bought this item also bought”时，可以按较低价格设置自动广告或者干脆关闭所有广告操作，直接等待亚马逊 A9 算法的自然流量帮助其进行匹配。

6.5 产品 review 维护思路及相关营销技巧

6.5.1 review 关联营销

1. 概述

在一个 listing 页面上，顾客能够看到的东西有如下几点：

- 标题
- listing 视频
- 图片
- 5 点描述
- 图文/文字介绍
- Q/A
- Related 视频
- review

在这些元素中，顾客会重点留意的是主图、视频和 review 评分及 review 内容。其中 review 是顾客最关心的要素，在一个正常的 listing 链接下，会有买家进行各个方面的描述以及图片和视频展示，在 YouTube 上也有各种各样的开箱视频，证明买家不仅需要而且愿意阅读 review，并在很大程度上根据其做出了最终的购买决策。为了增加销量，在针对 review 的运营策略上，一般有如下几个选择：

（1）给新品/上升款刷直评。

（2）给新品/上升款刷测评。

（3）给竞争对手刷差评。

（4）给不错的 review 评价点赞置顶。

除了以上 review 直评策略，还可以利用产品的关联性对大牌/热卖产品刷好评“蹭热度”，即给同类目的替代性/搭配性产品的中大型卖家刷好评并且点赞置顶。需要注意的是，该策略有一定的使用限制。

（1）不能给超级大卖刷好评。因为其 lisitng 下已经拥有大量高点赞的评价，所以置顶我们的 review 代价高昂。

（2）不能给处于上升期的竞争对手刷好评，而是选择处于稳定期，拥有大流量和高排名的 listing。

（3）必须带有图片/视频，杜绝纯文字 review。

在一个高排名、大流量的 listing 下，一个产品的单日流量甚至可能高达 10 000 以上，即使是排名不是特别靠前的中型卖家某一爆款 listing 的单日流量也可能有 3000～6000，这么多流量即使只有 10%的顾客浏览了 review 那也有 300~600 的直接阅览量，如果这时置顶的 review 是经过你精心包装的营销类 review（类似于自媒体行业中的软文），那么这将会给你的产品带来不错的推广流量和曝光。

2. 相关营销技巧

（1）捆绑营销。即选择与自身产品相搭配的大牌 listing，例如鞋子配裙子、T 恤配牛仔等。在 review 除了阐述原 listing 产品外，更多的是去描述某种搭配多么好看，或者某种产品多么配这个大牌产品。（这里的某种产品是指你所上架销售的产品）

以图 6-24 所示的一个关联营销直评为例，该直评出现在某一大牌的鞋子 listing 下，而该直评更多的是在阐述与该鞋子搭配的裙子有多么好，这就是一次捆绑营销。

该 review 中的图片如图 6-25 所示。

可以留意到该图 6-25 中包含两种商品：平底缺口鞋子+刺绣裙子，而图片本身更倾向于裙子。因此，我们可以利用该图给某一平底缺口鞋子的大卖刷好评，重点阐述两者的搭配有多么好，这样可以利用大卖的大流量来给自己裙子的 listing

引流。

图6-24　捆绑营销review

其文本含义为“这双平底鞋与FISACE腰部刺绣连衣裙非常搭。它们两者颜色互补，彼此非常相配！虽然看起来款式很休闲，不过在某种程度上还是很优雅的。中性色的鞋子对于你的鞋柜来说是必不可少的，与此同时能与优雅的半身裙搭配在一起穿着。事实上，我更喜欢那件衣服，因为印花漂亮，质地柔软。裙子的款式不是什么花哨的风格，但那完全符合我的风格。我沉迷于这种可爱的风格和物美价廉的品质，我将和他们一起度过余生。”

图6-25　营销review图片示例

若效果显著可以得到如图 6-26 所示的 listing 界面。

我们可以留意到该 listing 下方只有一个关联商品推荐，且推荐栏目为“Customers who viewed this item also viewed”，这说明该流量缺口鞋的一部分用户通过 review 来搜索了这条裙子，因此两者出现关联，同时裙子的 listing 获得了流量。如果不通过这种“蹭热度”review 的方式进行关联营销，那么鞋子与裙子这两种类目是不可能关联的。

图6-26　营销review产生效果后的listing示意图

（2）**替代营销**，即选择大牌 lisiting 的替代品。例如某两款裙子，review 可以说自己同时买了两款产品，一款是大牌的，一款是×××的。大牌的更适合在×××场景下使用，而不适合在××××场景下使用，相反另一款产品更适合在后者使用，等等。

在做这类直评或者测评决策的时候，除了需要做一份优秀的文本内容、拍摄精美的图片或者视频外，还需要将该直评/测评点赞到达该 listing 的 review 栏中第一，达到置顶，这样效果才会明显。从成本上看，这一次操作可能需要 20~50 美元，但是与其带来的流量与曝光则是巨大的，看看国内新媒体行业营销软文的作用就可以知道这些 review 的威力有多大了。

6.5.2　review 维护/自配送删除差评 review（不可频繁操作）

在如何维护产品销量上，已经有很多运营博客和文章讲解了他们的思路，所以很多内容不再赘述（比如刷直评、刷单、刷评价、FBA 备货、网红营销等）。本文以维护 review 评分的角度来论述。

在 review 维护上，可将产品分为 3 类。

1. 本身产品质量不错，review 得分较高

此类产品的维护重点需要放在线下，从对产品、包装、FBA 等途径进行把控。因为此类产品一般为店铺热销或潜力款，很容易出现竞争对手。这时就要对于此类产品只需采用正常的运营思路即可，比如出现差评时主动联系顾客，刷直评，做免费测评等。我们重点论述第二类和第三类的维护技巧。

2. 本身产品质量一般，review 得分中等好评/差评参差不齐

对于该类产品，首先要承认当产品质量一般时差评是不可避免的，而 review 的评分会因为大量评价的累积而最终形成一个稳定值，比如 3.6 颗星或者 3.3 颗星等。所以对于这类产品，我们采取的策略是首页保持好评占据 review 页面，总 review 评分属于“四舍五入”最优值。

我们看下面一个案例，如图 6-27 所示。

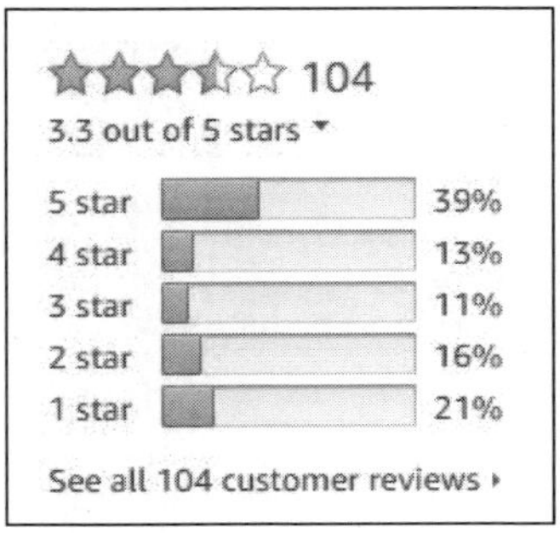

图6-27　产品占有量示意图

这是一个典型的产品质量一般的产品，好评差评参差不齐，一共有 104 个，而中差评有 48%的占有量。如果我们不进行任何运营操作，那么在首页 review 上将也会出现一半左右的中差评，这会严重影响顾客的转化率。

如图 6-28 所示，在亚马逊的评价系统中，有一个类似“赞同”的选择，而“赞同”数获得最多的 review 会被推送到最前端（当然，最新出现的 review 无论是否有赞同都会在首页显示一段时间），所以我们第一步操作就是在所有 review 中选择不错的好评 review 各自刷 15～30 个赞同。

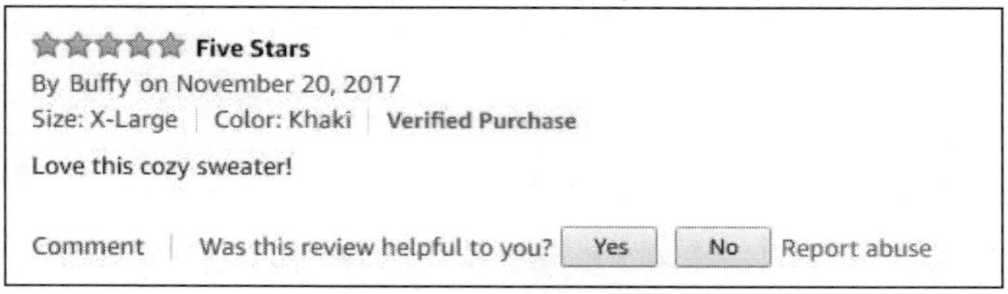

图6-28　review示意图

第一步操作完成后开始第二步操作：使 review 评价属于“四舍五入”评价的最优值。

如图 6-29 所示，该产品现在只有 8 个评价，但是因为差评的存在已经 review 总评分只有 3.1 颗星，这时候只要我们对于产品质量还有一定的信心的话就可以适当刷 1~2 个直评或者测评挽回 review 总评分，注意，这是在对产品质量还有一定信心的前提下所采取的操作，如果产品质量较差，请采取下文中对于第三类产品的运营操作。

3. 本身产品质量较差，review 得分较低且基本只有差评

对该类产品，我们采取的操作既不是刷评也不是刷点赞，而是通过删除子 SKU 的方法删除差评（注意是删除子变体 SKU 而非父产品 SKU）。方法很简单，到后台直接删除差评的 SKU 即可，然后再把以假乱真的另一个 SKU 的子产品上传到页面上，如图 6-30 这种 listing 选项就是卖家删除子 SKU 导致。

图6-29　产品评价示意图

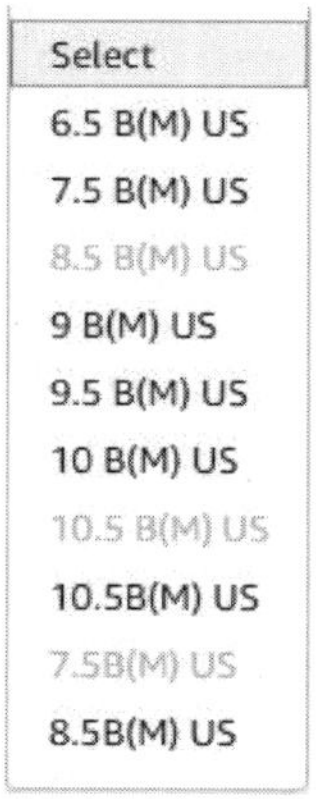

图6-30　删除子SKU后的产品listing示意图

原本的子产品是 6.5 B(M) US~10.5 B(M) US，然后灰色的子产品 8.5 B(M) US，10.5 B(M) US 产生了差评，卖家把子 SKU 删除后因为不能再添加名称完全一样的子 SKU，所以把 8.5 B(M) US 改成了 8.5B(M) US，10.5 B(M) US 改成了 10.5B(M) US，两者的唯一区别就是数字和字母间少了一个空格号。

需要注意的是，删除子 SKU 的方法删除差评会在一定程度上降低产品排名，**所以不到万不得已，不能频繁使用此操作**。

如果产品质量较差，即使要删除差评也不能一下子删除过多子 SKU，而是每隔一段时间删除一个，不然产品排名会下降得非常快。

6.5.3 FBA 删除差评 review（不可频繁操作）

对于由 FBA 订单产生的差评，在 FBA 有库存的情况下一般是无法删除该差评的，所以当一个产品需要发送 FBA 进行销售时，可以进行如下操作：

第一步：进入该产品后台插入变体，如图 6-31 所示。该产品分为 Grey 和 Beige 两个颜色，那么插入变体可以为 Grey 01、Grey 02、Grey 03 等。

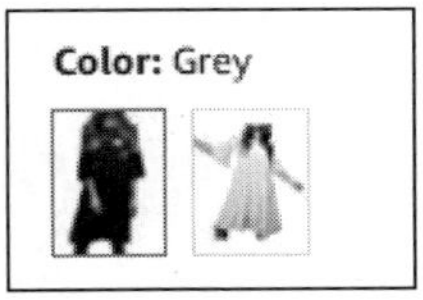

图6-31 插入变化listing中的子变体示意图

第二步：编辑变体图片，只放入非主图图片而不放入白底主图，让插入的变体禁止显示，如图 6-32 所示。

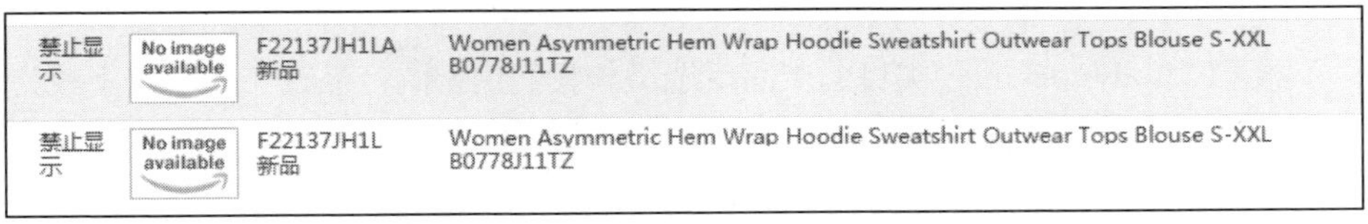

图6-32 禁止显示操作

第三步：对于禁止显示的变体转化为亚马逊配送，并发送一部分库存，注意该库存不可大批量发送，只需要发送几件即可，确保该变体发送的 FBA 库存可以在 1~5 天内全部售罄。

第四步：当 FBA 到货后，一旦某一变体的 FBA 库存售罄，那么让该变体禁止显示，并且将主图放到下一个变体中，即 Grey 01 禁止显示→Grey 02 开始销售。

第五步：如果出现差评，且确保该差评对应的变体 FBA 无库存，那么删除该变体 SKU 及 ASIN。例如当 Grey 02 的 FBA 在销售时，Grey 01 的 S 码出现差评，那么把此时禁止显示的 Grey 01 的 S 码删除即可。

那么把此时禁止显示的 Grey 01 的 S 码删除即可。

需要注意的是，该 FBA 删除差评的操作可能会因为退货率过高（因为用户既然给了差评，那就意味着，他们对产品本身并不满意，这时用户很可能会通过亚马逊的 prime order 服务，将产品进行退货处理）而给店铺发送“小红旗”警告，所以控制 FBA 的退货率，也是在处理 FBA 差评时需要着重考虑的。

6.5.4　review 相关的精准营销技巧

亚马逊平台的营销方式有很多种，包含邮件推广、关联营销 review 等。本小节介绍的是一种针对每位顾客喜好的“精准营销”技巧。

假设我们想在“Bodystocking”找到合适的顾客对产品进行推广，我们首先要在亚马逊平台搜索“Bodystocking”，如图 6-33 所示。

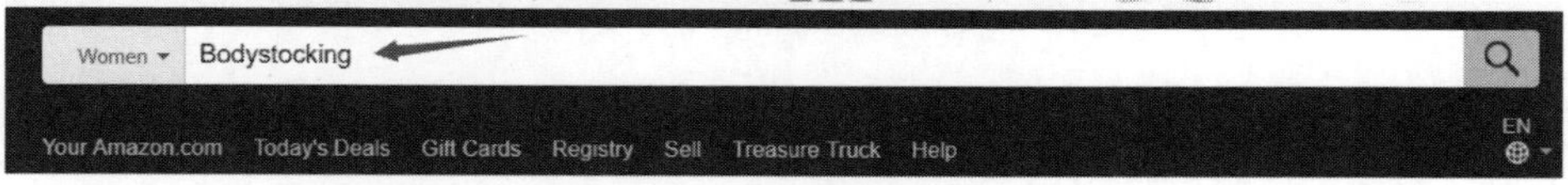

图6-33　搜索“Bodystocking”

搜索“Bodystocking”类目的产品后选择与我们销售的产品在产品卖点上较为一致的 listing，点击拥有较高 review 的 listing，假设我们的产品与图 6-34 红圈所示的产品卖点一致，那么点击该产品链接，如图 6-34 所示。

图6-34　相似卖点产品示意图

在众多的 review 中，选择比较用心的 review（附有较为精美的图片，或者写了较长且客观的长段评论等），如图 6-35 所示。

查看用户头像并点击，可以获得如图 6-36 所示界面。

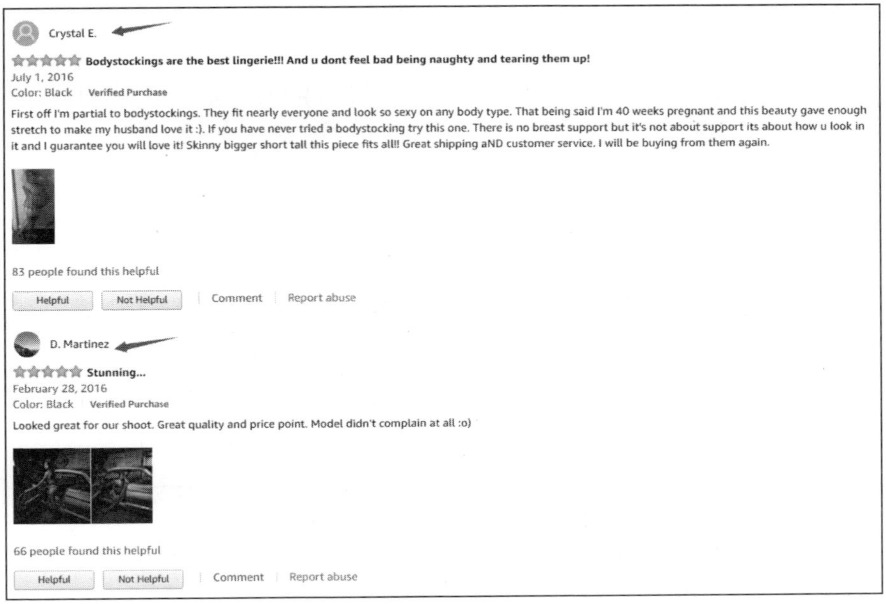

图6-35　详细review示例

图例中有两个用户分别为“Crystal E.”与“D.Martinez”，这两名顾客在review即产品评价中都添加了自己拍摄的产品实物图片

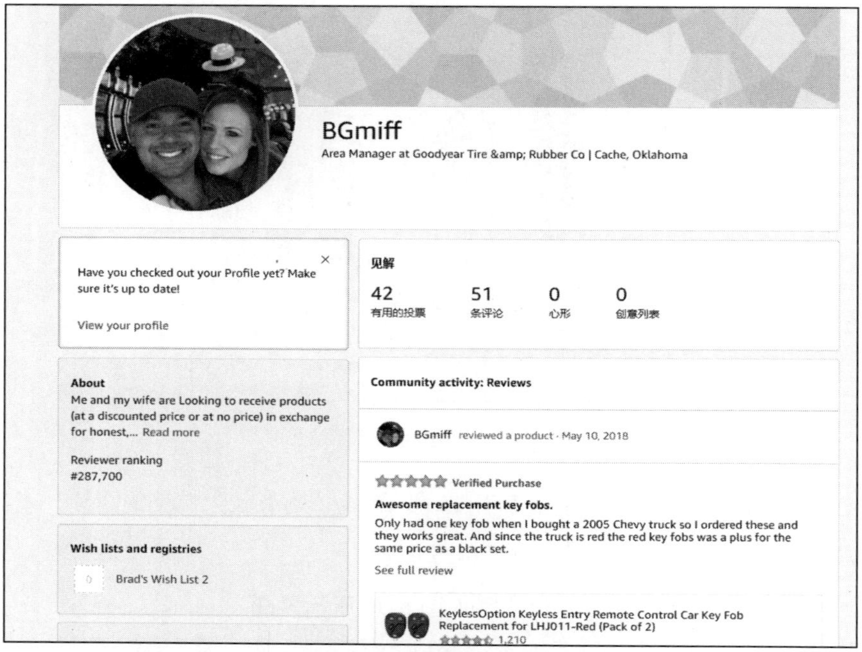

图6-36　亚马逊购买用户信息界面，该用户ID为“BGmiff”

查看用户之前的购买记录，观察其是否为“**Bodystocking**”或者其他用品的忠实用户，如图 **6-37**、图 **6-38** 所示。

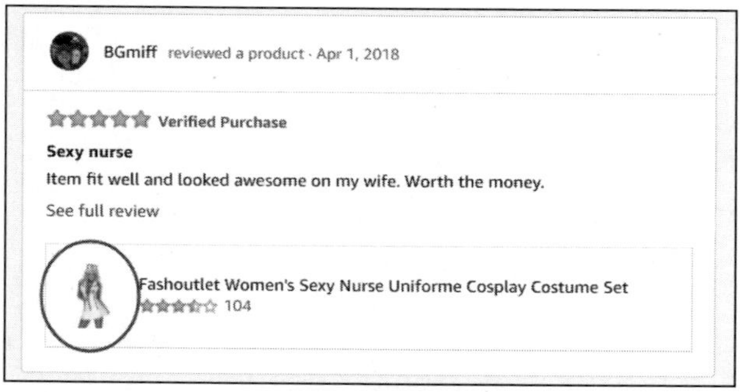

图6-37　用户购买记录

图例中“BGmiff”这名用户购买了名为“Fashoutlet Women's Sexy Nurse Uniforme Cosplay Costume Set”的产品

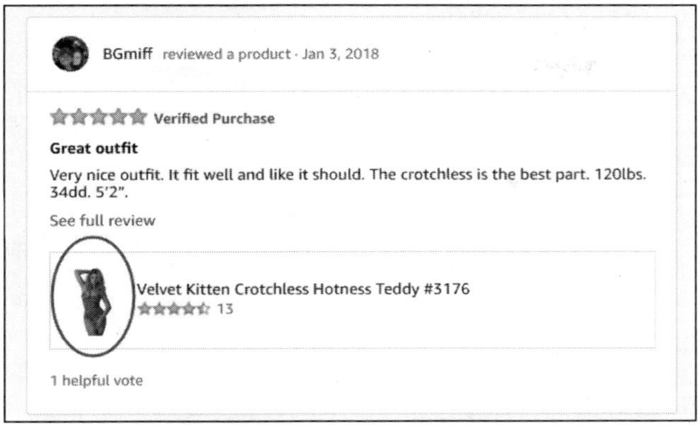

图6-38　用户购买记录

图例中“BGmiff”这名用户购买了名为“Velvet Kitten Crotchless Hotness Teddy”的产品

同时观察用户的 review 评论，了解其需求所在。例如有的用户身材特殊，对尺码要求严格，有的用户对材质要求严格等，然后看我们的产品是否能满足这些需求。

如果我们的产品能满足用户的需求，且用户本身对“Bodystocking”和其他用品也非常感兴趣，就可以通过亚马逊 review 系统的“Comment”系统与用户产生联系，如图 6-39 所示。

图6-39　review界面的“Comment”功能示例

点击“Comment”就可以在用户review下进行评论

具体方法是结合用户在某一 listing 下的评论去“间接”推销我们的产品，同时也是对用户该 review 的一种评价，例如当用户说他买的这款产品材质不错，不过尺码偏小的时候，我们可以在下方的“Comment”中与其互动。

卖家：请问尺码是具体多少呢?

用户：×××，我的身材是×××，有点偏小。

卖家：不过我看你的照片真的很漂亮啊，我的身材和你差不多，看来得去找个尺码再大一点的产品购买。

用户：谢谢，我也为这个苦恼了很久。

卖家：不过我发现了×××产品好像有我们的尺码，能帮我看看那款产品怎么样嘛？（间接推广自己的产品）

6.6　如何在缺货状态下维持有效跟踪率

在亚马逊平台店铺运营的过程中，很可能因为销售预售产品/现款产品造成过多缺货，导致跟踪率过低，如图 6-40 所示。

除了要尽快解决缺货问题，可以通过一些手段缓解跟踪率过低的情况，即通过拆分多商品订单来申请到更多的有效跟踪号录入到 Amazon 平台中。

第一步：统计出店铺的多商品购买订单，这些订单可以从每日的“Unshipped”订单中查获，如图 6-41、图 6-42 所示。

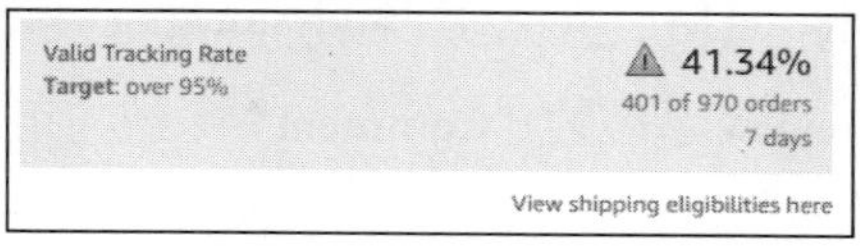

图6-40　有效跟踪率

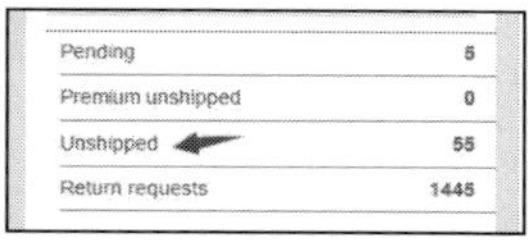

图6-41　“Unshipped”订单功能示例

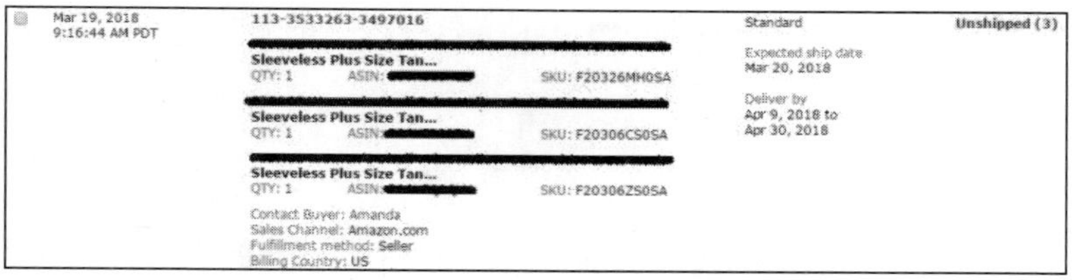

图6-42　“Unshipped”订单信息示例

第二步：将该订单中的多个产品分开运输，并将缺货订单中运输目的地（美国的州或省）相同的订单统计出来，然后当多商品订单拥有有效跟踪号后，把这些拆分运输的订单跟踪号填入到缺货订单的跟踪号中，以适当缓解因为缺货导致的跟踪率持续下降的问题。

简言之，**假设一个店铺的多产品订单比率为 6%，即每 100 个订单有 6 个订单是顾客购买多个产品的，那么当有效追踪率因为缺货而下降的时候，该技巧最多**

可以提升 6%的有效追踪率，虽然提升幅度不是很大，但起码可以缓解一部分因缺货造成的追踪率下降问题。

6.7 listing 视频化优势分析

对于品牌店铺而言，除了 A+页面的描述之外，还可以主动添加视频提升 listing 的完成度，上传的视频将会展示在商品详情页的左侧第 7 个附图位置展示位，以及产品描述之后。需要注意的是，如果你的 listing 添加了 1 张主图和 6 张的副图，那么视频将不会在左侧进行展示。

对于非品牌店铺，也有上传视频的方法，如图 6-43 所示，在产品页面 ASIN 排名的下面有个"Related Video Shorts"，这里的视频没有内容限制，只需要跟产品相关即可。这类视频可以通过直评上传，所以性价比最高。视频化 listing 拥有超高的页面浏览时间与吸引力[④]，是 listing 后期优化的不二之选。

图6-43 listing视频

"Related Video Shorts"的意思是相关视频短片

一个店铺风格改变的重点就是大规模产品介绍视频化，其好处是：

（1）减少"款式不满意""图文不符"等退货或者 AZ[⑤]的发生。单纯图片介绍因为显示设备与个人颜色敏感的差异很容易产生收到货物不满意的情况，而视频可以给顾客更直观的感受。

---

④ 帕科·昂德希尔的《顾客为什么购买》中利用通过对不同广告和宣传效果的对比，证明了动态图像的吸引力远大于传统静态宣传。

⑤ AZ 是指用户因某种原因向亚马逊投诉。

（2）大幅度提高产品转化率。单纯图片传递的信息过于稀少，顾客也没有很大的心思去阅读那些烦琐的介绍，一个经过优秀剪辑的视频可以完美化解这些问题，促成成交。

（3）强化品牌理念。视频本身可以通过水印、LOGO 等方式传递品牌理念与品牌名称，且不会使人产生厌恶感。

（4）高点击率，高参考率，高浏览率。在 Amazon 上视频介绍一般都是大牌使用的方式，并不常见，所以视频相对于传统的文字直评或者图片直评更具有吸引力，而且其所在的“Video”栏位比 review 栏位更显眼，浏览量也更大。

6.8 listing 视频内容分类及优劣势分析

6.8.1 开箱/开袋视频

开箱视频主要是录制由拆卸产品包装到展示产品细节过程的视频，下方一般有产品内容介绍、材质介绍以及店铺服务介绍等，如图 6-44 所示。

（a）

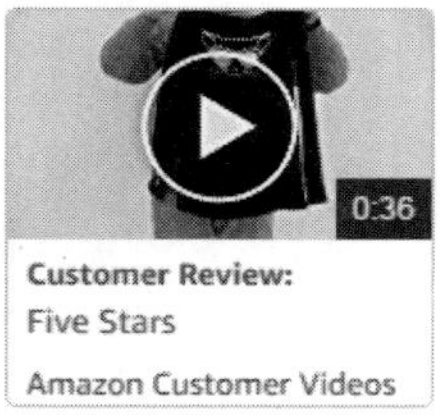

（b）

图6-44 开箱/开袋视频

优点：

（1）直观显示产品包装及产品细节，杜绝“图文不符”“包装不符”等情况的发生。

（2）如果产品包装上印有品牌名也可进一步宣传自身品牌。

（3）若为易损品可通过视频展示包装的细致程度从而打消顾客心中的疑虑。

缺点：

（1）若产品为服装类产品则没有实拍效果明显。

（2）若产品包装不够细致精美可能会使顾客产生不好的印象。

（3）需要娴熟的产品展示技巧与展示手法，不然效果不明显。

6.8.2 摆拍视频

摆拍视频为卖家实拍视频，背景多为白色或其他纯色，视频中一般会让模特穿特定搭配的衣服或者架构，在特定场景以便搭配产品进行拍摄，如图 6-45 所示。

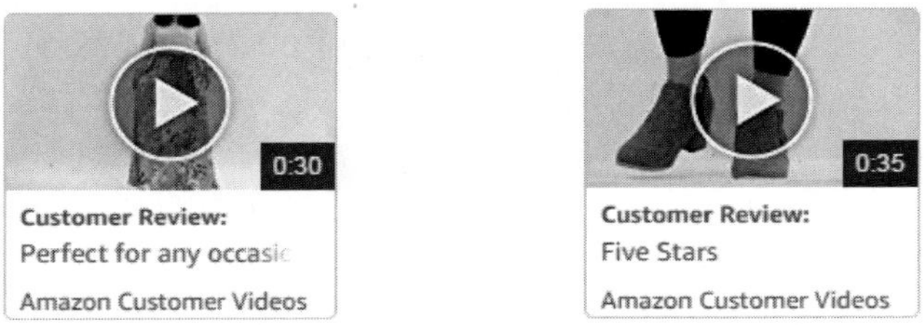

（a）　　　　　　　　（b）

图6-45　摆拍视频示例

优点：

（1）完美展示产品卖点与特性，选择适合的模特可以大幅度提高成交率。

（2）通过摆拍动作可以展现产品细节。

（3）可以通过字幕、后期特效等提升视频的宣传效果。

缺点：

（1）产品与模特的动作及场景搭配需要大量准备工作。

（2）过分夸张的视频效果可能适得其反。

（3）在场景效果上可能不如实拍视频。

6.8.3 实拍视频

实拍视频多为真实买家拍摄的视频，一般不会有后期剪辑与特效，视频内容较为朴实、客观，亚马逊平台中的产品相关视频多数属于这一类别，如图 6-46 所示。

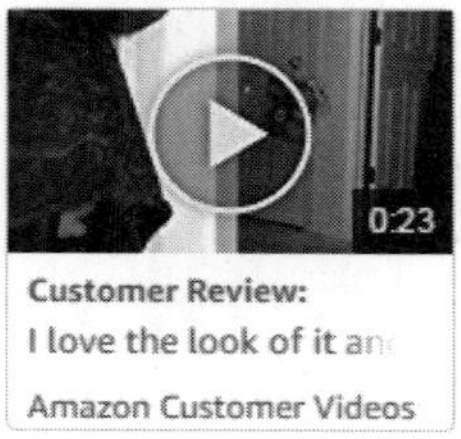

（a）

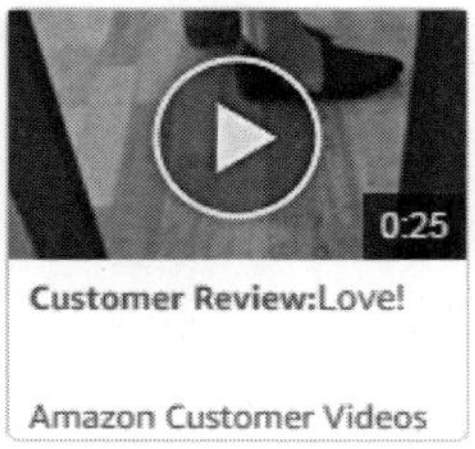

（b）

图6-46　实拍视频示例

优点：

（1）可信度高，卖家最认可的视频内容。

（2）如果是 top100 的 reviewer 视频效果会更佳。

缺点：

（1）视频内容不可控，可能某些搭配在上传视频的卖家眼中很漂亮，但是不符合大众的需求。

（2）卖家上传的视频比率极低，从以往运营经验中来看概率甚至会低于 0.01%。

第 7 章

流量的秘密——亚马逊 A9 算法的数理逻辑推导及其应用

- 如何通过数学方式推导搜索引擎的算法逻辑呢？如何利用这些算法逻辑呢？

7.1　什么是 A9 算法

A9 算法①是亚马逊搜索算法的名称。亚马逊作为一个网上购物平台，当一个用户前来购物时，它需要揣摩客户的真实意向，将最匹配的产品展示在客户面前。

在 A9 官网上，亚马逊对 A9 算法的运行做出如下解释："在买家确定搜索类型前，我们就开始运作了。在买家决定搜索前，我们已经分析了大量数据，观察买家过往浏览习惯，并且在我们的类目中用文本指引描述每一个搜索展现的产品。"

亚马逊 A9 算法的目标是确保消费者最快最精确地搜索到"真正想要购买的产品"，而最终要达成的目的是在用户满意的前提下实现买家最大化受益（Revenue Per Customer，简称 RPC）。正是基于此，衍生出来 A9 算法中最核心的三个指标——相关性、转化率和客户留存率。

相关性即搜索结果和客户真实购买意向的一致性。客户端来自客户搜索时使用的词语，即我们通常所说的产品关键词；而卖家端，能够与客户搜索的产品关键词对应匹配的内容主要体现在产品标题、五行特性、产品描述和 Search Term 关键词中。当然，对于某些产品，产品属性、品牌名称、技术参数等内容在一定程度上也是 A9 算法识别产品相关性的要素。

如果说相关性是匹配的基础，那么转化率则是对匹配结果的检验。所以，A9 算法中转化率占有相当大的比重，转化率的高低直接影响着一条 listing 经由 A9 算法评估后的展示结果。根据经验，在亚马逊平台，影响转化率的要素主要包括销量、排名、买家评论（review 数量和星级）、产品图片（尤其是主图）和价格，用户通过上述要素判定一个产品是否符合其需求，以及品质是否能够达到其期望值。如果是，购买则容易形成，购买率高，A9 算法在后期就会为其增加展示权重。

---

① "Amazon A9 is the name for Amazon's search engine. The division that builds, does maintenance and makes improvements to the search engine is called the A9 division." 亚马逊 A9 是亚马逊搜索引擎的名字。建立、维护和改进搜索引擎的部门被称为 A9 部门。

客户留存率其实质是卖家账号的综合表现。具体包括订单缺陷率（ODR）、完美订单率（POP）、可售库存、Feedback 表现等所有与账号绩效表现相关的要素。

在 2019 年亚马逊对站内 listing 展示方式及关联流量位进行了调整，不但引入了更多广告位，还不断推进其自营产品。有很多卖家担心亚马逊改变了其一向坚持的 A9 算法，变成了专注广告营收的“A10”。事实上这样的顾虑是不存在的。对于亚马逊而言，近年来快速发展的 AWS 云服务也仅占据其业务营收的 12.49%，更多还是来自北美及国际化业务。只要亚马逊依然是一个电商为主体的平台，就不可能轻易改变其长期打磨的推荐算法。2020 年以来的销售情况也证明了这一点。因此，摸清 A9 算法的冰山一角，仍然可以为我们的运营工作带来极大的助力。

7.2 A9 算法的流量数理推导及应用

本节论述的流量是我们上架的 listing 能够获得的流量，在阐述这个逻辑体系前，先要**纠正一下一个运营误区：绝对的“流量第一”关键字优化导向**。例如很多第三方收费软件提供的单日流量数据表，即使很多运营没有这样的编程水平，但是财大气粗的跨境电商公司们可以花上成千上万美元向那些第三方信息公司购买，没钱折腾的“小卖”们也会拼了老命在 Google Trends 或者其他 keyword 数据分析平台上对比各个词组做出自己的一份搜索热度排序表（因为在大多数情况下，购物习惯或者搜索习惯是几乎不会改变的），但是这样就会有奇效了吗？答案是：**并没有什么作用**。

当然，从“流量第一”出发对关键字进行优化的确可以增加产品的搜索曝光率和流量增长率，但是需要注意的是，我们提到的是**搜索曝光率**和**流量增长率**，而不是**曝光量**和**流量**，它们各自的关系如下：

我们 listing 能获得的总流量(Y)等于曝光量(X)乘以点击率(C)，即 $Y=X\times C$，点击率因为与产品主图有关所以可以暂且认为该值为定值；

其中曝光量(X)等于关键字总搜索量(F)乘以搜索曝光率［$P(X)$］，即 $X=F\times$

$P(X)$，其中搜索曝光率［$P(X)$］与该关键字搜索后显示的商品总数量（N）成反比，即 $P(X)\propto N^{-1}$，或者可以记为 $P(X)=\frac{b}{N}$，其中 b 为参数；

以上推导的都是总量数据而非单日数据，所以假设单日流量为 $y_i(1\leqslant i\leqslant n)$，单日曝光量为 $x_i(1\leqslant i\leqslant n)$，单日关键字搜索量为 $f_i(1\leqslant i\leqslant n)$，单日能搜索到商品的总数量为 $n_i(1\leqslant i\leqslant n)$，所以上述公式可以整合为以下连等式：

$$Y=\sum_{i=1}^{n}y_i=C\times\sum_{i=1}^{n}x_i=C\times\left[\sum_{i=1}^{n}P(X)\times f_i\right]=C\times\left[\sum_{i=1}^{n}(\frac{b\times f_i}{n_i})\right] \qquad (7\text{-}1)$$

从上述推导可以发现，单纯从流量出发基本属于做“无用功”，因为这么做同时增大了分母 $n_i(1\leqslant i\leqslant n)$ 与分子 $f_i(1\leqslant i\leqslant n)$，同时随着分母 $n_i(1\leqslant i\leqslant n)$ 的增大，搜索结果页面的页数也会急剧增加。根据第 5 章中的仿真结果（如图 7-1），流量流失会非常严重。

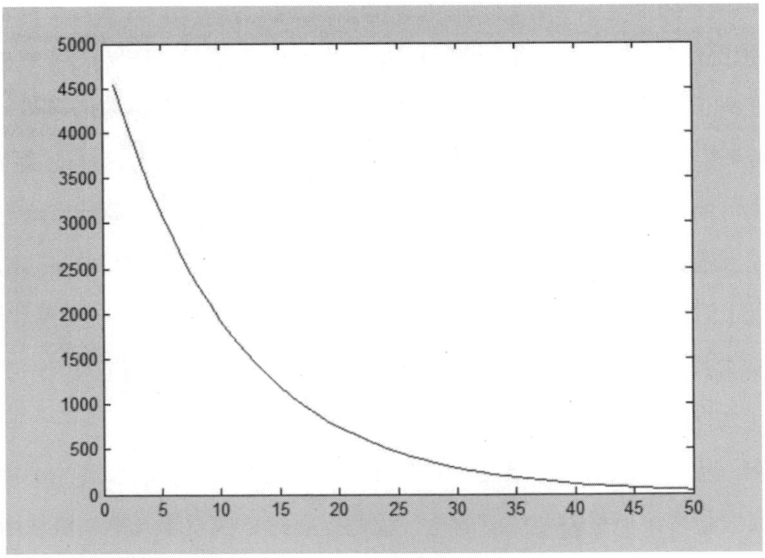

图7-1　流量流失仿真图（其纵轴表示单一页面流量，横轴表示搜索页数，可以看到单一页面流量，随着搜索页数的增多而呈现指数化下降）

以“sexy lingerie”比“bodystocking”为例，两者在亚马逊“Women”下的搜索结果分别为 40000+与 3000，搜索页数分别为 400 与 81，根据上述仿真数据（见

图 7-1)，在首页流失率仅为 10%左右的情况下，一般 40 页后就基本无流量产生了，更何况在实际网页数据中流量流失率高达 50%~70%，所以一旦搜索结果数量增多，会给自然流量的增长带来毁灭性的灾难。

如何找到与自身产品匹配的关键字呢？这就需要在流量与搜索页面结果数量这两者中取得一个平衡值。以数学推导的方式解释：

我们已经得到了流量(Y)，曝光量(X)以及点击率(C)之间的数理关系，其中单日流量为 $y_i(1\leqslant i\leqslant n)$，单日曝光量为 $x_i(1\leqslant i\leqslant n)$，单日关键字搜索量为 $f_i(1\leqslant i\leqslant n)$，单日能搜索到的商品的总数量为 $n_i(1\leqslant i\leqslant n)$，我们将其设为式(7-2)。

$$Y=\sum_{i=1}^{n}y_i=C\times\sum_{i=1}^{n}x_i=C\times\left[\sum_{i=1}^{n}P(X)\times f_i\right]=C\times\left[\sum_{i=1}^{n}\left(\frac{b\times f_i}{n_i}\right)\right] \qquad (7\text{-}2)$$

考虑到搜索曝光率[$P(X)$]与该关键字搜索后显示的商品总数量(N)成反比，即 $P(X)\propto N^{-1}$。不过这一简单的反比关系过于简单且不严谨，所以这里需要引入流量流失率(L)这一数值，其表示流量因为页数增多而产生的流量减少。

例如，当第 1 页流量为 10000，第 2 页流量为 4000 时，流量损失率为 0.6，流量的留存率则为 0.4。同时，设置搜索结果的页数为 P，其具体数值会因为商品总数量（ N ）的变化而变化，关系为 $P=\frac{N}{48}$，48 这一数值的来源是亚马逊搜索的首页展示数目，在不同类目下其数值可能不同（见图 7-2）。

1-48 of over 3,000 results for **Clothing, Shoes & Jewelry** : **"bodystocking"**

图7-2　产品搜索结果示意图

因此，单日搜索页数 $p_i(1\leqslant i\leqslant n)$ 与单日能搜索到的商品总数量 $n_i(1\leqslant i\leqslant n)$ 之间的关系为 $p_i(1\leqslant i\leqslant n)=\frac{n_i(1\leqslant i\leqslant n)}{48}$；

其中第 k 页($p=k$)的流量为 $Y_{p=k}=\prod_{k=1}^{\frac{N}{48}}(1\text{-}l_k)\times F$，转换成单日数据则可以表示

为如式（7-3）的形式：

$$y_{p=k}=\prod_{k=1}^{\frac{n_i}{48}}(1\text{-}l_k)\times f_i \tag{7-3}$$

同时，我们需要把搜索曝光率的计算稍加改进，使其**与 listing 所在页面的产品数量成反比（因为页面展示的产品越多，用户点击某一产品的概率就越低）**，即在第 k 页时，搜索曝光率为 $P(X)_{p=k}=\dfrac{b}{N_{p=k}}$，其中 b 为参数；

那么我们可以结合式（7-2）与式（7-3）将表达式改变为更为严谨的如下数学形式：

$$Y=\sum_{i=1}^{n}y_i=C\times\sum_{i=1}^{n}x_i=C\times\left\{P(X)_{p=k}\times\sum_{i=1}^{n}\left[\prod_{k=1}^{\frac{n_i}{48}}(1\text{-}l_k)\times f_i\right]\right\}=C\times\left\{\frac{b}{N_{p=k}}\times\sum_{i=1}^{n}\left[\prod_{k=1}^{\frac{n_i}{48}}(1\text{-}l_k)\times f_i\right]\right\}$$

将其简化后可得最终简化后的流量公式（7-4），如下所示：

$$Y=C\times\left\{\frac{b}{N_{p=k}}\times\sum_{i=1}^{n}\left[\prod_{k=1}^{\frac{n_i}{48}}(1\text{-}l_k)\times f_i\right]\right\} \tag{7-4}$$

（**注意：**关于如何使用流量公式来优化单个 listing 请阅读 7.4～7.5 节的内容。）

在公式（7-4）中，单日流量为 $y_i(1\leqslant i\leqslant n)$，单日曝光量为 $x_i(1\leqslant i\leqslant n)$，单日关键字搜索量为 $f_i(1\leqslant i\leqslant n)$，单日能搜索到的商品的总数量为 $n_i(1\leqslant i\leqslant n)$。该公式能帮助我们理解哪些要素影响了单个 listing 的流量波动。

举例而言，假定现在已知某个关键字单日的搜索次数为 200 000 次，且单日通过该关键字搜索到的商品总数量为 500，那么 $n_i(1\leqslant i\leqslant n)$ 这时候就等于 500。假设此时我们的商品刚刚上架，排在这 500 个商品中曝光页数的最后一页，那么我们的商品就会在第 11 页（用 $p_i(1\leqslant i\leqslant n)=\dfrac{n_i(1\leqslant i\leqslant n)}{48}$ 来计算页数，同时向上取整数）。假定每页的流量流失率相同且为 60%，那么这时

$y_{p=k} = \prod_{k=1}^{\frac{n_i}{48}} (1 - l_k) \times f_i$ 可以变成 $y_{p=11} = \prod_{k=1}^{11} (1 - 0.6) \times 200000$ 的形式，即 $(0.4\text{^}11) \times 200000 \approx 8.4$，这意味着在这种情况下我们的商品最多可以获得约 8 个流量（实际上这里预估的值高于实际值，这是因为 listing 的曝光点击率不可能是 100%，所以 8 次有效曝光或者有效搜索很难转化为 8 个有效流量）。但是当需要判断某个类目或者某些关键字组合的流量大小时，就需要用新的方法对亚马逊平台页面进行流量测试。

假设想要判断“dress”这一关键字搜索页面的单日流量，首先需要在搜索引擎中输入“dress”进行搜索，如图 7-3、图 7-4 所示。

图7-3　搜索“dress”

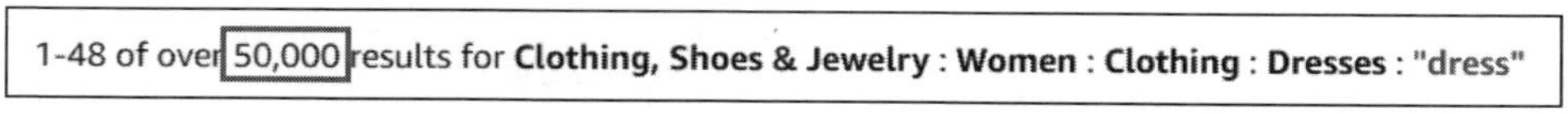

图7-4　搜索结果示意图

我们可以看到搜索结果非常多，“dress”这一类目作为亚马逊服装的大类目其单日搜索量非常大，假设单日“dress”的流量有 F_i，那么 n 天时间内搜索“dress”的总流量 (F) 为 $\sum_{i=1}^{n} F_i$。

同时，因为每个搜索页面的流量存在流失效应，所以这里也需要用到上文提到的流量流失率 (L) 这一数值，其含义为流量会因为页数增多而减少。

正如上文所述，当第 1 页流量为 10 000，第 2 页流量为 4000 时，流量损失率为 0.6，流量的留存率则为 0.4。那么 n 天时间内搜索“dress”且在前 2 页内点击进入 listing 进行浏览的总流量为：

$$F = \sum_{i=1}^{n} \left[\prod_{k=1}^{2} (1 - l_k) \times F_i \right]$$

再设这些流量的平均转化率为 P_1，订单 review 平均转化率为 P_2，那么 n 天时间内“dress”搜索结果的前 2 页所有 listing 一共会增加的 review 数量为：

$$N_{dress}=\left\{\sum_{i=1}^{n}\left[\prod_{k=1}^{2}(1-l_k)\times F_i\right]\right\}\times P_1\times P_2$$

由此可以得到一个结论：我们能够根据“dress”搜索结果下前 2 页所有 listing 的 review 数量波动，倒推出了“dress”的单日搜索量。但是这个推导逻辑还存在一定的逻辑漏洞，虽然我们可以统计“dress”搜索结果下前 2 页所有 listing 在一段时间内 review 增长的数量，但是其 review 增长并不全部依赖于“dress”的搜索流量，而是由所有能够搜索到这 2 页产品的各自关键字组合所拥有的全部搜索量，其逻辑如图 7-5 所示。

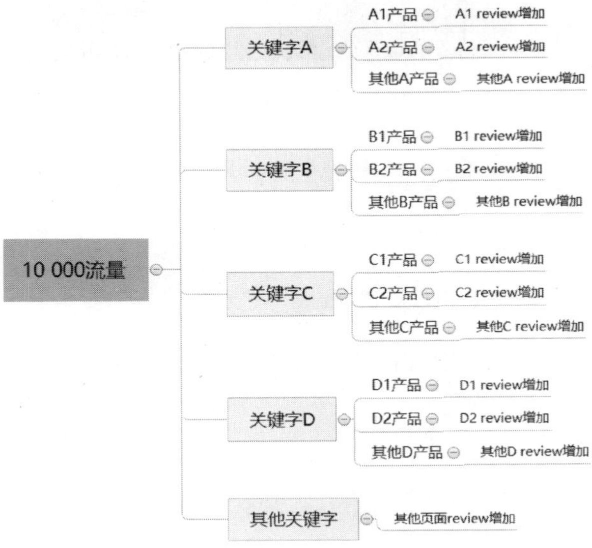

图7-5　用户流量流动方向示意图

假设一共有 x 个关键字组合即 keyword 组合，每种组合的流量会在 n 天时间内给“dress”搜索结果下前 2 页产品带来 N_i 个 review，其中搜索“dress”本身带来的 review 数量为 $N_{i=dress}$，那么在 n 天时间内“dress”搜索结果下前 2 页所有 listing

的 review 的增长量为 $\sum_{i=1}^{x} N_i$ 。

由上述推理可知，只要能够获得所有能搜索到“dress”这个关键字搜索结果下出现的前 2 页产品的关键字组合（keyword 组合），就能够根据 review 的增长数量推断出这些组合的总搜索量。

但是如果真的去一个个查找“dress”的各种关键字组合是肯定办不到的，那么是否就无法判断某一关键字或者 keyword 在亚马逊平台上搜索量的大小呢？并不是（在 7.3 节会详细阐述亚马逊 A9 算法对产品的排名逻辑）。在亚马逊平台上，每一个关键字组合其搜索结果是不同的，流量越大的关键字，其不同组合下的产品排名差异就越大。因此，**对于大流量，属性小幅度重叠或者不重叠[2]的关键字，就可以直接根据 review 增长数量的差异来判断不同关键字组合的流量大小**。

假设需要对比“casual dress”与“dress”两个关键字在亚马逊平台上搜索量的差异，可以分别搜索这两个关键字，如图 7-6～图 7-9 所示。

图7-6　搜索“casual dress”

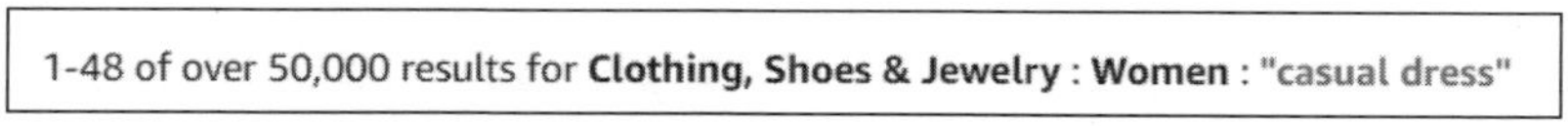

图7-7　搜索结果示意图

② 对于属性重叠的判断基于一点，即是否有词汇重复，是指关键字的排列组合中是否用重复出现的词汇，重复出现的词汇越多重复度就越大。例如，“casual summer dress”与“casual party dress”根据判断逻辑就属于属性重叠过大，其出现了两个重复词汇，搜索结果会有很多相同的产品，这时无法依据 review 变动判断关键字流量。

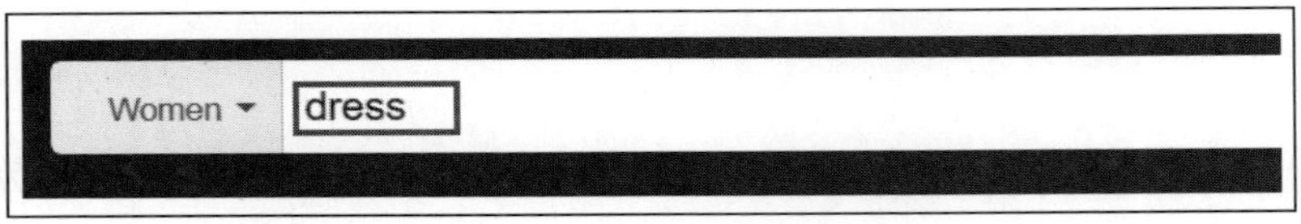

图7-8　搜索“dress”

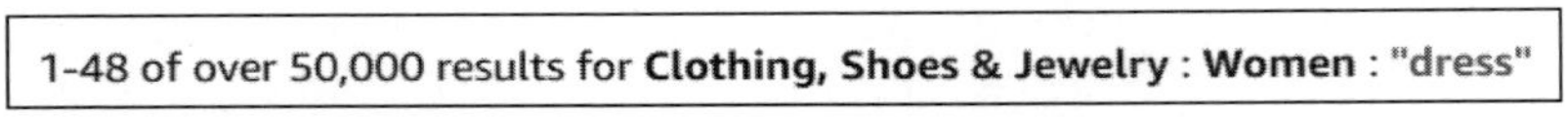

图7-9　搜索结果示意图

因为流量流失率（L）的存在，且该数值必然大于 50%，根据“二八定律”原则，只统计“casual dress”与“dress”下前 2 页产品的 review 数值。

无论是通过技术手段③还是人工计算手段，我们可以得知于 2018 年 9 月 2 日“casual dress”前 2 页产品的 review 数值为 33 864（不包含广告产品首页 review 数量为 20 126，第 2 页 review 数量为 13 738），“dress”前 2 页产品的 review 数值为 48 613（不包含广告产品首页 review 数量为 28 039，第 2 页 review 数量为 20 574）；且于 2018 年 9 月 3 日“casual dress”前 2 页产品的 review 数值为 33 979（不包含广告产品首页 review 数量为 20 217，第 2 页 review 数量为 13 762），“dress”前 2 页产品的 review 数值为 48 813（不包含广告产品首页 review 数量为 28 169，第 2 页 review 数量为 20 644）。

由此可得，“dress”下前 2 页的产品于 24 小时内 review 增加了 200 个，“casual dress”下前 2 页的产品于 24 小时内 review 增加了 115 个，其比值为 1.74 : 1。如果使用一些第三方的辅助软件④，可以得到如图 7-10 所示的数据：（2018 年 3 月份某一天的数据）

③ 技术手段是指通过网络爬虫等手段直接抓取亚马逊网站上的 review 数据。

④ 很多第三方软件会统计亚马逊上某个关键字的搜索次数，虽然精确但是要想统计出所有组合的搜索次数会耗时耗力，因此使用更便捷的手段预估流量就成了提高运营效率的一种途径。

dress	81,456
dresses	116,422
casual dresses for women	59,885
sun dresses for women casual	17,585
dress for women casual	17,766
casual dress	9,583
casual dresses	7,139

图7-10 不同关键字对应的亚马逊单日流量

由图 7-10 可知，以“dress”为直接搜索对象的搜索次数为 197878 次，以“casual dress”为直接搜索对象的搜索次数为 111 958 次，其比值为 1.76：1，与 review 增长的比值非常接近。

但需要注意的是，统计 review 时不要直接统计前几页的 review 数量，因为亚马逊会实时改变排列组合，所以人工统计时需要第一次统计完后把前几页的 listing 链接记录下来，第二次统计时点开链接计算 review 数量，否则统计出来的 review 数值会有严重误差。

在使用该方法进行类目流量预测时，还需要注意以下两点：

（1）测试类目不可有过多属性重叠。如果测试的两个关键字组合或者 keyword 组合有多个属性重合，例如“casual summer maxi dress”与“casual party maxi dress”这两个词就用多个属性重叠，那么此时 review 增长数量的比值并不能体现这些组合搜索量的大小，因为重叠属性造成了产品曝光的重叠，会给流量预测造成较大的误差。

（2）根属性不同的类目无法进行流量对比。这是因为通过 review 变动还预测流量的前提是 review 的留评率保持一致，但是一旦根属性发生变化，该前提就不再成立。例如不能将鞋子关键字组合与裙子关键字组合的搜索结果为参照进行流量对比，因为鞋子类目的 review 留评率与裙子类目的 review 留评率有较大的差异；但是 T 恤类目和上衣类目就可以做流量对比，因为其两者的 review 留评率趋于一致。

因此，统计不同关键字或者 keyword 组合搜索结果下前几页 review 增长的比值，就可以得出不同关键字在亚马逊平台搜索量的相对大小值。当想要了解某一个类目与现在从事的类目之间流量的差异时，可以通过该方法去预估其他类目的流量从而评判其市场大小。

7.3 A9 算法的排名数理推导及应用

7.3.1 亚马逊商品排名机制说明

亚马逊商品排名分为很多种，有小类目排名如图 7-11 所示的 Dresses 中 Casual 小类目排名 31，也有在大类目里的总商品排名如图 7-11 中在女装类目中的 Shops 排名 391，这些排名代表了该 listing 在亚马逊上的竞争力与销售情况，排名越靠前，竞争力就越大，销量也就越大。

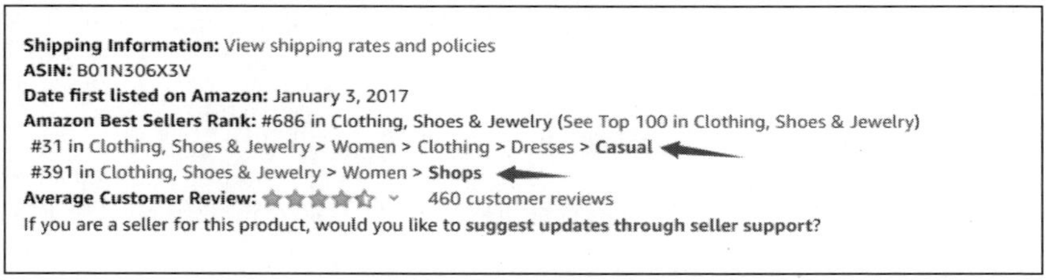

图7-11　商品排名信息

图 7-12 中是 Dresses 大类目中 Casual 类目的前 6 个产品，那么为什么“Demetory Women's Summer Floral Print Sleeveless Scoop Neck Tunic Dress with Pocket”这个产品排第一，而“AUSELILY Women's Sleeveless Pockets Casual Swing T-Shirt Dresses”这个产品排第二呢？我们点击它们的链接，可以在 Shops 类目下看到各自的排名，如图 7-13 所示。

图7-12　商品类目排名

Product description

Shipping Information: View shipping rates and policies
ASIN: B07DRJ1LRH
Date first listed on Amazon: June 13, 2018
Amazon Best Sellers Rank: #1 in Clothing, Shoes & Jewelry (See Top 100 in Clothing, Shoes & Jewelry)
#1 in Clothing, Shoes & Jewelry > Women > **Shops**
#1 in Clothing, Shoes & Jewelry > Women > Clothing > Dresses > **Casual**
Average Customer Review: 5 customer reviews
If you are a seller for this product, would you like to **suggest updates through seller support?**

Shipping Weight: 8 ounces (View shipping rates and policies)
ASIN: B06XS25QHQ
Item model number: KZ-G883-99DT
Date first listed on Amazon: November 5, 2017
Amazon Best Sellers Rank: #56 in Clothing, Shoes & Jewelry (See Top 100 in Clothing, Shoes & Jewelry)
#2 in Clothing, Shoes & Jewelry > Women > Clothing > Dresses > **Casual**
#24 in Clothing, Shoes & Jewelry > Women > **Shops**
Average Customer Review: 1,459 customer reviews
If you are a seller for this product, would you like to **suggest updates through seller support?**

图7-13　商品排名信息

由图 7.3.3 中可以直观看到第二个产品之所以排在 Casual 类目第二是由其页面显示的排名决定的，而其小类目排名是由其大类目排名即 Shops 排名决定的，而 Shops 排名是其销量决定的，由此可以得到如下逻辑：

销量→大类目排名→小类目排名

那么该排名是否与 keyword 搜索排名直接挂钩呢？因为 keyword 有很多组合，这里选择最简单也是直接的产品根属性进行组合，即 Casual + Dress，在 Women 类目搜索 Casual Dresses，如图 7-14 所示。

图7-14　搜索“casual dress”

排除广告，截取其中前 3 列产品，如图 7-15 所示。

图7-15　搜索结果图

我们可以留意到原本在 Casual 小类目排名第二的产品在该 keyword 搜索下只排第 7 名，而原本在 Casual 小类目排名第一的产品居然排名第 15 开外，所以可以得到第二条逻辑：

类目排名≠keyword 搜索排名（即使 keyword 与类目完全符合）

那么为什么亚马逊没有把排名前列的产品在搜索栏位中也放置在与之类目排名相匹配的位置呢？这是因为 keyword 的组合有千千万万种，而每种组合对应的搜索人群也是完全不同的，高排名的产品 listing 有大概率在多种组合下都排名较高，但是不代表每种排名都能冲到数一数二的位置，每个产品对应每个 keyword 组合的匹配程度是不一样的，这一点可以参考手动广告优化矩阵来理解。

除了以上两条逻辑外，一般亚马逊的从业者会认为只有优化转化率才能提升产品排名。他们的逻辑是（**注意：该逻辑是错误的！**）：**在相同流量下，转化率越高就意味着销量越大，亚马逊因此也能获得较多的佣金，因此转化率是关键字搜索排名的决定性因素。**

上述逻辑错误在于只是局限于单个 listing 的比较而忽略了顾客购买逻辑和平台运行逻辑。

首先是顾客购买逻辑，对于单个用户而言，其在亚马逊上购物需要经过**搜索→浏览→点击**这三个步骤的循环，最后购买自己心仪的产品。那么我们可以推断出一条逻辑定论：**顾客成交概率与其浏览时间成正比**[⑤]。

其次是平台运行逻辑，虽然对于每个 listing 而言流量都是不同的，但是对于亚马逊平台整体或者某个大类目而言每天的流量都是趋向于稳定值的，我们可以在 Google Trends 上证明这一观点，如图 7-16 所示。

---

⑤ 帕科 · 昂德希尔的《顾客为什么购买》中也有相似的结论："我们的研究证明，购物者在商店里待的时间越长，购买的可能性就越大，而购物者在商店里花费的时间取决于购物过程是否舒适惬意。"

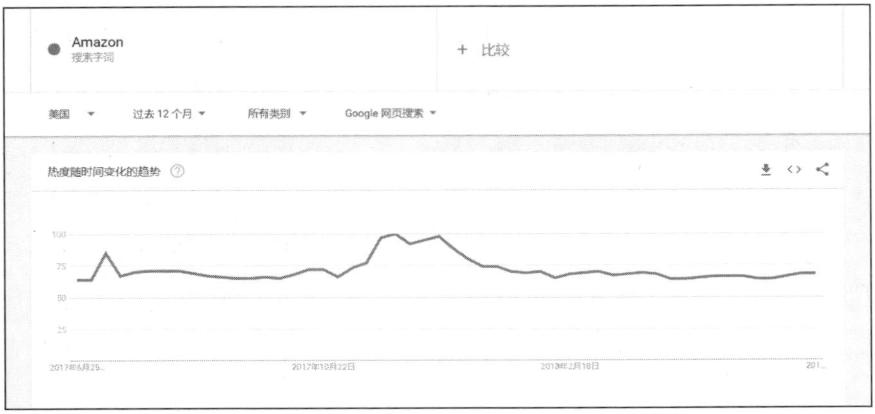

图7-16　Google Trends关键字搜索热度图

如何才能使平台收益最大化呢？亚马逊运营的目的是尽力使每个登录亚马逊的用户都能完成订单，即**亚马逊会通过各种方法使平台单流量转化率趋近于1**（当然，用户连续点击次数有限，所以要在有限的点击推荐内促使用户购买，一般而言用户不会连续点击推荐链接超过25次[6]）。

我们现在得到两条结论：

（1）顾客成交概率与其浏览时间成正比。

（2）亚马逊会通过各种方法使平台单流量转化率趋近于1。

由此我们可以做如下数理推导：

设顾客在亚马逊搜索某个关键字后浏览了n个listing，其在第i个listing上用时为t_i，总计用时为$\sum_{i=1}^{n} t_i$，同时第i个listing产品的转化率为p_i，设顾客成交概率为Y，那么可以建立如下方程：

$$Y = k_1 \times \sum_{i=1}^{n} t_i + k_2 \times \sum_{i=1}^{n} p_i (k_1, k_2 \in R) \tag{7-5}$$

⑥ 什洛莫·贝纳茨、乔纳·莱勒的《屏幕上的聪明决策》中阐述了用户对于点击次数的最大忍耐限度，即如果用户觉得每次点击能够帮助他们不断接近所要寻找的内容时，他们愿意最多连续点击25次。

由此可知，在系数 k_1、k_2 不变的情况下，使用户浏览 listing 总时越长越高越好，同时 listing 本身的转化率也是越高越好。

为了理解式（7-5），可以模拟用户的浏览逻辑，如图 7-17 所示。

图7-17　用户浏览逻辑示意图

其含义是用户在浏览完第一个 listing 后，会进行“跳出页面”“点击推荐商品”两种动作，进而会开始浏览第二个 listing，此类动作会进行循环，直到用户退出亚马逊网站或者完成订单为止。

我们的listing作为其中一个环节，必然参与了整个亚马逊A9算法的排序之中，那么这时就需要针对 listing 的不同位置进行分析。一般分为以下 3 种情况：

（1）首部 listing，即高关键字排名 listing。

（2）中部 listing，即中关键字排名 listing。

（3）尾部 listing，即低关键字排名 listing。

关于首部 listing，有两种**定位思路**：一种是担任**流量入口**的作用，一种是担任**流量终点**的作用。流量入口的含义是亚马逊 A9 算法评判虽然你的 listing 转化率竞争性不高，但是因为产品图片的**曝光转化率较高**以及与**高转化 listing 共有属性较多**，从而给予其更多的曝光即更高的关键字排名。

为什么需要较高的曝光转化率？因为作为流量入口，首先要顾客愿意点击这个链接，不然只有曝光没有流量，即使转化率再高，A9 算法也不会给予该 listing 高的搜索排名。

为什么需要与高转化 listing 共有属性较多？因为既然是入口而非终点，亚马逊 A9 算法并不指望流量在你的 listing 完成订单，而是希望能够通过你的 listing 推荐曝光更多高转化的 listing 引导用户进行点击从而完成购买，进而使平台单流量转化率趋近于 1。但是如果没有什么产品与我们的产品拥有相同属性，或者拥有相似属性的其他 listing 转化率都很低，那么这时候除非我们的 listing 能够变成流量终点及尽力提升转化率完成订单成交，不然不可能拥有高的搜索排名。

关于中部 listing，其**定位思路**是担任**流量中转站**的作用，即从高排名 listing 处引流，向低排名 listing 放流。

为什么需要从高排名 listing 引流？因为不可能存在 100%转化的产品 listing，所以如果有某个高排名 listing 转化率不高，但是它和你的 listing 拥有较多的共有属性，同时你的 listing 拥有相对较高的转化率，那么你的 listing 流量的一部分就会来源于那个高排名 listing。

为什么需要向低排名 listing 放流？与前者同理，无论你的 listing 转化率表现多么优秀都不能达到 100%转化，所以 A9 算法会把没有成交的一部分流量继续向转化率不错的低排名 listing 引导。

关于尾部 listing，其定位思路基本是让其承担**流量循环终点**与**重启流量循环**的作用。流量循环终点的含义是不管用户会不会在尾部 listing 进行购买产生订单，亚马逊 A9 算法都默认这次循环已经结束，不会再推荐同属性产品而一般只会推荐同品牌下的新品。这时候因为已经不存在共有属性，所以用户基本都会退出链接，开始搜索新的 keyword 进入下一次流量循环。重启流量循环的含义是亚马逊 A9 算法除了直接曝光该店铺其他新品外，可能会直接添加某一首部 listing 最为推荐链接，让用户开始进入下一个流量循环。

7.3.2 不同产品 listing 在亚马逊 A9 算法的定位

1. 首部 listing

图 7-18 是 listing 产品信息和排名信息，可以判断这是一个首部 listing。

图 7-19 是其共有属性推荐商品的前 4 个。

ZITY
ZITY Sportswear Men's 100% Polyester Moisture-Wicking Short-Sleeve T-Shirt (1 Pack 3 Pack)
374 customer reviews | 5 answered questions
Price: $9.90 - $49.90 & Free Return on some sizes and colors
Sale: Lower price available on select options
Shipping Information: View shipping rates and policies
ASIN: B07CRXYRDS
Item model number: Z_M-S-05
Date first listed on Amazon: June 24, 2017
Amazon Best Sellers Rank: #5,541 in Clothing, Shoes & Jewelry (See Top 100 in Clothing, Shoes & Jewelry)
#36 in Sports & Outdoors > Outdoor Recreation > Cycling > Clothing
#121 in Clothing, Shoes & Jewelry > Men > Clothing > Active > Active Shirts & Tees
#296 in Sports & Outdoors > Sports & Fitness > Exercise & Fitness > Running > Clothing
Average Customer Review: 374 customer reviews
If you are a seller for this product, would you like to suggest updates through seller support?

图7-18　商品排名信息

点击前 3 个产品链接，截图其排名信息如图 7-20 所示。

Customers who bought this item also bought
ZITY Men's Polyester Dry Fit Moisture Wicking Short-Sleeve Athletic T-Shirts
71
$5.92 - $17.19
jeansian Men's Sport Quick Dry Short Sleeves T-Shirt Tees Tops LSL133a
408
$13.99 prime
jeansian Men's 3 Packs Athletic Quick Dry Short Sleeve Sport T-Shirt Tshirts Tees LSL182
45
$24.99 prime
American Legend Mens Active Athletic Performance Shorts - 5 Pack
328
$29.99 prime

图7-19　共有属性推荐商品

```
Shipping Information: View shipping rates and policies
ASIN: B07CNF2TRW
Item model number: SHIRT0003
Date first listed on Amazon: June 8, 2017
Amazon Best Sellers Rank: #19,288 in Clothing, Shoes & Jewelry (See Top 100 in Clothing, Shoes & Jewelry)
#44 in Sports & Outdoors > Sports & Fitness > Exercise & Fitness > Running > Clothing > Men > Shirts
#121 in Sports & Outdoors > Outdoor Recreation > Cycling > Clothing
#190 in Sports & Outdoors > Sports & Fitness > Clothing > Men > Shirts
Average Customer Review: ★★★★☆ ⌄   71 customer reviews
If you are a seller for this product, would you like to suggest updates through seller support?
```

```
Shipping Weight: 7 ounces (View shipping rates and policies)
ASIN: B07C4P13L9
Item model number: LSL133a
Date first listed on Amazon: January 31, 2015
Amazon Best Sellers Rank: #12,189 in Clothing, Shoes & Jewelry (See Top 100 in Clothing, Shoes & Jewelry)
#212 in Clothing, Shoes & Jewelry > Men > Clothing > Active > Active Shirts & Tees
#4214 in Clothing, Shoes & Jewelry > Men > Shops
Average Customer Review: ★★★★☆ ⌄   408 customer reviews
If you are a seller for this product, would you like to suggest updates through seller support?
```

```
Shipping Weight: 7 ounces (View shipping rates and policies)
ASIN: B01EUXIZXG
Item model number: MFN_LSL182
Date first listed on Amazon: April 27, 2016
Amazon Best Sellers Rank: #35,150 in Clothing, Shoes & Jewelry (See Top 100 in Clothing, Shoes & Jewelry)
#467 in Clothing, Shoes & Jewelry > Men > Clothing > Active > Active Shirts & Tees
#11560 in Clothing, Shoes & Jewelry > Men > Shops
Average Customer Review: ★★★★☆ ⌄   45 customer reviews
If you are a seller for this product, would you like to suggest updates through seller support?
```

图7-20　商品排名信息

我们可以发现其推荐栏推荐产品的排名都低于自身排名，所以该首部 listing 担任的是**流量入口**的作用。流量入口是用户浏览循环的开始，所以可以判断该首部 listing 中的**产品转化率偏低，但是产品图片曝光转化率较高，listing 流量较高**。

图 7-21 是另一个 listing 产品信息和排名信息，可以判断这是一个首部 listing。

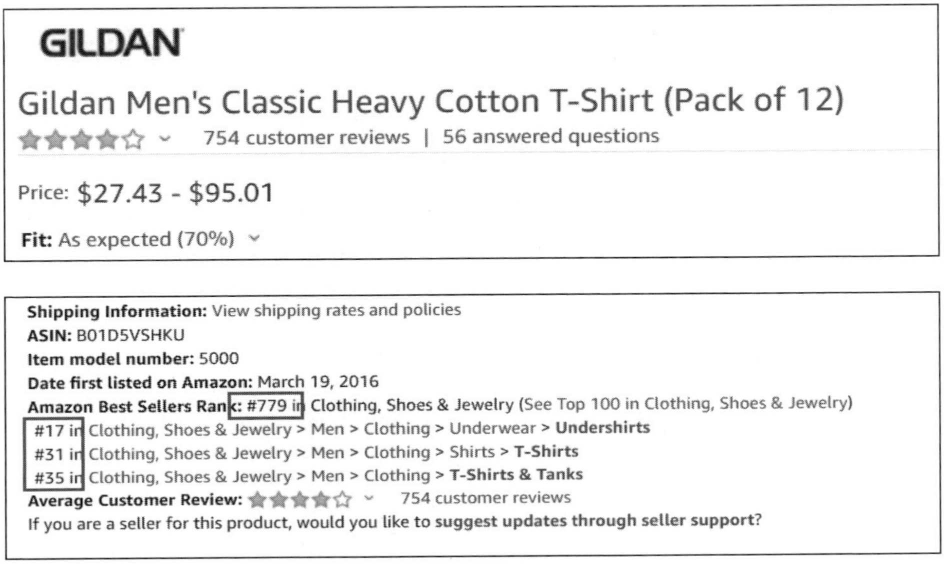
GILDAN
Gildan Men's Classic Heavy Cotton T-Shirt (Pack of 12)
754 customer reviews | 56 answered questions
Price: $27.43 - $95.01
Fit: As expected (70%)
Shipping Information: View shipping rates and policies
ASIN: B01D5VSHKU
Item model number: 5000
Date first listed on Amazon: March 19, 2016
Amazon Best Sellers Rank: #779 in Clothing, Shoes & Jewelry (See Top 100 in Clothing, Shoes & Jewelry)
#17 in Clothing, Shoes & Jewelry > Men > Clothing > Underwear > Undershirts
#31 in Clothing, Shoes & Jewelry > Men > Clothing > Shirts > T-Shirts
#35 in Clothing, Shoes & Jewelry > Men > Clothing > T-Shirts & Tanks
Average Customer Review: 754 customer reviews
If you are a seller for this product, would you like to suggest updates through seller support?

图7-21 商品排名信息

图 7-22 是其共有属性推荐商品的前 4 个。

Customers who bought this item also bought
American Legend Mens Active Athletic Performance Shorts - 5 Pack
328
$29.99 prime
Gildan Men's Crew T-Shirt Multipack
222
$13.00 prime
Gildan Men's Heavy Taped Neck Comfort Jersey T-Shirt, Pack of 10
2,025
$1.00 - $130.00
Gildan Men's Regular Leg Boxer Brief Multipack
465
$14.99 prime

图7-22 共有属性推荐商品

点击前 3 个产品链接，截图其排名信息如图 7-23 所示。

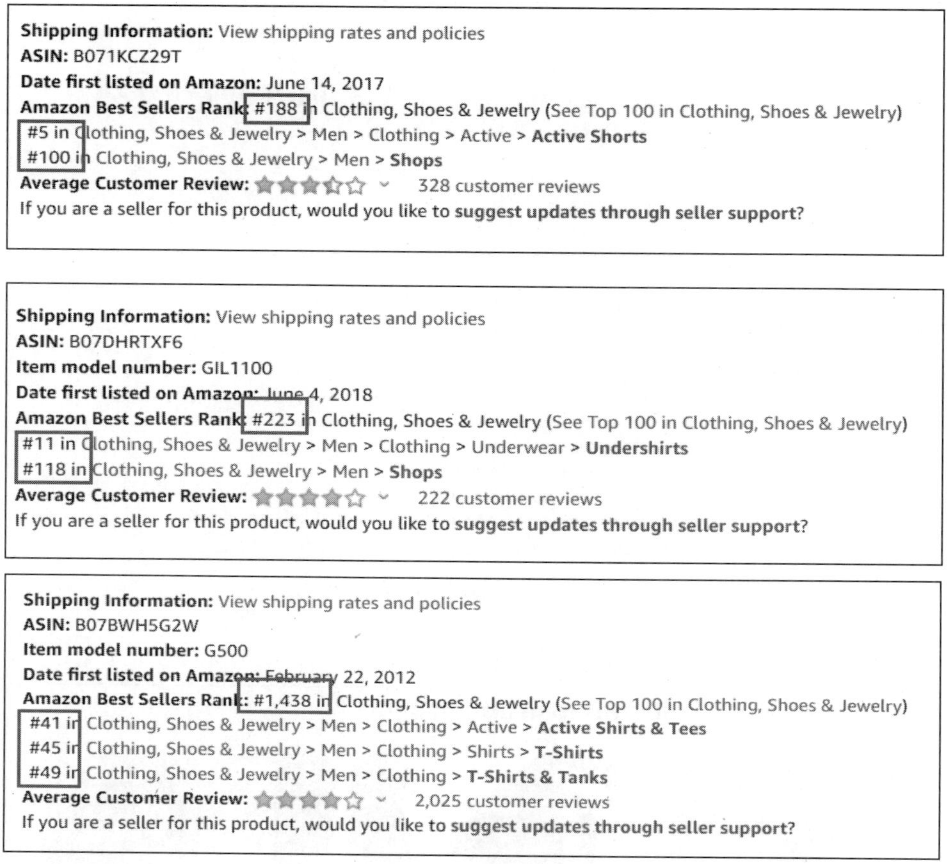

Shipping Information: View shipping rates and policies
ASIN: B071KCZ29T
Date first listed on Amazon: June 14, 2017
Amazon Best Sellers Rank: #188 in Clothing, Shoes & Jewelry (See Top 100 in Clothing, Shoes & Jewelry)
#5 in Clothing, Shoes & Jewelry > Men > Clothing > Active > **Active Shorts**
#100 in Clothing, Shoes & Jewelry > Men > **Shops**
Average Customer Review: ★★★☆☆ 328 customer reviews
If you are a seller for this product, would you like to **suggest updates through seller support?**

Shipping Information: View shipping rates and policies
ASIN: B07DHRTXF6
Item model number: GIL1100
Date first listed on Amazon: June 4, 2018
Amazon Best Sellers Rank: #223 in Clothing, Shoes & Jewelry (See Top 100 in Clothing, Shoes & Jewelry)
#11 in Clothing, Shoes & Jewelry > Men > Clothing > Underwear > **Undershirts**
#118 in Clothing, Shoes & Jewelry > Men > **Shops**
Average Customer Review: ★★★★☆ 222 customer reviews
If you are a seller for this product, would you like to **suggest updates through seller support?**

Shipping Information: View shipping rates and policies
ASIN: B07BWH5G2W
Item model number: G500
Date first listed on Amazon: February 22, 2012
Amazon Best Sellers Rank: #1,438 in Clothing, Shoes & Jewelry (See Top 100 in Clothing, Shoes & Jewelry)
#41 in Clothing, Shoes & Jewelry > Men > Clothing > Active > **Active Shirts & Tees**
#45 in Clothing, Shoes & Jewelry > Men > Clothing > Shirts > **T-Shirts**
#49 in Clothing, Shoes & Jewelry > Men > Clothing > **T-Shirts & Tanks**
Average Customer Review: ★★★★☆ 2,025 customer reviews
If you are a seller for this product, would you like to **suggest updates through seller support?**

图7-23　商品排名信息

我们可以发现其推荐栏推荐产品前 2 个产品排名都高于自身排名，有 1 个产品排名略低于自身排名，所以该首部 listing 担任的是**流量终点**的作用。流量终点的含义是大多数用户点击此首部 listing 后会下单购买，所以我们可以判断**该首部 listing 转化率偏高**（正因为转化率高，A9 算法没必要再去引导流量进入下一个 listing，而是直接推送 几个高排名 listing 结束这次循环）。

2. 中部 listing

如图 7-24 是一个 listing 产品信息和排名信息，可以判断这是一个中部 listing。（虽然小类目排名较高，但是大类目排名较低）

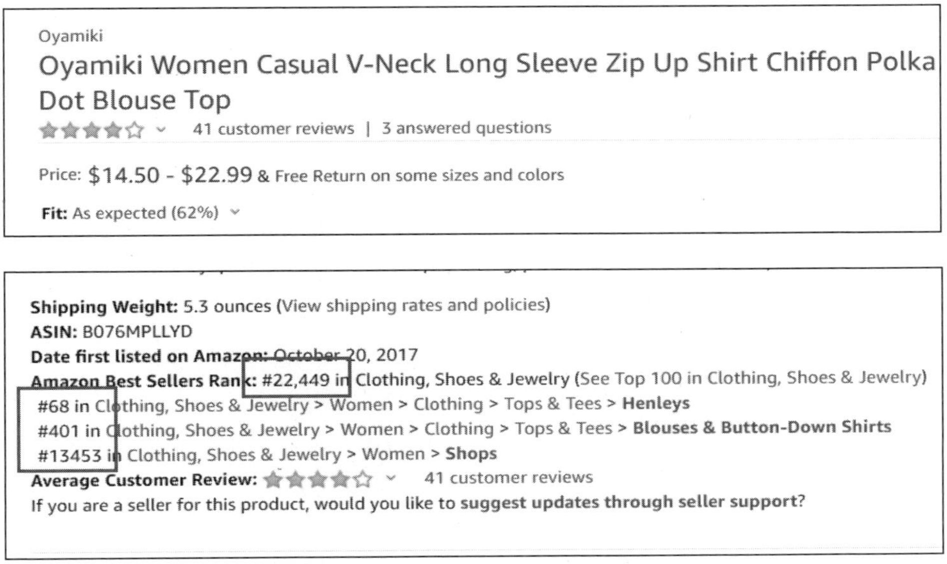
Oyamiki
Oyamiki Women Casual V-Neck Long Sleeve Zip Up Shirt Chiffon Polka Dot Blouse Top
41 customer reviews | 3 answered questions
Price: $14.50 - $22.99 & Free Return on some sizes and colors
Fit: As expected (62%)
Shipping Weight: 5.3 ounces (View shipping rates and policies)
ASIN: B076MPLLYD
Date first listed on Amazon: October 20, 2017
Amazon Best Sellers Rank: #22,449 in Clothing, Shoes & Jewelry (See Top 100 in Clothing, Shoes & Jewelry)
#68 in Clothing, Shoes & Jewelry > Women > Clothing > Tops & Tees > Henleys
#401 in Clothing, Shoes & Jewelry > Women > Clothing > Tops & Tees > Blouses & Button-Down Shirts
#13453 in Clothing, Shoes & Jewelry > Women > Shops
Average Customer Review: 41 customer reviews
If you are a seller for this product, would you like to suggest updates through seller support?

图7-24　商品排名信息

如图 7-25 是其共有属性推荐商品的前 4 个。

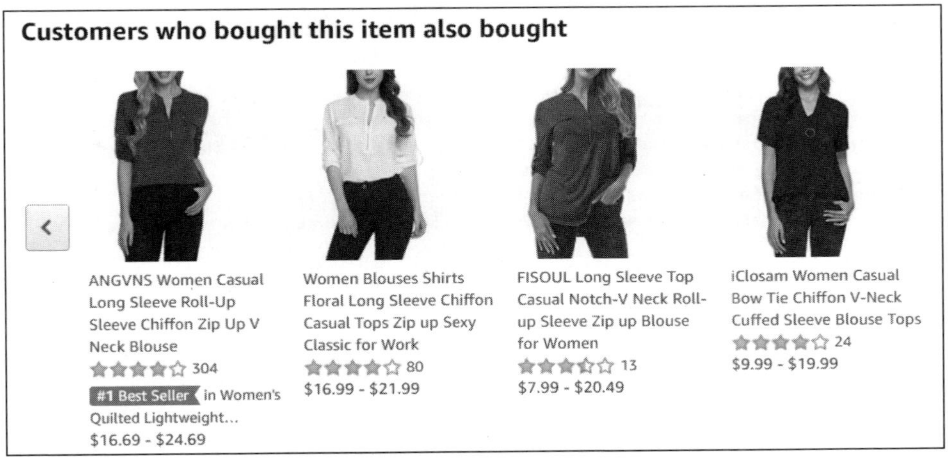
Customers who bought this item also bought
ANGVNS Women Casual Long Sleeve Roll-Up Sleeve Chiffon Zip Up V Neck Blouse
304
#1 Best Seller in Women's Quilted Lightweight...
$16.69 - $24.69
Women Blouses Shirts Floral Long Sleeve Chiffon Casual Tops Zip up Sexy Classic for Work
80
$16.99 - $21.99
FISOUL Long Sleeve Top Casual Notch-V Neck Roll-up Sleeve Zip up Blouse for Women
13
$7.99 - $20.49
iClosam Women Casual Bow Tie Chiffon V-Neck Cuffed Sleeve Blouse Tops
24
$9.99 - $19.99

图7-25　共有属性推荐商品（买了这个产品的顾客也购买了……）

点击前 3 个产品链接，截图排名信息如图 7-26 所示。

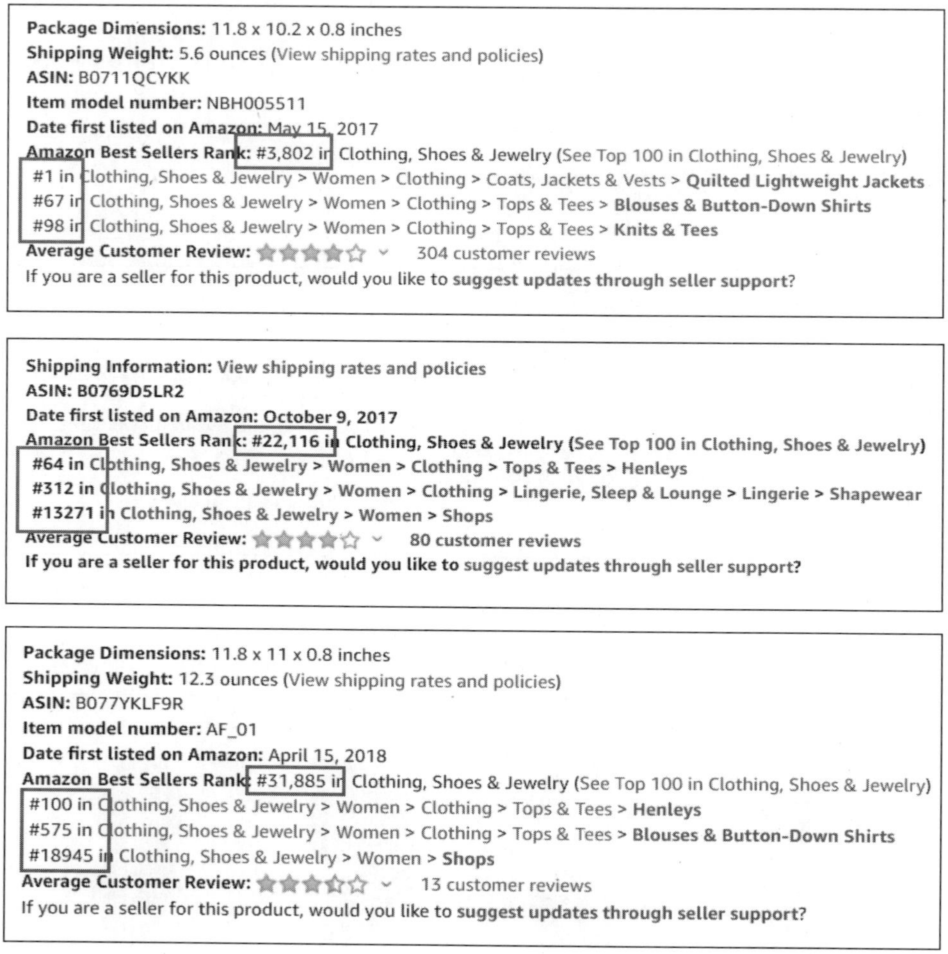

Package Dimensions: 11.8 x 10.2 x 0.8 inches
Shipping Weight: 5.6 ounces (View shipping rates and policies)
ASIN: B0711QCYKK
Item model number: NBH005511
Date first listed on Amazon: May 15, 2017
Amazon Best Sellers Rank: #3,802 in Clothing, Shoes & Jewelry (See Top 100 in Clothing, Shoes & Jewelry)
#1 in Clothing, Shoes & Jewelry > Women > Clothing > Coats, Jackets & Vests > **Quilted Lightweight Jackets**
#67 in Clothing, Shoes & Jewelry > Women > Clothing > Tops & Tees > **Blouses & Button-Down Shirts**
#98 in Clothing, Shoes & Jewelry > Women > Clothing > Tops & Tees > **Knits & Tees**
Average Customer Review: ★★★★☆ 304 customer reviews
If you are a seller for this product, would you like to **suggest updates through seller support?**

Shipping Information: View shipping rates and policies
ASIN: B0769D5LR2
Date first listed on Amazon: October 9, 2017
Amazon Best Sellers Rank: #22,116 in Clothing, Shoes & Jewelry (See Top 100 in Clothing, Shoes & Jewelry)
#64 in Clothing, Shoes & Jewelry > Women > Clothing > Tops & Tees > Henleys
#312 in Clothing, Shoes & Jewelry > Women > Clothing > Lingerie, Sleep & Lounge > Lingerie > Shapewear
#13271 in Clothing, Shoes & Jewelry > Women > Shops
Average Customer Review: ★★★★☆ 80 customer reviews
If you are a seller for this product, would you like to suggest updates through seller support?

Package Dimensions: 11.8 x 11 x 0.8 inches
Shipping Weight: 12.3 ounces (View shipping rates and policies)
ASIN: B077YKLF9R
Item model number: AF_01
Date first listed on Amazon: April 15, 2018
Amazon Best Sellers Rank: #31,885 in Clothing, Shoes & Jewelry (See Top 100 in Clothing, Shoes & Jewelry)
#100 in Clothing, Shoes & Jewelry > Women > Clothing > Tops & Tees > **Henleys**
#575 in Clothing, Shoes & Jewelry > Women > Clothing > Tops & Tees > **Blouses & Button-Down Shirts**
#18945 in Clothing, Shoes & Jewelry > Women > **Shops**
Average Customer Review: ★★★☆☆ 13 customer reviews
If you are a seller for this product, would you like to **suggest updates through seller support?**

图7-26　商品排名信息

我们可以发现其推荐栏推荐产品第一个产品排名远高于自身排名，后两个产品排名分别略高、小幅度低于自身排名，所以该中部 listing 担任的是**流量中转站**的作用。

点击其推荐第一的产品链接，其推荐产品栏如图 7-27 所示。

由此证明该中部 listing 与高部 listing 形成两两关联，因此可以判断这个**中部 listing 的转化率大概率高于与之形成关联的高部 listing**。

图7-27　共有属性推荐商品（买了这个产品的顾客也购买了……）

3. 尾部 listing

如图 7-28 是一个 listing 产品信息和排名信息，可以判断这是一个尾部 listing。

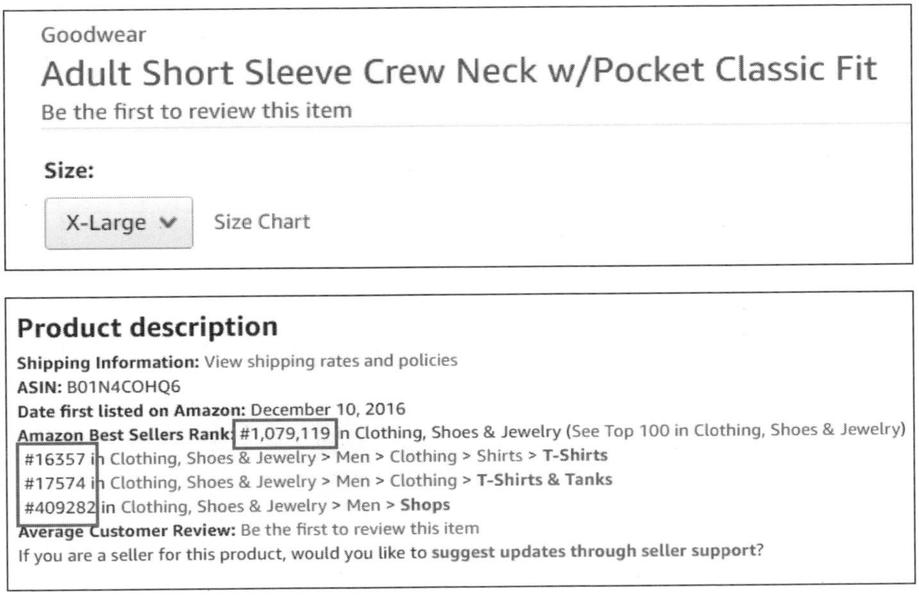

图7-28　商品排名信息

图例中的产品标题为“Adult Short Sleeve Crew Neck w/Pocket Classic Fit”即成人船员颈部口袋经典短袖

如图 7-29 是其共有属性推荐商品的前 4 个。

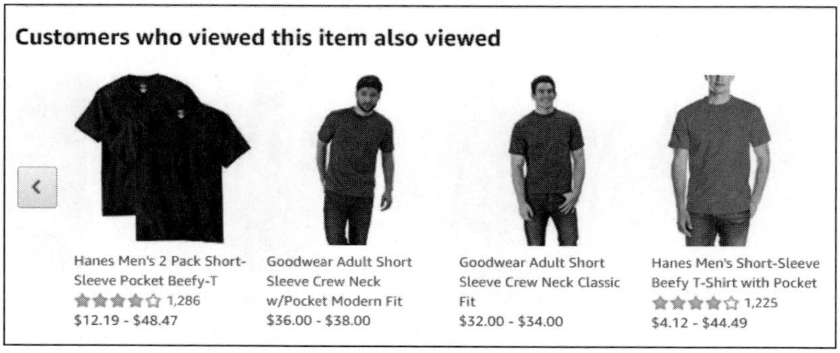

图7-29　共有属性推荐商品（浏览了这个产品的顾客也浏览了……）

点击前 3 个产品链接，截图排名信息如图 7-30 所示。

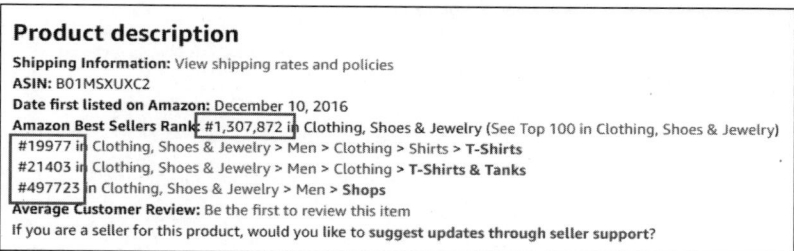

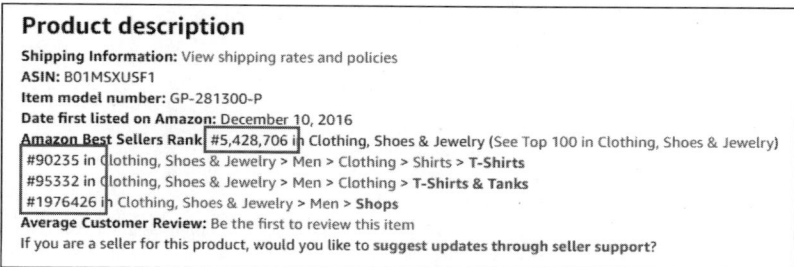

Package Dimensions: 1 x 1 x 1 inches
Shipping Weight: 1 pounds (View shipping rates and policies)
ASIN: B00JULWDVO
Item model number: XP90
Date first listed on Amazon: June 30, 2014
Domestic Shipping: Item can be shipped within U.S.
International Shipping: This item is not eligible for international shipping. Learn More
Amazon Best Sellers Rank: #1,166 in Clothing, Shoes & Jewelry (See Top 100 in Clothing, Shoes & Jewelry)
#11 in Clothing, Shoes & Jewelry > Men > Shops > Big & Tall > Shirts > **T-Shirts**
#41 in Clothing, Shoes & Jewelry > Men > Clothing > Shirts > **T-Shirts**
#45 in Clothing, Shoes & Jewelry > Men > Clothing > **T-Shirts & Tanks**
Average Customer Review: 1,286 customer reviews
If you are a seller for this product, would you like to **suggest updates through seller support?**

Product description

Shipping Information: View shipping rates and policies
ASIN: B01MSXUSF1
Item model number: GP-281300-P
Date first listed on Amazon: December 10, 2016
Amazon Best Sellers Rank: #5,428,706 in Clothing, Shoes & Jewelry (See Top 100 in Clothing, Shoes & Jewelry)
#90235 in Clothing, Shoes & Jewelry > Men > Clothing > Shirts > **T-Shirts**
#95332 in Clothing, Shoes & Jewelry > Men > Clothing > **T-Shirts & Tanks**
#1976426 in Clothing, Shoes & Jewelry > Men > **Shops**
Average Customer Review: Be the first to review this item
If you are a seller for this product, would you like to **suggest updates through seller support?**

Product description

Shipping Information: View shipping rates and policies
ASIN: B01MSXUXC2
Date first listed on Amazon: December 10, 2016
Amazon Best Sellers Rank: #1,307,872 in Clothing, Shoes & Jewelry (See Top 100 in Clothing, Shoes & Jewelry)
#19977 in Clothing, Shoes & Jewelry > Men > Clothing > Shirts > **T-Shirts**
#21403 in Clothing, Shoes & Jewelry > Men > Clothing > **T-Shirts & Tanks**
#497723 in Clothing, Shoes & Jewelry > Men > **Shops**
Average Customer Review: Be the first to review this item
If you are a seller for this product, would you like to **suggest updates through seller support?**

图7-30　商品排名信息

我们可以发现其推荐栏推荐产品第一个产品排名远高于自身排名，后 2 个产品为同品牌店铺下的产品，排名非常之低，所以该尾部 listing 是**重启流量循环**的作用。

如图 7-31 是另一个 listing 产品信息和排名信息，可以判断这是一个尾部 listing。

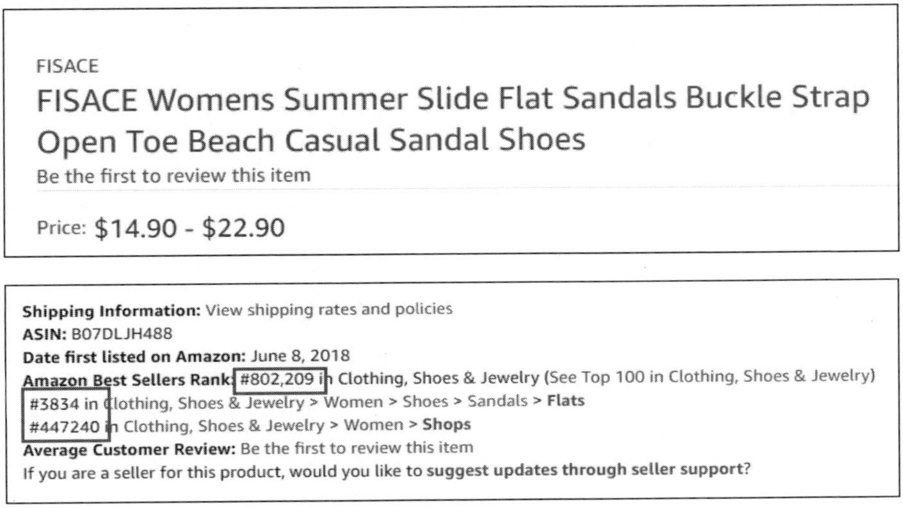

图7-31　商品排名信息

图例中的产品标题为“FISACE Womens Summer Slide Flat Sandals Buckle Strap Open Toe Beach Casual Sandal Shoes”即FISACE女子夏季滑板凉鞋

如图 7-32 是其共有属性推荐商品的前 4 个，我们可以留意到这里推送的都是该品牌店铺内的新品，所以可以判断这个尾部 listing 此时起的是**流量循环终点**的作用。

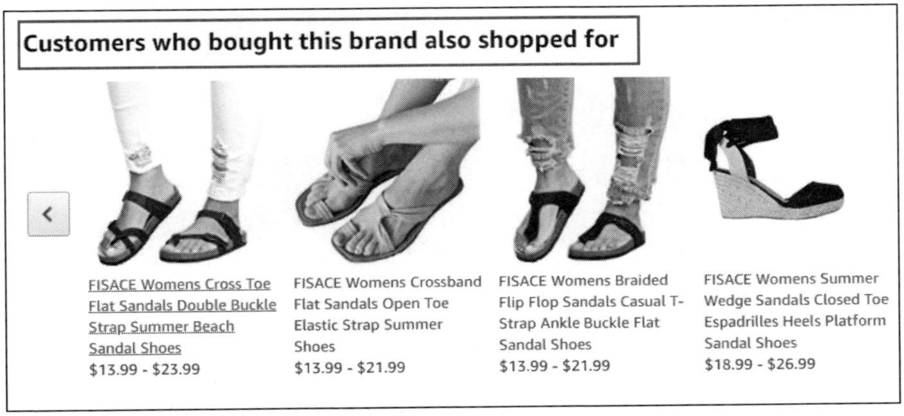

图7-32　共有属性推荐商品（购买了这个产品的顾客也购买了……）

7.3.3 如何利用排名机制优化 listing

上述内容解释的是亚马逊的排名机制以及产品 listing 的定位分析。但正如我们之前反复提到的，亚马逊对广告展示位进行了增添，导致很难找到自然流量关联产品。但是对链接的排名机制并没有改变，通过商品详情页下首个广告的推荐产品进行分析，得出的结果是一致的。因此我们在对 listing 进行优化的时候需要使用逆向思维，分析自身 listing 的定位及优劣势，然后通过一些技巧来改善其搜索排名及搜索序位。

例如，当我们的产品处于尾部 listing 时，就需要通过关键词和广告找到承接流量的中部 listing，并做好差异化产品页面展示，满足跳转顾客的特殊需求，这样就可以使得流量在尾部最大程度地完成转化，从而稳定商品大类目排名累计 review。经过一段时间的运营之后，listing 将获得更多流量，逐步成为中部 listing。当我们的产品现在属于中部 listing 的时候，除了优化转化率外，可以考虑优化曝光转化率即增大流量，比如设置超低价，让产品有 prime 标志等，让自身更好地能从上引流或者向下放流。

当我们的产品准备冲首部 listing 的时候，要认真分析自身产品的优势。例如当我们的产品属于爆款且款式非常新颖的时候(曝光转化率特别高，流量特别大)，可以考虑只发少量的 FBA，因为即使我们 listing 的转化率因为自配送偏低，但是因为流量巨大可以担任流量入口的作用，同样拥有很高的排名，同时大量销售自配送还可以获得丰厚的利润额。

7.4 如何利用 A9 算法优化关键字/标题

7.4.1 买家角度出发

从买家的角度来优化关键字的逻辑是“买家搜索什么，关键字就设置什么”。之所以可以采取这种策略，是因为亚马逊是一个电商平台，其最原始的功能就是促成交易。买家搜索代表了需求，而卖家产品代表了供给，而 A9 算法作为中间桥梁将二者联系起来。但是站内 listing 数以百万计，即使是 A9 算法也无法保证在每一天给予每个链接最精准的流量。这时就需要卖家主动发现顾客需求，并进行 listing 的优化。在各个第三方收费平台上有各式各样的关键字流量分析工具，其具体作用是提供亚马逊平台上各个关键字的搜索数据，包含搜索次数、点击次数、购买率、点击率，等等。

1. 找到涉及类目中的大流量单词

以女士连衣裙为例，首先找到连衣裙的最直观词汇“dress”，然后根据下拉菜单看到其相关的匹配单词，如图 7-33 所示。

可以快速得到相关词汇“pocket”“work”“casual”“party”“wedding”等；接着在搜索引擎中搜索“dress”，然后把首页中凡是出现过两次及以上的词汇进行汇总整理，这样就能得到第二组匹配单词“midi dress”“maxi dress”。

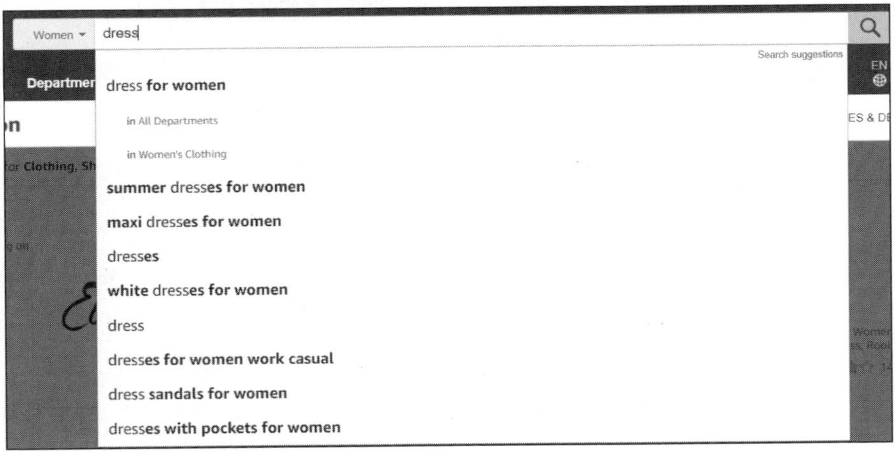

图7-33 搜索“dress”，弹出下拉菜单

2. 将上述单词排列组合成相关词组

组合的方式采用 AB 组合，即“单个形容词+单个名词”，例如“casual midi dress”“maxi dress for party”等。**注意：在组合时需要考虑到单复数变化和单词形态变化。**

3. 分析对比各个词组之间的流量大小

因为美国买家购买习惯的一致性，所以可以直接使用 Google Trends 进行关键字的热度对比（这里的购买习惯一致性是指顾客在亚马逊搜索引擎上的搜索习惯与日常的搜索习惯基本一致）。图 7-34 所示为“midi dress”与“maxi dress”的热度对比。

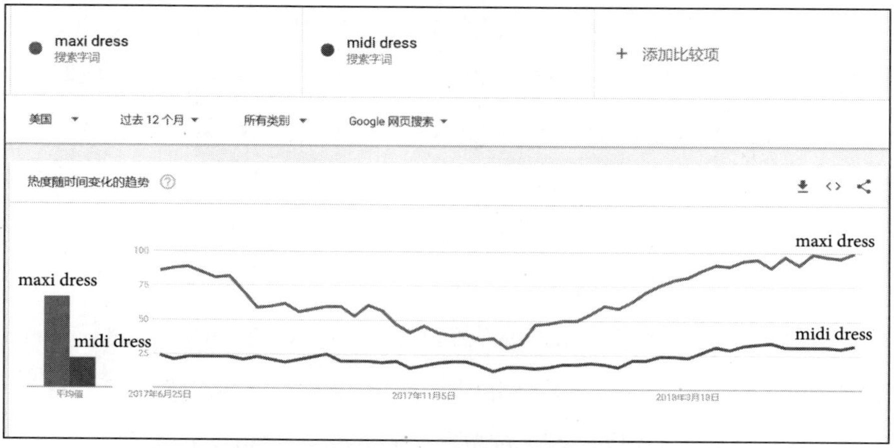

图7-34 Google Trends不同关键字搜索热度对比图

注意：在地区一栏中需要选择“美国”而非“全球”，这里可以清楚地看到“maxi dress”比“midi dress”搜索热度高出了一大截。

因为“maxi dress”与“midi dress”在“dress”类目分属为不同分类很难进行对比，那么我们同样可以利用这种方式来进行“细节词+定性词”流量的比较，例如“sexy maxi dress”与“casual maxi dress”，其搜索热度对比如图 7-35 所示。

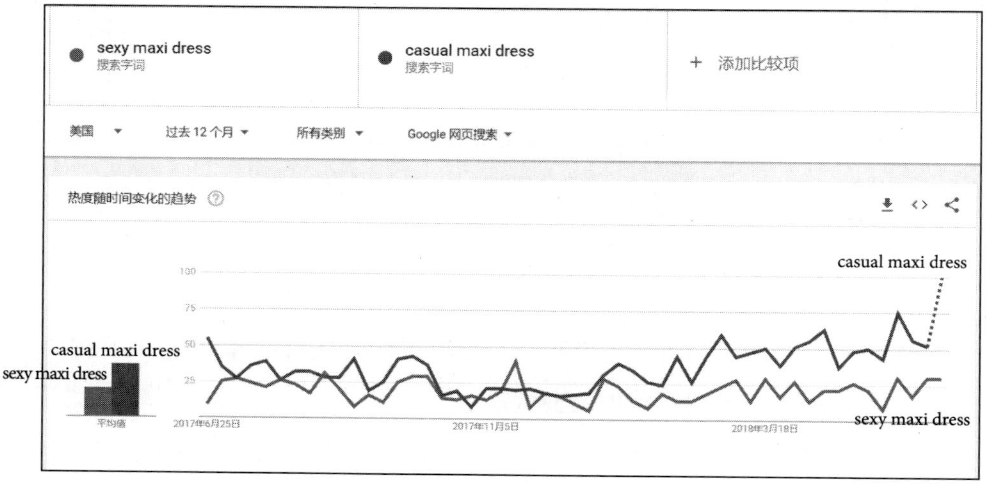

图7-35 Google Trends不同关键字搜索热度对比图

从图中可以明显看到“casual maxi dress”与“sexy maxi dress”虽然有部分搜索热度重合的地方，但是前者的搜索热度还是要比后者要高出一大截的，因此在一个产品同时可以用“sexy”与“casual”来形容的时候，从单纯流量角度讲“casual”应该优先考虑。（**注意，这里指单纯从流量角度，而非综合考虑，最终是否选择“casual”仍然需要一系列的判断**）

现在大家都应该会使用Google Trends这一简单的工具来比较各个关键字的搜索热度了吧？不过从市面上流行的那些运营经验来看，大家应该还有很多细节方面的疑问，下面用 Q&A 的方式来解答。

Q：通过 Google Trends 只能比较关键字搜索热度的大小，并不能知道 Amazon 平台上每个关键字的具体流量，需要去找一些第三方软件来获取具体流量吗？

A：**不需要**。从几点解释这个问题：**第一，从大企业的运营经验角度讲，即使拥有数据源距“百战百胜”还离得很远**。在支付足够金额的情况下，大公司每周甚至每天找第三方数据公司更新一份亚马逊全平台的搜索数据完全办得到，但是你看这么多大型的跨境电商企业即使拥有了数据也没有卖啥啥爆，说明数据本身的价值并没有这么夸张。**第二，从数据分析的角度将，在已知各个关键字搜索热度相关性的前提下，已经没必要再去探讨其具体的数字**。因为从数学的角度讲完全可以建立一个标准值 x 作为参考评判各个数据的流量大小（比如以“dress”的 Google Trends 作为标准值 x，每次要计算其他关键字的搜索量时以 x 为标准，例如“t-shirt”为 $1.5x$，“blouse”为 $1.2x$ 等）。**第三，单个关键字的流量大小远没有我们想象的那么重要，其重要的更应该是其具有的“有效流量”**。

Q：Google Trends 上能查询的为 Google 浏览器的搜索数据，其在 Amazon 上可以通用吗？

A：**能通用，且误差完全可以接受**。因为正如在第一个 Q&A 中强调的那样，我们要的是一个相对值，一个参考量，而不是一个精确的绝对值，而且顾客的搜索习惯是不会因为平台的改变而改变的。

4. 分析各个词组的有效流量

由 7.2 节我们可以得到有效流量的计算公式为：

$$Y=\sum_{i=1}^{n}y_i=C\times\sum_{i=1}^{n}x_i=C\times\left\{P(X)_{p=k}\times\sum_{i=1}^{n}\left[\prod_{k=1}^{\frac{n_i}{48}}(1-l_k)\times f_i\right]\right\}=C\times\left\{\frac{b}{N_{p=k}}\times\sum_{i=1}^{n}\left[\prod_{k=1}^{\frac{n_i}{48}}(1-l_k)\times f_i\right]\right\} \quad (7-6)$$

将其简化后可得最终简化后的流量公式（7-7）：

$$Y=C\times\left\{\frac{b}{N_{p=k}}\times\sum_{i=1}^{n}\left[\prod_{k=1}^{\frac{n_i}{48}}(1-l_k)\times f_i\right]\right\} \quad (7-7)$$

根据式（7-6），可以得出以下结论：

（1）减少流量损耗的方式有两种，减少流量流失率/减少搜索结果页数。

（2）在保持流量损失率/搜索页数基本不变的情况下增加选择大流量的关键字才有意义。

关于如何抓取亚马逊上单日的整体数据，很多第三方销售辅助软件会提供一部分，也可以通过获取亚马逊上排名和销量变动推导出单日的流量变动⑦。

举例而言，假设我们的 listing 点击率为有效曝光的 80%，搜索页面有 48 个商品，商品排在曝光页的下半部分，那么参数 b 可以设为 24（该参数的设置，可以凭借经验设置，listing 如果在上半部分，b 可以设置为 48；如果在下半部分，b 可以设置为 24），即有效曝光概率为：24/48=50%。这时，点击率乘以有效曝光率则为 40%。

剩下的参数中，假定现在已知某个关键字，单日的搜索次数为 200 000 次（可以理解为有效曝光次数），且单日通过该关键字，搜索到的商品总数量为 500，那么 $n_i(1\leqslant i\leqslant n)$ 这时就等于 500，假设此时我们的商品刚刚上架，排在这 500 个商品中曝光页数的最后一页，那么我们的商品就会在第 11 页（用 $p_i(1\leqslant i\leqslant n)=\frac{n_i(1\leqslant i\leqslant n)}{48}$

⑦ 在亚马逊平台上，每个类目的排名对应着一定的销量。以服装类目为例，在旺季时“Shops”排名为 10 000 名的产品销量约为 15 件 1 天，假设其转化率为 8%，其 listing 1 天的流量约为 200，其他类目的产品也可依此类推。

来计算页数，同时向上取整数），假定每页的流量流失率相同且为 60%，那么这时 $y_{p=k}=\prod_{k=1}^{\frac{n_i}{48}}(1-l_k)\times f_i$ 可以变成 $y_{p=11}=\prod_{k=1}^{11}(1-0.6)\times 200\ 000$ 的形式，即(0.4^11) $\times 200\ 000\approx 8.4$。

最后，将计算的数值乘以最初得到的点击率数值 40%，那么可以计算出 listing 在该关键字下的有效流量约为 3.36。

不过我们不必知道每天具体有多少流量，因为各个关键字流量的对比工作完全可以依赖 Google Trends 这样的免费工具解决，只有当遇到非常相似的关键字无法进行热度对比时才需要精确的流量数据。

7.4.2 卖家角度出发

从卖家的角度来优化关键字的逻辑就是"'大卖'们用什么关键字，关键字就设置什么"。在进行这样一项优化操作时，我们默认亚马逊平台上的每个卖家都在主动发现客户需求，并可以将其 listing 优化至最佳水平。那么在假设其他条件一致时，优化效果更好的 listing 将有更大几率成为"大卖"。作为后来者，直接参考"大卖"的 listing 关键词，将极大节省运营时间提升优化效率。但显而易见的是以上所讲的均属于理想情况，在真实的运营环境下需要根据具体情况加以调整。下面以 Q&A 的方式来解答一些疑问和难点。

Q：怎么确保大卖使用的关键字有流量呢?

A：有时候部分大卖的关键字基本属于"胡说八道"级别，即完全和产品本身不搭边，他们能卖起来的产品多半是依赖大卖成熟的营销体系而非运营体系，所以当某个关键字搜索后出现某一到两个大卖并不意味着该关键字拥有较高的流量，但是当搜索结果出现多个甚至数十个大卖 listing 时（一般以 25 个 review 以上定义为不错的 listing，75 个 review 以上为优秀 listing，上百乃至上千 review 为大卖 listing），该关键字一定属于有效关键字（高流量或者高转化），不然大卖们不会使用这样的组合。

Q：如何确保关键字为大卖们使用的关键字呢?

A：首先，精确找到某个大卖的关键字是基本不太可能的，其原因有两个方面：

（1）部分大卖使用的是动态关键字优化方法，即可能这个礼拜的关键字和下个礼拜的关键字是完全或者部分不同的。

（2）当一个 listing 成长成为大卖时，关键字/标题所占的搜索比重会越来越低，这是因为其 listing 已经占据了稳定的搜索栏位导致（详情参见第 7 章 7.5 节，即如何利用 A9 算法优化站内广告），这时候想要精确到某个 listing 的关键字基本办不到。

但是，找到一个类目中很多大卖都使用的某些关键字组合是完全可以办到的，其技巧可以概括为“**高 review 数量，多大卖 listing，少三无 listing**”。

结合具体的搜索结果来解释，这里的“卖家导向”有效关键字主要分为三大类。

1. 罕见类

即不太常见的英语单词，例如“Classic Slim Fit Sleeveless Midi Dress”，搜索结果如图 7-36 所示。

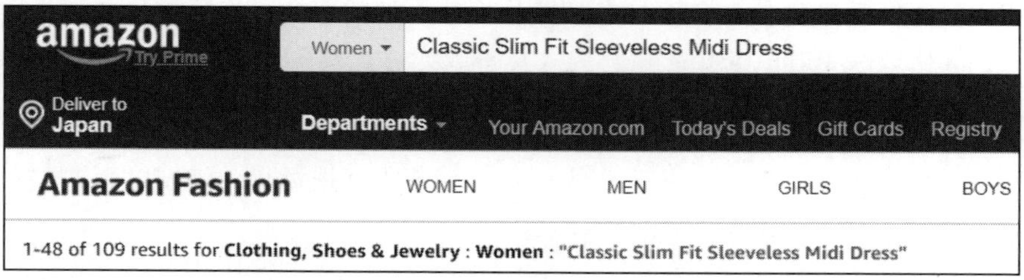

图7-36　搜索“Classic Slim Fit Sleeveless Midi Dress”

右上角选择“Grid View”显示方法，如图 7-37 所示。

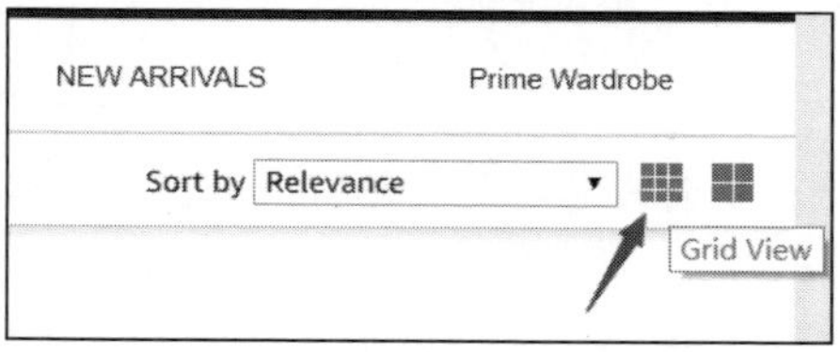

图7-37　搜索结果右上方选择“Grid View”显示方法

搜索结果为 109 共 3 页，大卖 listing 首页数量有 11 个，优秀 listing 的首页数量也有 12 个。这类“罕见词”大卖们如此爱用一定有它的道理。所以要在某一类目进行扎根时，一定需要在恰当的产品下添加这类词。

2. 特殊组合类

即将一些常见的单词进行排列组合直到能搜索到很多大卖 listing，例如“lightweight active pullover goodies”，搜索结果如图 7-38 所示。

搜索结果为 160 共 4 页，大卖 listing 首页数量高达 8 个，优秀 listing 的首页数量有 16 个。这类“特殊组合词”需要在类目中对各个大/中流量词进行排列组合不断尝试，就能找到有效关键字。

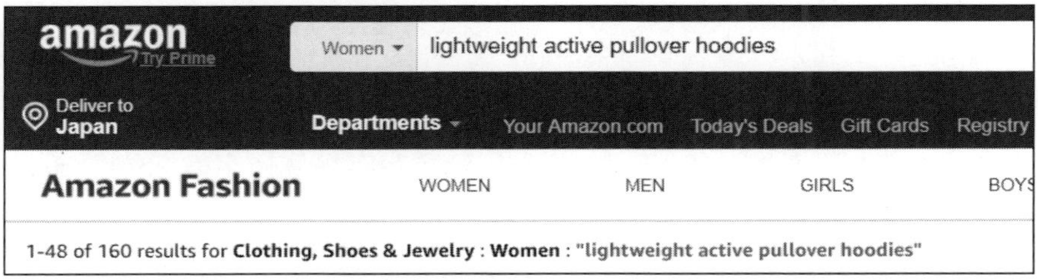

图7-38 搜索“lightweight active pullover goodies”

3. 长尾组合词

长尾组合词可以理解为是特殊组合类关键字的“再排列”，所以其长度一般会比较长，但是也属于有效关键字的范畴，例如“loose fit lightweight open front cardigan sweaters”，搜索结果如图 7-39 所示。

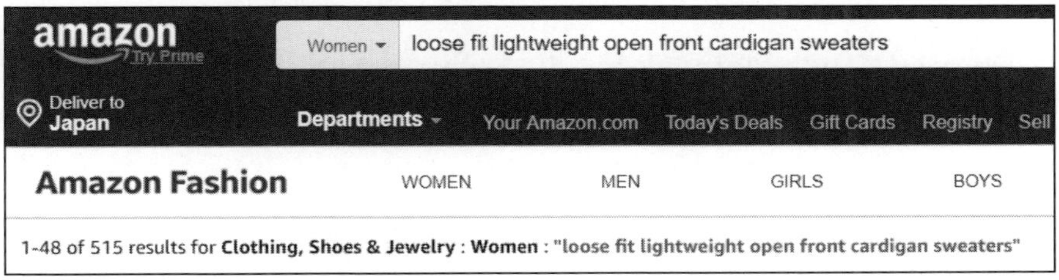

图7-39 搜索“loose fit lightweight open front cardigan sweaters”

搜索结果为 515 共 11 页，大卖 listing 首页数量有 11 个，优秀 listing 的首页数量有 18 个。**这类“长尾组合词”需要在已经找到的“特殊组合词”中对其排列**

序位和同义词进行不断转换，找到最终适合的组合与排列。

7.5 如何利用 A9 算法优化站内广告

从 7.1～7.4 节的数理逻辑推算中，可以知道亚马孙搜索引擎的排名逻辑不是简单的 listing 销量越大其在某关键字搜索结果下排名就越靠前，也不是我们主观逻辑上的“匹配”程度越高排名就越靠前，而是符合以下基本准则：

（1）搜索 keyword 包含于 listing 的标题/广告/关键字中。即使你的产品表现再好，listing 表现再优秀，如果某个 keyword 不包含于 listing 的标题/广告/关键字中，且该 keyword 无高热度近义词，那么无论如何该 listing 不会存在于搜索界面。举例来说，在部分类目的常用关键词下并不会展示带有橙底白字徽标的“Best seller”（销量最佳）产品，而是展示了带有黑底白字徽标的“Amazon’s Choice”（亚马逊推荐）产品。

这个逻辑比较容易理解，假设某件产品特别适合 A/B/C 场景或者拥有 A/B/C 卖点，而产品题/广告/关键字只包含了 A/B 关键字且无 C 同义词/近义词，那么哪怕 C 属于该产品的“有效关键字”之一，亚马逊也不会将产品在 C 相关 keyword 的搜索结果下进行呈现。（当然，为了防止这种情况发生，可以使用在第 5 章 5.6 节中提到的捆绑营销 review 来实现强行关联曝光）

（2）全部页面呈现的结果符合订单额最大排列。我们知道，订单量=流量 × 转化率；订单额=流量 × 转化率 × 客单价。而亚马逊是根据订单额收取一定比例的佣金，所以对于亚马逊而言，每个 keyword 搜索界面的排列都是符合其自身长期佣金收取额最大原则来排列的。

了解以上两条基本准则后，如何利用广告来提升销量呢？答案只有一个：**提升关键字排名。**

即在某些**高流量关键字**的搜索结果下产品 listing 排名前列且拥有**较高的点击转化率和订单转化率**（点击转化与图片相关，本节主要讲述订单转化率）。

这里涉及两个技术指标：**高流量**和**高转化率。**

下面以 Q&A 的形式来解答大家可能会有的疑问。

Q：为何要高流量？

A：对于 listing 而言广告流量是助推器，可以在短时间内快速提升整体流量，并验证产品在各关键词下的表现效果。假设我们产品的标题为“women loose fit cocktail party elegant long maxi dress”，那么如果广告关键字设置为“loose fit cocktail party long dress”这种与标题/关键字极为重合的精准长尾词时，即使我们的产品每次都通过广告可以使该 keyword 搜索排序第一，但是因为关键词本身搜索流量过低，很难引来高流量并促成订单。这时不单损失了销量还浪费了有效推广时间，listing 开广告和没开广告一个样，失去了广告推广的意义。

Q：为何要提高订单转化率？

A：在资金量足够的情况下，任何一家店铺都有机会使用广告把自己的产品 listing 推到该类目大类词排序第一的位置。但是这里存在两个问题：1. 罔顾产品实际情况强行使用广告手段进行推广，往往回因为产品本身元素/卖点与 A9 搜索引擎具体搜索栏位的不匹配导致广告投入产出比(ACoS)非常高，从而出现“花钱赚吆喝”的不利情况；2. 亚马逊对于广告 listing 的展示有一套完整的竞价排名规则，如果你的 listing 占据的最佳展示位却没有与之匹配的曝光点击率和点击转化率，亚马逊会逐步降低该 listing 的曝光量最终产生虽然打了广告但花不出去的尴尬情况。

Q：为何有时开自动/手动广告 ACoS 非常高？

A：产品属性与广告推广属性不匹配。每个产品都有各种各样的属性，例如颜色、尺码、价格、款式、评价等。而这些父属性中又有很多子属性，例如服装类目尺码一般包含 XS、S、M、L、XL、XXL 等，标准品价格一般包含单品价格、套餐价格、定制价格等。

而某一款产品真正能够热卖的原因是因为其销量非常高，而销量非常高的前提是在匹配的高流量关键字下拥有极其优秀的排名，而我们就是要在这些形形色色的子属性中去找到某个最匹配的属性并通过广告加强其联系。但是，一旦广告加强联系的关键字组合并非产品最大的属性与卖点，那么 ACoS 就会因为转化率极低而变得非常高。

Q：怎么在产品上架时分析各个属性搜索权重呢？

A：我还是以"women loose fit cocktail party elegant long maxi dress"这一标题/关键字为例，其产品根属性为"dress"是毋庸置疑的，父属性包含颜色、尺码、价格、款式、评价等，但是由于这是一条裙子，那么款式这一父属性至关重要，根据其标题/关键字，我们可以得出父属性的款式包含如下子属性：loose fit、cocktail、party、elegant、long、maxi。

在一开始上架的时候，其各个子属性的权重及各个子属性的搜索结果如图 7-40 与表 7-1 所示。

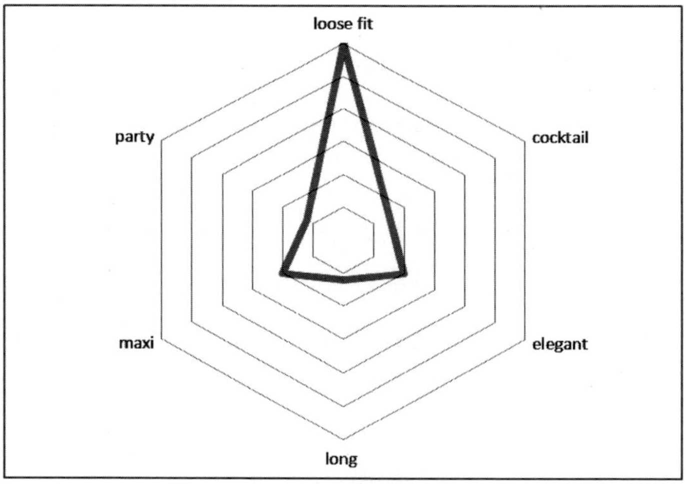

图7-40　子属性权重图

表7-1　子属性搜索结果1

子元素	loose fit	cocktail	elegant	long	maxi	party
搜索结果	10000	40000	30000	50000	30000	50000

为什么在"loose fit"上权重较大呢？这是因为其搜索结果在 women 类目下仅为 10 000 个，远小于其他子属性搜索结果的数值，所以其在"loose fit dress"上的曝光概率相对于其他组合更大。**但是需要注意的是，**这里是将其标题/关键字直接拆分与根属性"dress"进行组合，在 A9 算法进行匹配时更多会进行二次、三次

甚至多次组合，所以我们还是选择刚刚的 6 个子属性进行二次组合，其二次组合各个组合词的权重及各个子属性的搜索结果，如图 7-41 与表 7-2 所示。

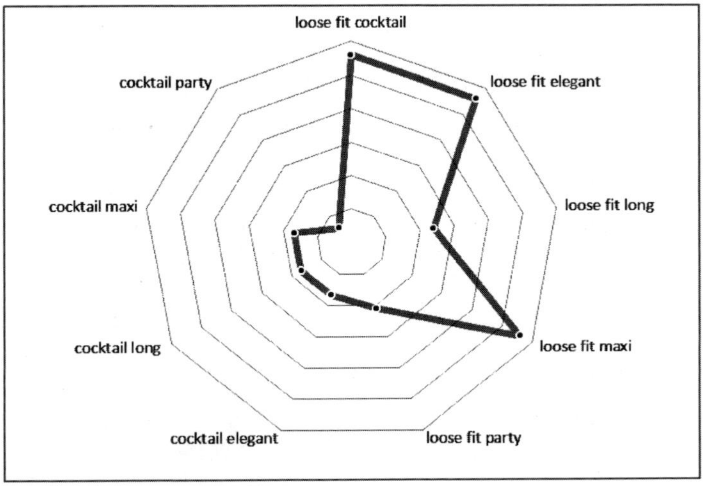

图7-41　子属性权重

表7-2　子属性搜索结果2

子元素	loose fit cocktail	loose fit elegant	loose fit long	loose fit maxi	loose fit party	cocktail elegant	cocktail long	cocktail maxi	cocktail party
搜索结果	5600	5600	2400	5600	2100	1680	1680	1680	560

通过二次组合可以发现，虽然之前“loose fit”的子属性权重更高，但是其与其他词汇搭配后会呈现完全不同的权重分布。当然，现在模拟是产品刚刚上架后的各个属性权重的对比，当产品开始曝光后，A9 算法会根据产品真实的属性匹配其对应的搜索栏位，关键字/标题的作用会被逐渐弱化。但是即便如此，如果刚刚上架的产品采用的关键字/标题是属于那种流量很大又很多的组合的时候，其子属性的权重很可能会很低，使得产品难以曝光；

与之相对的是，产品某些属性并没有包含在标题/关键字中，那么此时无论其他子属性权重有多高，一旦热卖属性是那个遗漏的词汇或者词组，产品 listing 的成长就会非常缓慢。

这就好比你一开始是一个卖西瓜的瓜农，西瓜的卖点有甜和无仔两个，但是你偏偏只宣传甜这一卖点（即关键字缺少某一卖点或者该子属性权重不大），那么即使市场上都是甜西瓜而没有无籽西瓜的时候，消费者也无法获知你产品无仔的特点从而进行购买。

Q：怎么找到匹配产品的子属性（卖点）呢？

A：这里分为两种情况。

第一种情况是该产品属于创意类产品，即之前市场上无/极少该属性（卖点）产品，那么其匹配的子属性需要在上架时通过标题/关键字强行赋予且完成关联，如图7-42所示（这些肚皮包曾在2017年末时火极一时）。

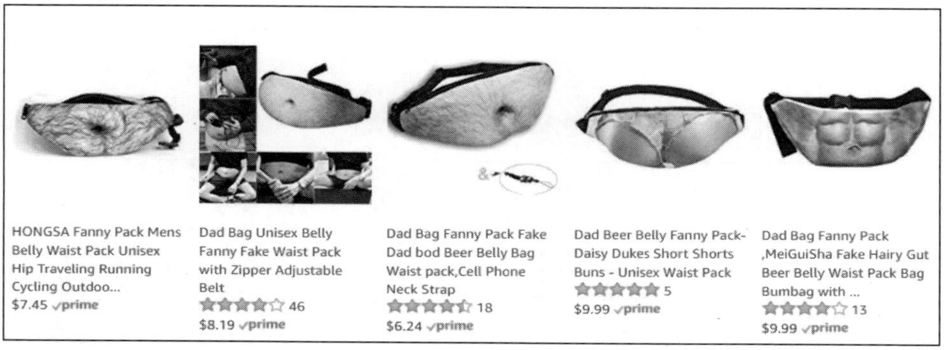

图7-42　创意类产品示例

而非常匹配该肚皮包的子属性词就是"funny"，所以在上架创意性产品时，如果有某一个非常亮眼的属性与创新，可以通过人工方法直接找到其匹配子属性。

第二种情况是该产品虽与同类目有所不同，但是其匹配子属性非常模糊，即找不到最大卖点，如果遇到此类产品，完全可以使用关键词优化时的方法制作竞品分析表，并通过手动查询的方法统计在不同关键词的搜索结果页下类似产品出现的频率，找到出现次数最多的一批关键词进行投放。当然卖家也可以通过上架操作与A9算法的演算在一段时间（7~21天）找到其产品最匹配子属性，然后通过广告（一般为手动广告）加强其属性与产品的关联度从而提升关键字排名。上架操作就是在上架时，需要确保标题/关键字包含产品主要子属性，不能发生遗漏，其后续操作详见"广告优化方法——概率矩阵匹配法"。

广告优化方法——概率矩阵匹配法

亚马逊 A9 搜索算法的两点性质：

（1）搜索 keyword 包含于 listing 的标题/广告/关键字中。

（2）全部页面呈现的结果符合订单额最大排列。

由此可以了解到亚马逊的 A9 算法为了让产品获得最大的销售额必然要在产品 listing 标题/关键字的范围内寻找其最匹配的子属性从而给予不错的关键字排名，那么只要通过某些方法，在产品上架一段时间且拥有一定销量后，通过亚马逊 A9 搜索引擎算法的结果呈现分析出产品最匹配的子属性，然后通过广告将其大量曝光即可。（当曝光产品匹配子属性时，长期来看 ACoS 不会出现偏高的情况，因为亚马逊也不会将一个转化率低的产品给予高的关键字排名，所以如果长期 ACoS 过高，表明现在广告曝光的属性词非产品匹配属性词。**注意，短期 ACoS 偏高属于正常情况，因为不可能 100%覆盖精准关键字**）

那么我们可以进行以下数理推导：

设某一 listing 关键字组合为如下矩阵 A：

$$\begin{bmatrix} a_{11} & a_{12} & \cdots & a_{1n} \\ a_{21} & a_{22} & \cdots & a_{2n} \\ \vdots & \vdots & \ddots & \vdots \\ a_{n1} & a_{n2} & \cdots & a_{nn} \end{bmatrix} \tag{7-8}$$

其中 $a_{11} \sim a_{nn}$ 都是其关键字排列组合中的一种，即 $n \times n$ 种组合方式。

以“sexy，casual，dress”为例，其矩阵形式为如下形式（注意“dress”这种根属性词不需要在矩阵排列中）：

$$\begin{bmatrix} sexy & sexy+casual \\ sexy+casual & casual \end{bmatrix} \tag{7-9}$$

排除重复项后可以转变为如下形式：

$$\begin{bmatrix} sexy & sexy+casual \\ 0 & casual \end{bmatrix} \tag{7-10}$$

这里不会涉及二次组合如“sexy casual dress”，因为该组合可以为“sexy casual +

dress”或“sexy + casual dress”或“sexy + casual + dress”这种形式，**在亚马逊 A9 算法中，所谓的“大词+长尾词”或者“形容词+名词”等形式都是由该词组矩阵排列组合而来。**

在亚马逊搜索引擎中输入各个组合，然后选择相应类目可以获得排名集合 R。设 $r_{ij}\in R$，且 $r_{ij}=a_{ij}$，我们可以把矩阵式（7-8）做如下转变：

$$\begin{bmatrix} a_{11} & a_{12} & \cdots & a_{1n} \\ a_{21} & a_{22} & \cdots & a_{2n} \\ \vdots & \vdots & \ddots & \vdots \\ a_{n1} & a_{n2} & \dots & a_{nn} \end{bmatrix} \xrightarrow{r_{ij}=a_{ij}} \begin{bmatrix} r_{11} & r_{12} & \cdots & r_{1n} \\ r_{21} & r_{22} & \cdots & r_{2n} \\ \vdots & \vdots & \ddots & \vdots \\ r_{n1} & r_{n2} & \dots & r_{nn} \end{bmatrix} \tag{7-11}$$

删除重复项后可变为如下形式：

$$\begin{bmatrix} r_{11} & r_{12} & \cdots & r_{1n} \\ 0 & r_{22} & \cdots & r_{2n} \\ \vdots & \vdots & \ddots & \vdots \\ 0 & 0 & \dots & r_{nn} \end{bmatrix} \tag{7-12}$$

同时，当我们输入 a_{ij} 对应的“子属性词+根属性词”搭配时，可以看到亚马逊搜索引擎对应的该类目的搜索结果的多少。设该值为 n_{ij}，即搜索结果矩阵如下所示：

$$\begin{bmatrix} n_{11} & n_{12} & \cdots & n_{1n} \\ 0 & n_{22} & \cdots & n_{2n} \\ \vdots & \vdots & \ddots & \vdots \\ 0 & 0 & \dots & n_{nn} \end{bmatrix} \tag{7-13}$$

而搜索结果的多少与搜索排名的多少直接决定了我们的产品曝光率是多大，我们设该值为 p_{ij}，根据第 7 章 7.2 节中的推算，我们可以利用流量公式（如下所示）。

$$Y=\sum_{i=1}^{n}y_i=C\times\sum_{i=1}^{n}x_i=C\times\left\{P(X)_{p=k}\times\sum_{i=1}^{n}\left[\prod_{k=1}^{\frac{n_i}{48}}(1\text{-}l_k)\times f_i\right]\right\}=C\times\left\{\frac{b}{N_{p=k}}\times\sum_{i=1}^{n}\left[\prod_{k=1}^{\frac{n_i}{48}}(1\text{-}l_k)\times f_i\right]\right\}$$

其中单日流量为 $y_i(1\leqslant i\leqslant n)$，单日曝光量为 $x_i(1\leqslant i\leqslant n)$，单日关键字搜索量

为 $f_i(1\leqslant i\leqslant n)$，单日能搜索到的商品的总数量为 $n_i(1\leqslant i\leqslant n)$，我们可以将概率 p_{ij} 设为以下形式：

$$p_{ij}=\begin{cases}\left(\dfrac{n_{ij}-r_{ij}}{n_{ij}}\right), r\leqslant 48\\ \left[\left(\dfrac{n_{ij}-r_{ij}}{n_{ij}}\right)\times\prod_{k=1}^{\frac{r_{ij}}{48}}\left(1-l_k\right)\right], r>48\end{cases} \tag{7-14}$$

$\left(\text{其中}\dfrac{r_{ij}}{48}\text{向上取整而非四舍五入，例如结果为2.1时向上取整为3}\right)$

曝光概率 p_{ij} 数值的计算中涉及单页流量流失率 l_k 这一数值，该数值一般可以使用定值 0.3~0.7 不等，也可以通过网页数据抓取得出，但是这只是一参考变量，在广告优化阶段无须过于严谨。

那么 p_{ij} 数值的逻辑意义是什么呢？假设一个产品在某一 keyword 搜索结果下索到的商品的总数量 n_{ij} 为 10000，排名 r_{ij} 为 5，那么 $p_{ij}=\dfrac{10000-5}{10000}$，约为 99.95%，那么就能认为顾客看到该商品的概率为 99.95%，其成功曝光的概率为 99.95%。同时，假设一个产品在某一 keyword 搜索结果下索到的商品的总数量 n_{ij} 为 10000，排名 r_{ij} 为 100，那么 $p_{ij}=\left(\dfrac{10000-100}{10000}\right)\times(1-0.6)^3$（设流量流失率 l_k 这一数值为 0.6），约为 6.336%，那么我们就能认为顾客看到该商品的概率为 6.336%，其成功曝光的概率为 6.336%。

那么依据式（7-14）曝光概率矩阵中的每个元素都可以求出，如以下形式：

$$\begin{bmatrix}p_{11} & p_{12} & \cdots & p_{1n}\\ 0 & p_{22} & \cdots & p_{2n}\\ \vdots & \vdots & \ddots & \vdots\\ 0 & 0 & \ldots & p_{nn}\end{bmatrix} \tag{7-15}$$

之后是分析子属性匹配程度大小。以下一款产品为例，产品 listing 如图 7-43 所示。

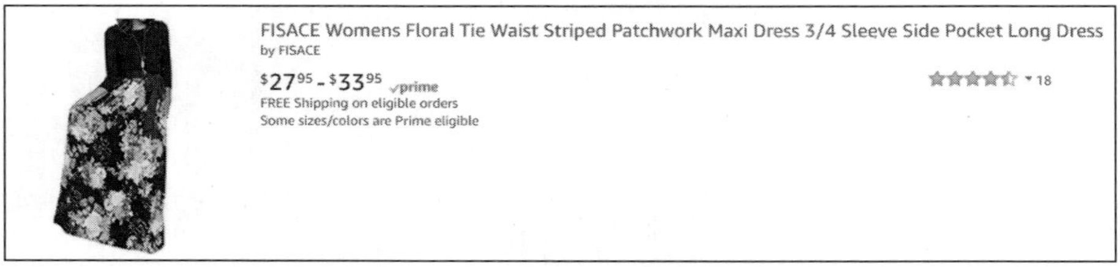

图7-43　listing示例

该产品卖点大致分为：patchwork，maxi，floral，pocket。

子属性矩阵如下所示：

$$\begin{bmatrix} a_{11} & a_{12} & \cdots & a_{1n} \\ a_{21} & a_{22} & \cdots & a_{2n} \\ \vdots & \vdots & \ddots & \vdots \\ a_{n1} & a_{n2} & \ldots & a_{nn} \end{bmatrix} = \begin{bmatrix} patchwork & patchwork + \max i & patchwork + floral & patchwork + pocket \\ patchwork + \max i & \max i & \max i + floral & \max i + pocket \\ patchwork + floral & \max i + floral & floral & floral + pocket \\ patchwork + pocket & \max i + pocket & floral + pocket & pocket \end{bmatrix}$$

删除重复项后依次在搜索引擎搜索子属性及其组合其排名矩阵（以下数据是于 2018 年 5 月抓取的，在你阅读本书时可能已经存在较大误差，所以本章数据仅作示范，在实际运营操作中，可以通过手动输入关键字，一个个记录排名数据，最后再加以计算即可，进行单次广告概率矩阵优化，需要耗费 20~40 分钟时间），搜索结果矩阵如下所示：

$$\begin{bmatrix} r_{11} & r_{12} & \cdots & r_{1n} \\ 0 & r_{22} & \cdots & r_{2n} \\ \vdots & \vdots & \ddots & \vdots \\ 0 & 0 & \ldots & r_{nn} \end{bmatrix} = \begin{bmatrix} 21 & 1 & 7 & 7 \\ 0 & 152 & 141 & 188 \\ 0 & 0 & 500+ & 98 \\ 0 & 0 & 0 & 436 \end{bmatrix}$$

$$\begin{bmatrix} n_{11} & n_{12} & \cdots & n_{1n} \\ 0 & n_{22} & \cdots & n_{2n} \\ \vdots & \vdots & \ddots & \vdots \\ 0 & 0 & \ldots & n_{nn} \end{bmatrix} = \begin{bmatrix} 6000 & 1000 & 2000 & 1000 \\ 0 & 30000 & 10000 & 6000 \\ 0 & 0 & 40000 & 6000 \\ 0 & 0 & 0 & 20000 \end{bmatrix}$$

设单页流量流失率 l_k 这一数值为 0.5（对于页面流失值较大的类目，可以设置为 0.7；对于页面流失值较小的类目，可以设置为 0.3），那么曝光概率矩阵为：

$$\begin{bmatrix} p_{11} & p_{12} & \cdots & p_{1n} \\ 0 & p_{22} & \cdots & p_{2n} \\ \vdots & \vdots & \ddots & \vdots \\ 0 & 0 & \cdots & p_{nn} \end{bmatrix} = \begin{bmatrix} 0.9965 & 1 & 0.9965 & 0.993 \\ 0 & 0.06218 & 0.06168 & 0.015135 \\ 0 & 0 & 0.001 & 0.122295 \\ 0 & 0 & 0 & 0.01 \end{bmatrix}$$

曝光矩阵分析过程如下：

$$\begin{bmatrix} 0.9965 & 1 & 0.9965 & 0.993 \\ 0 & 0.06218 & 0.06168 & 0.015135 \\ 0 & 0 & 0.001 & 0.122295 \\ 0 & 0 & 0 & 0.01 \end{bmatrix}$$

单子属性匹配 patchwork 以 99.65%的曝光率成为最强匹配单个子属性：

$$\begin{bmatrix} 0.9965 & 1 & 0.9965 & 0.993 \\ 0 & 0.06218 & 0.06168 & 0.015135 \\ 0 & 0 & 0.001 & 0.122295 \\ 0 & 0 & 0 & 0.01 \end{bmatrix}$$

子属性组合匹配 patchwork+floral 组合以 99.65%的曝光率成为首行最强匹配子属性组合：

$$\begin{bmatrix} 0.9965 & 1 & 0.9965 & 0.993 \\ 0 & 0.06218 & 0.06168 & 0.015135 \\ 0 & 0 & 0.001 & 0.122295 \\ 0 & 0 & 0 & 0.01 \end{bmatrix}$$

子属性组合匹配 maxi+floral 组合以 6.16%的曝光率成为第二行最强匹配子属性组合：

$$\begin{bmatrix} 0.9965 & 1 & 0.9965 & 0.993 \\ 0 & 0.06218 & 0.06168 & 0.015135 \\ 0 & 0 & 0.001 & 0.122295 \\ 0 & 0 & 0 & 0.01 \end{bmatrix}$$

子属性组合匹配 floral+pocket 组合以 12.23%的曝光率成为第三行最强匹配子属性组合：

$$\begin{bmatrix} 0.9965 & 1 & 0.9965 & 0.993 \\ 0 & 0.06218 & 0.06168 & 0.015135 \\ 0 & 0 & 0.001 & 0.122295 \\ 0 & 0 & 0 & \cancel{0.01} \end{bmatrix}$$

第四行无子属性组合，因此无强匹配项。

我们可以得到如下结论：

（1）根属性的最强匹配子属性为 patchwork。

（2）子属性 patchwork 的最强匹配组合为“patchwork+floral”。

（3）子属性 maxi 除 patchwork 的最强匹配组合为“maxi+floral”。

（4）子属性 floral 除 patchwork，maxi 最强匹配组合为 pocket。

（5）子属性 pocket 为最弱匹配。

根据以上结论删除弱匹配子属性及其组合可以得到如下矩阵组合：

$$\begin{bmatrix} a_{11} & a_{12} & \cdots & a_{1n} \\ a_{21} & a_{22} & \cdots & a_{2n} \\ \vdots & \vdots & \ddots & \vdots \\ a_{n1} & a_{n2} & \dots & a_{nn} \end{bmatrix} = \begin{bmatrix} patchwork & 0 & patchwork + floral & 0 \\ 0 & 0 & \max i + floral & 0 \\ 0 & 0 & 0 & floral + pocket \\ 0 & 0 & 0 & 0 \end{bmatrix}$$

$$\begin{bmatrix} r_{11} & r_{12} & \cdots & r_{1n} \\ 0 & r_{22} & \cdots & r_{2n} \\ \vdots & \vdots & \ddots & \vdots \\ 0 & 0 & \dots & r_{nn} \end{bmatrix} = \begin{bmatrix} 21 & 0 & 7 & 0 \\ 0 & 0 & 141 & 0 \\ 0 & 0 & 0 & 98 \\ 0 & 0 & 0 & 0 \end{bmatrix}$$

$$\begin{bmatrix} n_{11} & n_{12} & \cdots & n_{1n} \\ 0 & n_{22} & \cdots & n_{2n} \\ \vdots & \vdots & \ddots & \vdots \\ 0 & 0 & \dots & n_{nn} \end{bmatrix} = \begin{bmatrix} 6000 & 0 & 2000 & 0 \\ 0 & 0 & 10000 & 0 \\ 0 & 0 & 0 & 6000 \\ 0 & 0 & 0 & 0 \end{bmatrix}$$

为了方便比较，在搜索结果矩阵中选择其现留存元素的公倍数，可得公倍数为 30 000（设置公倍数的含义是假设竞争者数量相同，计算在现有竞争性的条件下产品预估排名是多少），那么搜索结果矩阵和排名矩阵可变为如下形式：

$$\begin{bmatrix} n_{11} & n_{12} & \cdots & n_{1n} \\ 0 & n_{22} & \cdots & n_{2n} \\ \vdots & \vdots & \ddots & \vdots \\ 0 & 0 & \ldots & n_{nn} \end{bmatrix} = \begin{bmatrix} 6000 & 0 & 2000 & 0 \\ 0 & 0 & 10000 & 0 \\ 0 & 0 & 0 & 6000 \\ 0 & 0 & 0 & 0 \end{bmatrix} \longrightarrow \begin{bmatrix} \frac{30000}{5} & 0 & \frac{30000}{15} & 0 \\ 0 & 0 & \frac{30000}{3} & 0 \\ 0 & 0 & 0 & \frac{30000}{5} \\ 0 & 0 & 0 & 0 \end{bmatrix}$$

$$\begin{bmatrix} r_{11} & r_{12} & \cdots & r_{1n} \\ 0 & r_{22} & \cdots & r_{2n} \\ \vdots & \vdots & \ddots & \vdots \\ 0 & 0 & \ldots & r_{nn} \end{bmatrix} = \begin{bmatrix} 21 & 0 & 7 & 0 \\ 0 & 0 & 141 & 0 \\ 0 & 0 & 0 & 98 \\ 0 & 0 & 0 & 0 \end{bmatrix} \longrightarrow \begin{bmatrix} 105 & 0 & 105 & 0 \\ 0 & 0 & 423 & 0 \\ 0 & 0 & 0 & 490 \\ 0 & 0 & 0 & 0 \end{bmatrix}$$

可以看到 patchwork 的竞争力与“patchwork+floral”的竞争力在各自的 keyword 搜索结果下基本是相同的。考虑到 patchwork 的搜索结果更多，如果要在该类目下利用手动广告推到 top 栏位花费的成本更高，因此以“patchwork+floral”为关键字组合加入到手动广告的关键字选择中性价比更高。

在其他组合中，虽然一开始“floral+pocket”有 98 名仿佛不错的关键字排名，但是当竞争条件变为一样时，“maxi+floral”的组合表现更为优秀，但是考虑到其排名仍然非常低，不建议用手动广告推到搜索栏首栏，因此不需要点击多支付 50% 单次点击费的选项。

第8章

如何进行品牌化运营

- 怎样建立自己忠实的顾客群体？怎样打造一个良好的品牌？怎样构思一个品牌方案？

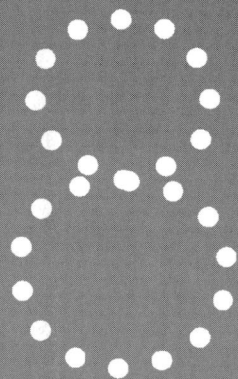

8.1 品牌化运营思路

8.1.1 什么是“品牌化”

在了解“品牌化”之前，首先想想如果“品牌化”成功我们想获得怎样的收益：

（1）不再需要测款环节，而是可以依赖稳定的顾客群体提升销量，大幅度缩减新品成长周期，产品退款率下降，用户 review 好评率提升。

（2）店铺产品不再是“多而杂”，而是“少而精”，大幅度提升产品的生命周期，提升运营效率，拥有自己的自媒体宣传站乃至后期的独立站，拥有自己稳定的顾客群体与市场定位。

从这些收益的实践过程中，我们可以将“品牌化”分为 3 个比较明显的阶段：

（1）品牌化初期的产品营销阶段。在该阶段，产品与销量仍是最为核心的指标，在该阶段品牌只是一种附属物，它不能没有但是绝对算不上运营的中心。该阶段，品牌运营者需要设计品牌 LOGO、产品/品牌宣传册、产品吊牌、品牌宣传标语/理念，同时打造且主推几个具有不错市场潜力且能够把控质量的产品，建立自己的第一批品牌用户。

（2）品牌化中期的品牌营销阶段。该阶段店铺已经拥有了一定的用户，所以营销的重点从产品转变为品牌本身。在该阶段，品牌运营者需要精确定位自己的用户群体，包括人群构成、用户地理分布、用户喜好、消费能力等，同时根据这些数据开始稳固自己的市场份额与定位，将产品质量与用户服务进行严格把控，使整体店铺销量稳定提升。

（3）品牌化后期的品牌推广阶段。此时店铺已经积累了一定数量的忠实顾客，拥有稳定的在售爆款，亚马逊站内业绩上升空间有限。此时的品牌化重心应该向亚马逊站外发展，拓宽推广及销售渠道，建立 Facebook Shops、Instagram Shops 和独立站，通过 KOL 站外推广、相关垂直类论坛合作、投放媒体广告等方式拓宽品牌知名度，并逐步尝试 B2B 的海外代理模式。对于美国市场而言，电子商务只占到其国内总消费的10%，如果品牌成功建立，线下市场依然大有可为。

8.1.2 初期“品牌化”营销策略

既然要做“品牌化”，一个好的品牌名至关重要。这里给大家介绍一个小窍门：尽量使用A开头的词汇作为自己的品牌名。虽然以A为首字母进行命名的品牌在短期内不会产生很大的影响，但是如果品牌发展到中后期，根据英文字母的排列，A开头的品牌可以在搜索引擎搜索结果显示中占据优势①。

在品牌化初期，传统运营技能（比如关键字优化、listing优化、广告优化等）对于品牌的初期建立几乎没有任何帮助，这时候的目标有两个：

（1）用单量带流量。

（2）减少退货率/差评率，提升留评率/好评率。

亚马逊系统禁止卖家给买家通过邮件、电话或者其他形式对产品进行推销与宣传，而普通运营所管理的店铺也基本没有Facebook、LINE或者YouTube等自媒体的资源。所以，在前期品牌“开荒”的过程中，我们要做的是学着当年的淘宝卖家，在商品包装中添置属于自己店铺的标牌，放置产品说明以及印有新品介绍与优惠码的产品宣传册。

若单纯从成本上计算，所有的一切品牌附属物（包括标牌、宣传册、说明书）总计成本应该是1元人民币左右，相当于0.15美元，如果一个店铺一天是400单的销量，那么你的品牌曝光就是一天400次，这还不包含由宣传册带来的新品曝光与新品单量。

从运营经历上看，亚马逊广告的ACoS指标如果能优化到10%左右已经属于

① 高文喆的《谁是互联网下一任帮主：亚马逊CEO贝索斯传》中有这一段话：“有一天贝索斯对公司的所有员工说，自己想用世界上最长的河流亚马逊——Amazon来命名自己的公司，用意是希望自己的公司在将来的发展当中不但规模还是内容都可以是最好的。此外，更重要的一点是这个名字是以A开头的，这使得亚马逊在各大搜索引擎中都可以位列首位，也预示着亚马逊的前景。”

比较优秀的广告推广了。那么我们不妨假设一些数值计算一下，品牌宣传册在多少单量转化率时可以获得超过广告的效果：

- 设定品牌宣传册为 0.15 美元；
- 印刷 5000 册；
- 转化率 x%；
- 推荐商品价格设为 25 美元；
- 品牌册全部发放完的时间为 t 天；
- 品牌册每天带来的销量是 y 美元。

$$(25\times x\times 5000-5000\times 0.15)/t=y$$

我们假设一天是 350 个订单，那么 t 的值为 14 天，我们可以把上面的式子与广告进行对比，设定 ACoS 的值为 10%，代入到下面这个公式中：

$$(25\times x\times 5000-5000\times 0.15)\div t\geqslant[5000\times 0.15\times(1\div ACoS)]\div t$$

我们可以得出一个结论：当宣传册转化率（ x ）为 6.6%及以上时，总计 5000 本宣传册的发放可以带来至少 330 笔订单，即每天带来大约 24 个订单时，该营销手段所获得的效果就高于广告效果。

由此可得，当 ACoS 的值为 15%是，x 至少为 4.6%；当 ACoS 的值为 20%时，x 至少为 3.6%。

当然以上推论是建立在品牌附属物是 1 元人民币的前提下，如果大规模使用“品牌册+标牌+包装”组合，其成本可以控制到 0.4 元～0.7 元人民币，相对于亚马逊站内广告更便宜。

从这些数据可以得知，营销品牌册带来的销量转化率要求要远远低于广告 ACoS 要求，而这些公式只是计算了基本的产品营销所带来的效果，在带来订单的同时你的品牌与产品也会因为顾客阅览品牌宣传册留下一定的印象。

当然，不是每个店铺每个运营都需要进行品牌化营销的，在进行这类实体营销前，先确认自己的店铺是否具有以下资质：

- 店铺日销售额 3000 美元以上（日单量 150 单以上）；
- 店铺主要销售某一大类目产品；

- 可以进行“A+页面”广告宣传；
- 拥有几个下个季度或者商业周期的潜力款式。

当确认好以上资质后，完成如下操作：

- 设计品牌册 LOGO；
- 设计品牌宣传语；
- 挑选几款已经热卖且质量不错的产品作为媒介；
- 申请想要进行营销的潜力款的优惠码（选择无限制优惠码）；
- 完成品牌册界面设计及内容排版；
- 完成商品吊牌设计；
- 印刷吊牌+宣传册；
- 对潜力款进行 FBA 备货及 A+宣传页面制作（要在品牌册发放前完成）；
- 将印刷好的宣传册和吊牌放入媒介跨的商品包装内，确保不会遗失，然后统一发放；
- 记录潜力款销量变化、数据以及优惠码使用情况，尽早计算出宣传册销量转化率(x)。

营销过程中相关注意事项：

（1）不可盲目确定媒介产品与潜力产品之间的关联，如果是每天 300 单，营业额 5000 美元以上的中型店铺可以不用考虑过多产品之前的关联性，但是小店铺搞品牌化必须慎重考虑产品的关联营销要如何进行。比如你的媒介产品是毛衣，推荐的潜力款是 T 恤，这两者之间的关联性太小可能会导致转化率极低。

（2）不可随意设计店铺或者品牌 LOGO，品牌化一旦确立很多东西只能细微修改不能大幅度变动，比如设计的产品 LOGO、品牌标语等，所以既然要做品牌营销一定要确保自己的品牌内容没有差池。

（3）优惠码设置的价格一定要特殊，这样便于记录有多少顾客是通过宣传册来购买的，有利于后期宣传册转化率的计算。

8.2 三大运营模式及其应用

8.2.1 内容运营

内容运营是指基于产品的内容进行内容策划、内容创意、内容编辑、内容发布、内容优化、内容营销等一系列与内容相关的工作，多应用于互联网行业。

亚马逊上的内容运营是把 listing 上所以涉及的信息进行优化，在前述文中已经涵盖了图文、视频、五点描述、价格、图片等的优化技巧，本节以案例的形式来讲述一下新的个性化 listing 内容运营优化技巧。

以亚马逊一个 T 恤大卖为例来讲解内容运营的一些要点，其品牌名称为“Ann Arbor”，其店铺品牌截图如图 8-1 所示。

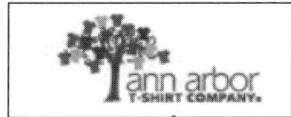

图8-1　品牌店铺示例

1. 数据可视化

数据可视化一直是内容优化的一个核心问题。以服装类目为例，在服装类目线销售上，尺码表是必须要包含的商品数据之一。这个品牌卖家选择利用真人身高的直观差异搭配简单易懂的尺码信息，一下子提升了其品牌尺码表的可读性，如图 8-2 所示。

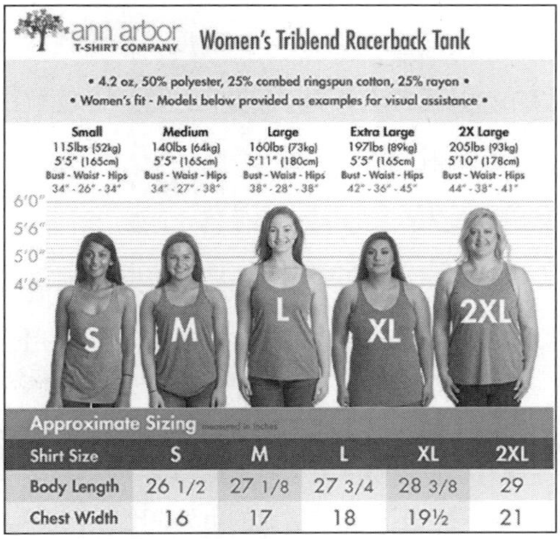

图8-2　品牌尺码表示例

对于标准化产品，例如计算机、手机、配件等，其包含的数据信息更多也更复杂（电池寿命、价格、尺寸等），如果能把这些信息向数据可视化的方向去优化，能提升不小的 listing 转化率，尤其是对于男性顾客数据可视化的效果会更加明显[②]，如图 8-3（a）所示。

图8-3 数据可视化示例（a）

以 Anker 的一款充电宝为例，上图使用气泡清晰标识了该产品可以为主流电子产品充电的次数，其产品陈列角度统一为 45 度，全店铺各 listing 的图片字体及设计风格在保持一致的前提下各有不同。这样的图片不仅解决了顾客关于产品的疑问，也降低了浏览的认知困难。

2. listing 视频品牌化宣传

以往在 listing 视频中我们常常看到的是大牌请模特拍摄的白底背景产品 360°实拍视频，但是这位卖家在 listing 视频却选择上传了一段自己的品牌宣传视频，

② 帕科・昂德希尔的《顾客为什么购买》中有一段话："男人喜欢通过阅读来获取信息，商店可以制作一张图表来说明不同玻璃器皿的出处，比如球形大玻璃杯、高脚酒杯、细长酒杯、冰杯、啤酒杯等。"

其中包含产品制作过程、品牌理念和产品介绍等。（产品 listing 信息如图 8-3（b）所示）

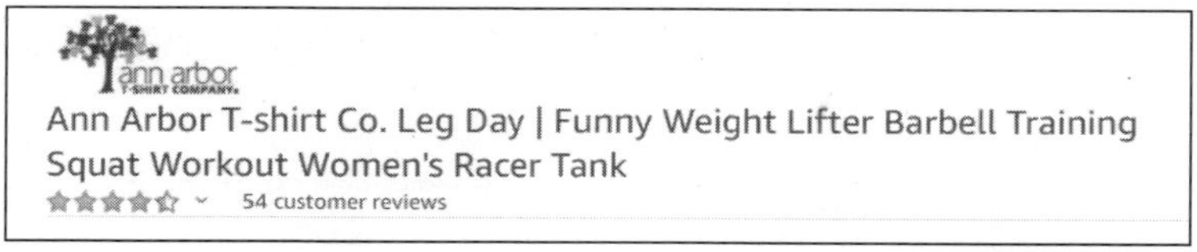

图8-3　产品listing示例（b）

不难看出，该 listing 视频重点是在宣传自己的产品理念和品牌定位。该卖家主要是贩卖背心、帽子等低价格服装类产品，而这类服装产品的重复购买率非常之高，所以宣传自身品牌或者店铺要比单传拍摄视频宣传产品要有效得多。

同时，简单浏览下该卖家的产品 listing，可以看到几乎每个 listing 下他都上传了这个视频，那么这种“一招鲜”的内容优化方法实际上是很省时省力的，如图 8-4 所示。

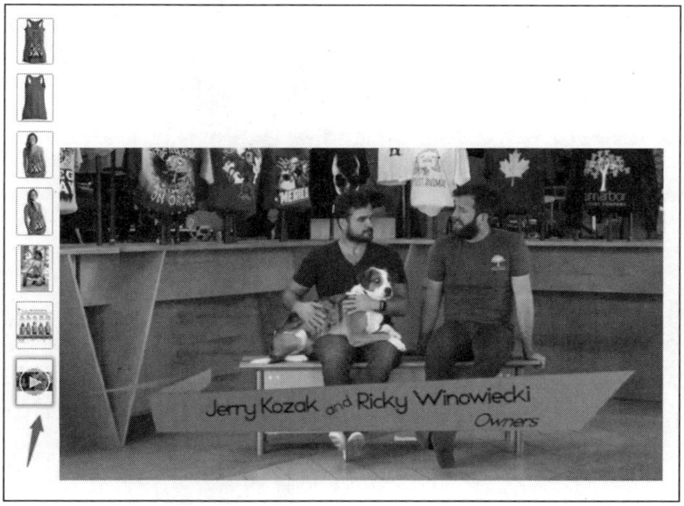

图8-4　品牌listing视频示例

3. 模板化“A+图文”广告

“A+图文”广告一直是亚马逊 listing 内容优化的重点之一。每当上架一个新产品，一般都需要根据该产品做单独的“A+图文”广告，这对于高效率的运营模式而言是不利的。所以，这个品牌卖家用了一个比较“取巧”的办法，做了一份以品牌和产品生产为主要介绍内容的图文宣传模板，这种模板在其店铺下几乎每个产品都适用，也就省下了更多时间运营处理数据和其他业务上的工作，如图 8-5 所示。

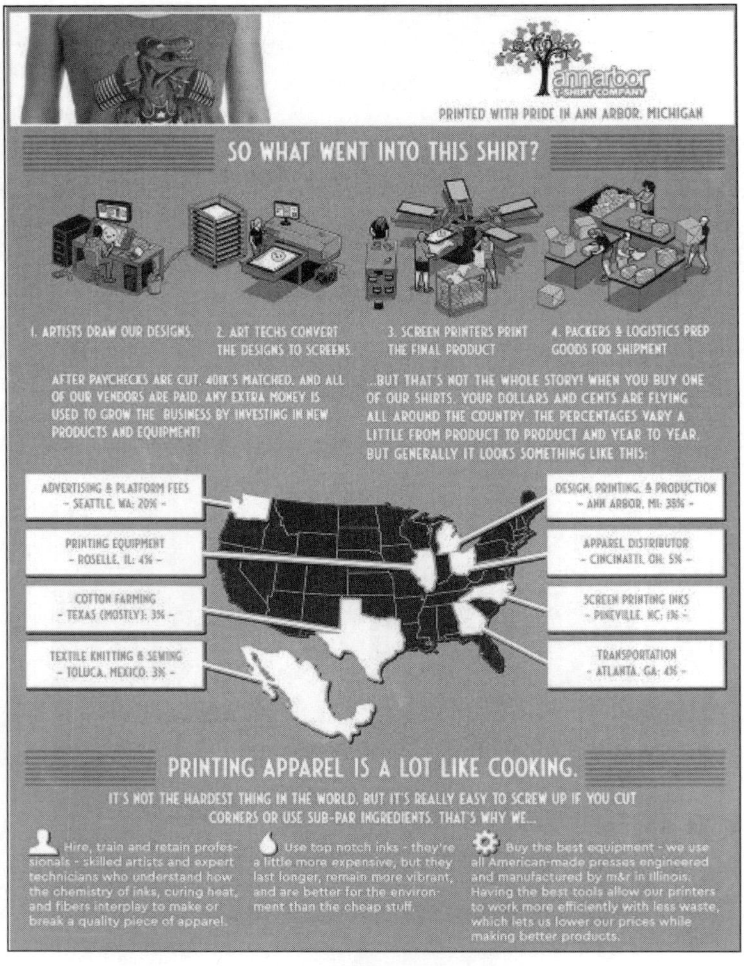

图8-5　模板化A+广告示例

除以上功能外，亚马逊还为品牌店铺开通了上传和管理视频的权限，可以为每个 SKU 单独上传视频，以进行产品宣传和品牌建立。如图 8-6 所示。在 listing 视频上传之后亚马逊还会定期向卖家邮箱里发送这些视频的具体播放时间和播放次数。根据这些反馈信息和订单的前后变动，就可以将视频也作为一个要点进行优化。

图 8-6 上传和管理视频功能

正如在第 6 章 6.8 节中提到的那样，视频化绝对是整个电商产品界面发展方向的重点，因此内容运营一定需要掌握视频编辑的相关技能。

8.2.2 用户运营

用户运营是指以用户为中心，遵循用户的需求设置运营活动与规则，制定运营战略与运营目标，严格控制实施过程与结果，以达到预期所设置的运营目标与任务。

用户运营一般在互联网产品运营和新媒体运营上使用较多，在亚马逊平台上以用户运营的角度来对运营工作进行创新十分困难，其原因有如下几点：

1. 亚马逊平台禁止卖家通过邮件、账号等渠道和手段与买家产生过多联系。
2. 亚马逊平台不会泄漏买家的个人社交账户信息。
3. 亚马逊平台产品的曝光直接取决于广告与销量，卖家很难掌控产品曝光与流量。

总而言之，亚马逊平台禁止卖家主动去联系买家；但是换种思维，如果让买家来主动联系卖家呢?

在亚马逊平台上，卖家与买家的交流只有邮件这一种方式。当然，大卖们和运营专家们会开设自己的Facebook或者YouTube自媒体平台与买家进行互动与交流，这些运营手段我们暂时不考虑，因为这些运营方式需要长时间的用户积累和内容展示，效果体现周期长。

如何让买家主动来联系卖家呢，可分为以下三个步骤。

第一步：强调交流时间段

以美国站为例，我们与美国买家时差较长，亚马逊规定卖家们需要在24小时内回复买家的邮件，但是24小时这个时效本身太长，很多买家也默认卖家不可能立即回复，所以打消了发邮件询问一些商品细节的念头。**因此，我们要确定一个时间段，告诉买家在该时间段内我们可以5min甚至3min内回复**。（在最初Ebay与阿里巴巴的竞争中，后者推出的阿里旺旺就彻底解决了买家与卖家之间的实时沟通问题，从而在中国市场的竞争中获胜，虽然在亚马逊网站上购买的买家大都习惯了邮件沟通，但是是否能实时回复沟通仍是考验卖家能否拥有优质服务的指标之一）

如何确定实时交流时间段呢？首先打开账户，如图8-7所示。

在账户状态中可以看到“买家与卖家联系指标”这一选项，如图8-8所示。

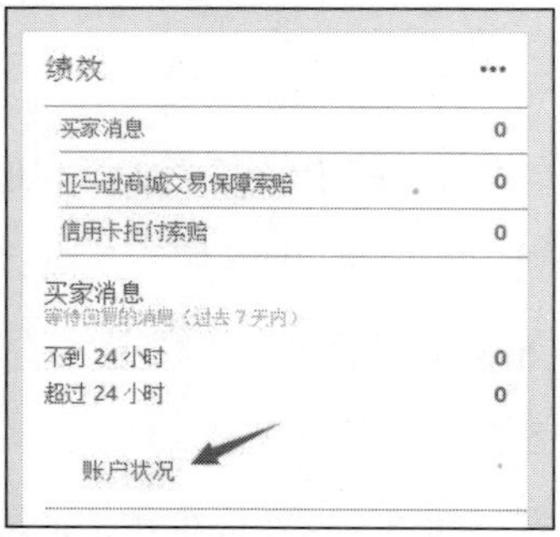

图8-7　账户状况功能

图8-8　买家与卖家联系指标功能

在该指标中可以看到亚马逊平台自动帮我们统计了邮件的平均回复时间，如图8-9所示。

	7 天 (2018-3-16 至 2018-3-22)	30 天 (2018-2-21 至 2018-3-22)
24 小时之内回复次数 [?]	99% (153)	100% (845)
延迟回复 [?]	1% (2)	0% (3)
超过 24 小时没有回复 [?]	0	0
24 小时之外回复次数 [?]	2	3
平均回复时间 [?]	6 小时 51 分钟	6 小时 2 分钟
您在过去 7 天有 0 条消息没有回复。		

图8-9　邮件回复指标

可以看到我们回复邮件需要 6~7 个小时。假设运营者习惯于每日北京时间 10:00 左右回复顾客邮件，那么可以推断美国顾客邮件的高峰期应该是北京时间凌晨 3:00~4:00，不妨在 5 点描述或者在图片列表中加入一些信息，例如当您于美国时间 XX:XX ~ XX:XX 用邮件联系我们时，我们保证 3min 内给予您回复。

当然这只是理想情况，如果是自己创业做亚马逊平台还有可能改变生物钟于凌晨回复邮件，但是如果是公司上班的运营职员就有点强人所难了。不过这也没关系，我们可以寻找第二个邮件高峰期：美国夜间即中国上午 7:30~12:00，这段时间可以作为实时回复的时间段，让亚马逊的邮件服务可以成为像阿里旺旺一样的实时回复工具。

第二步：找到交流对象

传统的亚马逊运营与用户之间的交流都是被动式的“守株待兔”，每天等着邮件咨询，然后悠哉地在 24 小时内回复即可。在第 5 章 5.4 节中提到了“价格歧视”这一运营手段，那么我们以“价格歧视”为理论基础，论述其在用户运营上的作用。**（注意，亚马逊平台规定在 5 点描述中是不可以明目张胆地添加优惠信息的，但是“价格歧视”属于“擦边球”，可以在 listing 上升期间进行使用，待产品 listing 成长到一定阶段后，可以将 5 点描述改回正常的内容）**

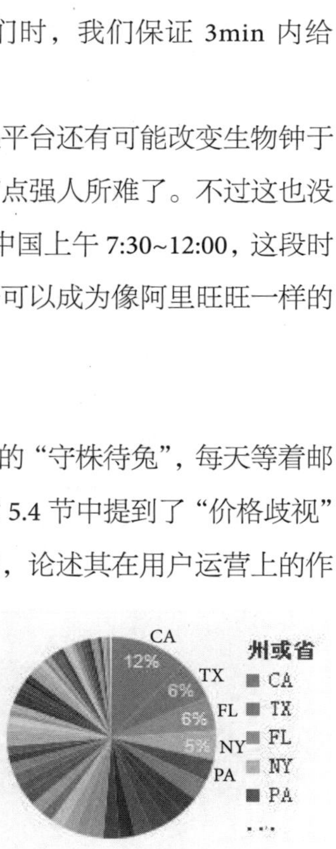

图8-10　顾客地区分布饼状图

图 8-10 是第 6 章 6.2 节中的案例图片，其价格

歧视策略就是在 5 点描述中添加“If you live in California/ Texas/ Florida/ New York/ Pennsylvania/ Illinois, you can get a XX% discount. Please provide us with the order number through e-mail.”（如果你住在 XXXX 这些州，我们可以给你 XX%的优惠，请通过 E-mail 联系我们，如图 8-11 所示。）

✿ If you live in California/ Texas/ Florida/ New York/ Pennsylvania/ Illinois, you can get a 10% discount. Please provide us with the order number through e-mail.
✿ Specially designed to hug your body and make you comfortable.
✿ Please look at the Left Size Image before purchasing. This item is made from non-flexible material, simply choose a single size larger than you normally would if you have a curvy body type, especially in the hip or thigh area. If not, simply select your exact size.

图8-11　价格歧视技巧

“价格歧视”本身就是找到顾客占比最大的那个群体，然后给予他们一定的优惠，这就类似于中国电商界的“江浙沪包邮”一样，对某些大群体顾客给予特定的优惠从而促成订单。但是，如果只是简单通过分析订单数据做“价格歧视”是远远不够的，我们还需要考虑一个问题：**美国人都是同一时间段进行网购的？**

在思考这个问题的答案前，首先来看美国的地图，排除阿拉斯加州的美国地图如图 8-12 所示。

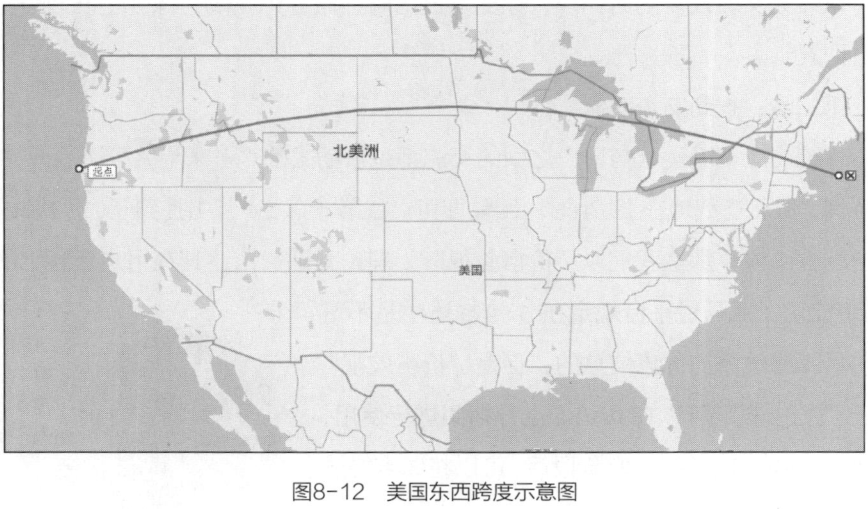

图8-12　美国东西跨度示意图

其东西跨度近 4500 千米，横跨了好几个时区，**所以在不同时区内的顾客消费时间是完全不同的！**

美国国土东西跨度大，又不像中国那样将全国统一在一个时区，而是把美国本土分成 4 个时区，分别是太平洋时区、山地时区(中西部时区)、中部时区与东部时区。再加夏威夷及阿拉斯加共有 6 个时区。

太平洋时区：代表城市洛杉矶，与北京相差 16 小时；

山地时区：代表城市盐湖城，与北京相差 15 小时；

中部时区：代表城市芝加哥，与北京相差 14 小时；

东部时区：代表城市纽约、华盛顿，与北京相差 13 小时；

夏威夷时区：代表城市火奴鲁鲁，与北京相差 18 小时；

阿拉斯加时区：代表城市费尔班克斯，与北京相差 17 小时。

因此，通过以上论证我们可以发现美国不同地区不同时区的顾客虽然拥有相似的购物习惯，但是却拥有完全不同的高峰购物时间段。因此，简单通过地区对比进行“价格歧视”是不完善的，我们不妨可以利用美国不同时区顾客的购物时间以用户运营的角度促成与顾客的交流。

操作的方式很简单，只需根据时区划分不同地区，然后在该地区的购物高峰时段将 5 点描述/图文等 listing 信息改成针对该地区的营销信息。例如，当加利福尼亚州时间到达购物高峰期时，我们就将营销对象针对和加利福尼亚州在同一时区的顾客，告诉他们与我们邮件联系可以获得 20%~50%的优惠券等，其他州以此类推。

第三步：明确交流目的

在前两步中我们已经找到了与客户交流的时间和需要我们去关注的不同客户群体，但这只是开始，用户运营的最终目的仍然是提升订单或者增加利润。所以，我们可以将用户运营成效的指标列举为以下几点（当然，用户运营的测定指标有很多，我只是列举了常见的几类）：

（1）售前邮件咨询率

在传统的亚马逊平台邮件往来中，绝大部分是售后邮件，比如咨询产品的物流进度、处理退货/退款等。而售前邮件就是要提高顾客对于某个产品的咨询率，图 8-13 所示就是“价格歧视”带来的售前邮件。

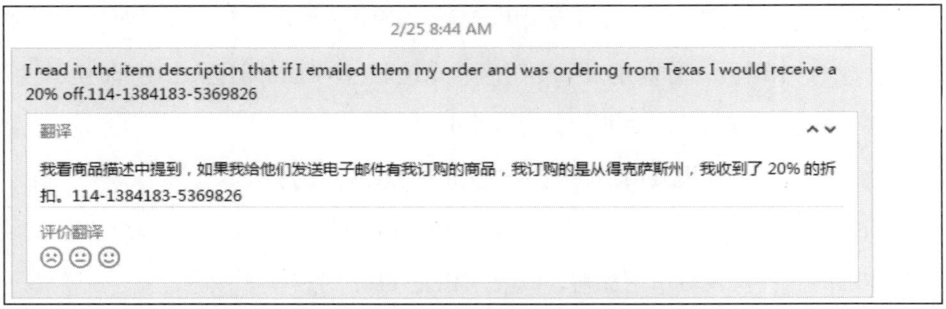

图8-13 “价格歧视”技巧对应的用户邮件

为什么要增加售前邮件咨询率呢？这是因为如果单纯依赖视频或者 listing 信息而不是人工交流，那么很多用户的个性化需求无法满足。比如用户在查阅 listing 的时候发现下方推荐产品中有的产品比你便宜 1~3 美元，但是 review 评分没有你高，这时如果你的 listing 界面有符合其他地区或者身份的“价格歧视”策略，或者告诉他我们能够在 3min 内回复他满意的处理方案，那么就大大增加订单成交的概率。

或者换种思路，回忆一下我们在淘宝或者天猫上的购物经历，当我们通过阿里旺旺等工具咨询卖家的时候，是不是我们具有强烈购买意愿的时候呢，毕竟“无事不登三宝殿”。（图 8-14 就是告诉顾客我们可以做到 3min 内实时回复后顾客发来的产品咨询邮件，只要解决他们的需求就可以促成订单）

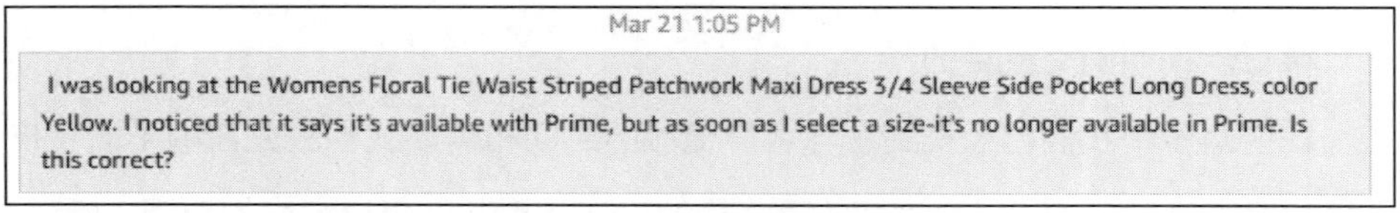
Mar 21 1:05 PM
I was looking at the Womens Floral Tie Waist Striped Patchwork Maxi Dress 3/4 Sleeve Side Pocket Long Dress, color Yellow. I noticed that it says it's available with Prime, but as soon as I select a size-it's no longer available in Prime. Is this correct?

图8-14 即时回复邮件效果示例

邮件的含义为“我浏览了女士花领带腰带拼花3/4袖口连衣裙，颜色是黄色。我注意到listing界面上说它有prime的服务（即FBA），但是一旦我选择了一个具体尺寸，它就显示该产品没有prime服务。请问这信息正确吗？”

（2）顾客二次购买率

亚马逊平台是世界上最大的 B2C 平台，B2C 最大的特点是在品牌化成功前极低的顾客二次购买率，顾客与亚马逊的关系就好像我们与超市之间的关系，所有店铺的产品都罗列在货架上，排名越好的产品罗列在越前端，但是顾客只会记得当需要购物时找亚马逊平台，而不会记得上次是在哪个“货架”上的那个店铺进行购物的。

因此，在未达到品牌化前提升顾客二次购买率一定是产品服务（售后），即用户运营成效的完美体现，顾客来二次购买并非认可我们的品牌而是认可我们的服务。我们可以从以下几点改善在用户运营过程中的服务质量。

① 实时回复；

② 实时跟踪物流信息；

③ 即时通知产品到达信息；

④ 在产品达到一段时间后询问产品使用体验及评价；

⑤ 感谢用户使用并且鼓励其评价我们的产品；

⑥ 间接推送新品，促成二次购买；

⑦ 形成良性用户运营循环。

（3）退货率

注意本文主要强调的是退货率而非退款率。一般而言产品本身在毛利支撑的情况下可以给顾客部分退款使其打消退货的念头，因此我们可以通过邮件与顾客沟通部分退款的相关事宜来减少退货情况的发生。

但是对于 FBA 订单而言，亚马逊支持顾客 30 天之内无条件退换，买家可以跳过与卖家沟通的流程直接完成退货流程，因此 FBA 的退货率要比自发货的退货率高。在这种情况下，可以通过主动提供售后服务，比如致歉信，产品体验调查，商品优惠码等，重新唤回顾客进行再次购买。在这种情况下，不仅提升了店铺内部的二次购买率，还有可能获取到买家主动撰写的 review 以及店铺 feedback。

（4）自媒体流量增长率（长期效应，品牌化策略）

在亚马逊平台的邮件来往中，亚马逊会自动识别并屏蔽私人邮箱账号或者大部分社交账号，因此一定需要确保与顾客通过长期交流建立信任的前提下，将自身品牌的社交账号或者名称（Facebook、YouTube 等）以截图或者其他形式发送给顾客，或者让顾客将他的私人邮箱以图片形式发送给我们，这样才能将流量引入到我们的自媒体平台上，完成长期的品牌化推广。

8.2.3 活动运营

活动运营（Operating activities）是指活动公司针对不同活动、不同性质的活动进行运营，包含活动策划、活动实施以及嫁接相关产业打造产业链。

图 8-15 所示是一位亚马逊卖家整理的活动时间表，包含了美国从 2 月 10 日到 2 月 14 日的节日和顾客偏好的商品。而若想在亚马逊上成为一名优秀的活动运营者，就需要对各个节日与购物季做充足的准备，从而实现业绩的突破。

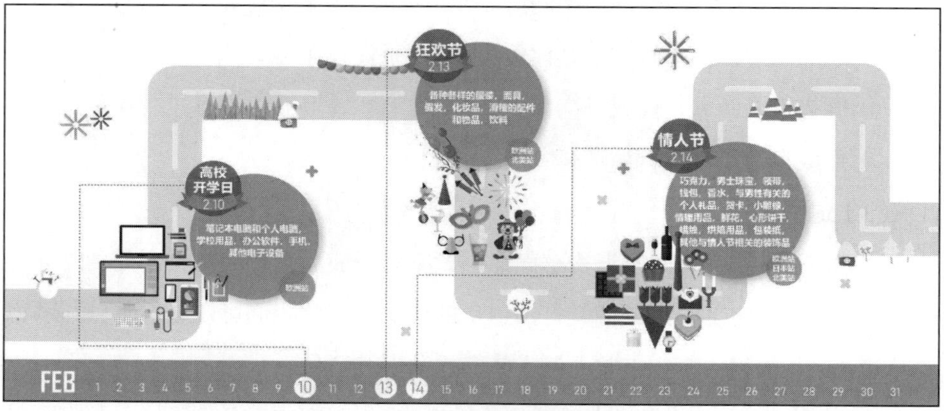

图8-15　亚马逊活动示意图

如表 8-1 所示，美国一年的节日繁多，各个节日对应的购物习惯和庆祝形式也完全不同，所以在进行活动筹划时，要做到有的放矢。

这里以亚马逊流量最大的节日之一“网络星期一”[③]为例，论述如何从活动运

③ “网络星期一”是指“黑色星期五”之后的第一个星期一，是美国一年当中最火爆的购

营的角度来优化 listing，提升产品销量。

一般而言，亚马逊针对“网络星期一”“黑色星期五”这样的大型购物节日都会对卖家进行促销引导，包括优惠券、折扣、免邮递费等，而这些优惠措施根据销售产品和类目的不同，促销力度也完全不一样，因此需要具体问题具体分析。本文主要讲述任何类目都会涉及的活动运营技巧。

表8-1 美国一年的节假日

日期	节假日名称	节假日类型
1月1日	新年 New Year’ s Day	全国假日
1月15日	马丁·路德·金纪念日 Martin Luther King Day	全国假日（部分省份也在这一天放假，但是假日的名称有差异）
2月19日	总统日 President’ s Day	全国假日（印第安纳州在12月庆祝总统生日）
5月28日	纪念日 Memorial Day（Decoration Day）	全国假日
7月4日	独立日 Independence Day	全国假日
9月3日	劳动节 Labor Day	全国假日
10月8日	哥伦布日 Columbus Day	大多数地区是假日
10月31日	万圣节 Halloween	不是假期，不休息
11月11日	老兵节 Veteran Day	全国假期
11月22日	感恩节 Thanks Giving	全国假期
12月25日	圣诞节 Christmas	全国假期

当遇到“网络星期一”这样的大型网络购物节日时，我们一定要实时 listing

物日之一。在这天，许多商家会在网上商店里提供相当大的折扣幅度吸引顾客。

页面优化。所谓实时优化，就是在活动当日，listing 页面包含变体信息、5 点描述、价格等信息都是需要实时根据情况灵活操作。

1. 变体信息

在“网络星期一”当天，因为亚马逊平台拥有大量流量，因此很可能出现订单量暴增的情况，但是这时候一定需要实时留意变体信息的改变，因此需要额外注意两点：

（1）变体数量不可过多。如何来判断变体数量过多呢？可以用自己的 listing 变体数量与热卖 listing 的数量做一个对比，例如统计 top100listing 的变体数量的平均值，同时参考 top50、top30 的变体数量平均值，以判断是否自己的 listing 变体数量过多。

一般而言变体数量过多会导致以下严重问题：

① 变体数量的增加使得需要加载的图片增多，网络负荷增大，在“网络星期一”这样的大流量环境下，页面加载速度可能变得非常慢，顾客会因为长时间的加载而选择退出界面。

② 变体数量过多会使销售产品的属性有一定程度的重叠，会影响顾客的选择和判断[④]。

（2）变体库存如果过少，根据整体 listing 情况可以考虑对其做暂时禁止显示的操作。因为在“网络星期一”这样的节日，如果是非热销款且库存不多，完全可以考虑暂时禁止显示改变体，以获得更小的页面加载负荷和更快的页面显示速度，从而让有库存的热卖款销量提升。

2. 五点描述

一般而言，listing 的五点描述如图 8-16 所示。

---

④ 铃木敏文的《一位经营鬼才的自白》中有一段话：“在面对过多选择时，人们很容易陷入‘选择困难症’。这时候，绝大多数人会倾向于逃离‘困境’，逃避选择。”

- ✿ Superior in material and excellent in workmanship. Specially designed to hug your body and make you comfortable.
- ✿ Occasion: Causal,Party, Street,Beach, Taking Photo, Home, Party, Shopping, Club, Vacation, Holiday.
- ✿ Features：zipper and button closure, drawstring waist, two side pockets, and one chest pocket.
- ✿ Please look at the Left Size Image before purchasing. This item is made from non-flexible material, simply choose a single size larger than you normally would if you have a curvy body type, especially in the hip or thigh area. If not, simply select your exact size.
- ✿ Please kindly check the picture for the size detail or the product description before you buy it.

图8-16　五点描述示意图

5 点描述在平日主要是介绍产品功能、材质、卖点以及一些注意事项等，但是在“网络星期一”这样的特殊节日，可以适当修改页面的 5 点描述信息。例如产品本身是为该次节日特别设计、产品只针对网络平台销售，等等。需要注意的是，虽然亚马逊平台规定在 5 点描述不可以出现价格优惠、促销信息等，但是“擦边球”的促销信息还是可以通过审查正常销售的。

3. 价格优化

价格的优化是最简单但同时也是最难的，我们在“网络星期一”上不能仅仅只是冲击销量，更要冲击利润。因为亚马逊平台重视产品而非店铺的规则，不能像淘宝一样单纯把产品销量刷上去店铺整体流量就会质变，在亚马逊平台即使产品销量再大，店铺搜索权重也不会增加很多，所以在价格优化方面，要在销量和利润中选一个平衡点，单纯薄利多销走淘宝那种精品化店铺的路线是很难实现的。

8.3　前期品牌化运营策略

8.3.1　Facebook 上产品/品牌推广

在品牌化前期，注重的是用简单可靠的营销手段去推广产品，同时积累客户资源。由于亚马逊平台对顾客信息严格保密的机制，想单纯依赖平台资源做产品推广（例如邮件营销）是很难实现的，所以本节简单介绍一种依赖Facebook社交媒体去做产品推广的方法。

假设我们想要推广的类目为“bodystocking”，在Facebook上可以找到很多关于“Bodystocking”的品牌号和帖子，如图8-17所示（这里只是以“Bodystocking”为keyword搜索的结果，也可以搜索其他相关内容与keyword寻找）。

在各个相关帖子下可以找到对其感兴趣的用户，如图8-18所示。

图8-17　Facebook中营销示例

图8-18　Facebook中找到对自己产品感兴趣的用户

在用户界面中，上方有一个“发消息”的选项，如图 8-19 所示。

图8-19　Facebook中用户主页示例

然后将产品的推广信息（例如优惠信息、新品上架信息等）输入到消息栏中，就可以将推广信息发送出去，如图 8-20 所示。

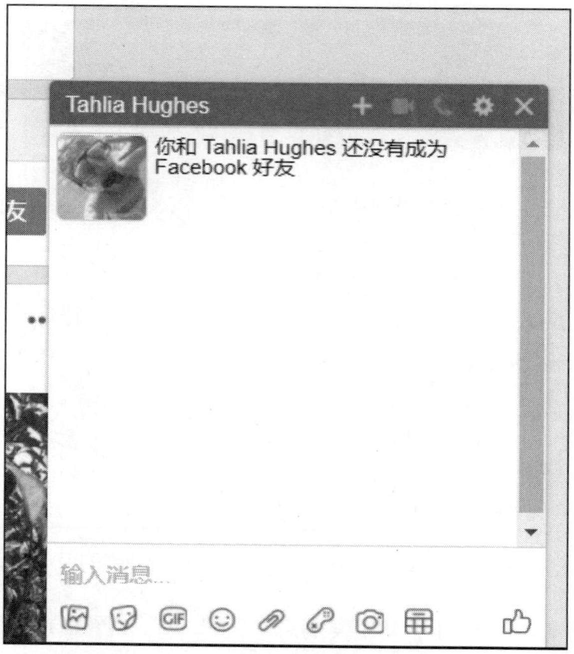

图8-20　Facebook中与顾客进行私聊将自己的产品进行推广

这种方法属于在海外社交媒体广而撒网的产品推广技巧，但如果文本内容不够吸引人，反而会引起用户的反感，所以需要确认用户是否真的有相关产品的需求，文本内容也需要非常精简。

8.3.2　产品包装改进

亚马逊跨境电商运营不同于国内的电商运营，除了对产品质量有苛刻的要求外，产品包装设计的优秀与否也决定了 listing 本身成功的概率。无论是 FBA 还是 FBM，产品本身都需要跨越万里航程送到客户手中，所以作为产品的保护罩——包装，这时就显得格外重要。

以服装行业的鞋子类目为例，现在仍然有很多亚马逊跨境电商卖家选择廉价的塑料包装作为载体，直接将鞋子放入塑料包装后运往国外，这是绝对不可取的，其造成的消极影响如图 8-21 所示。

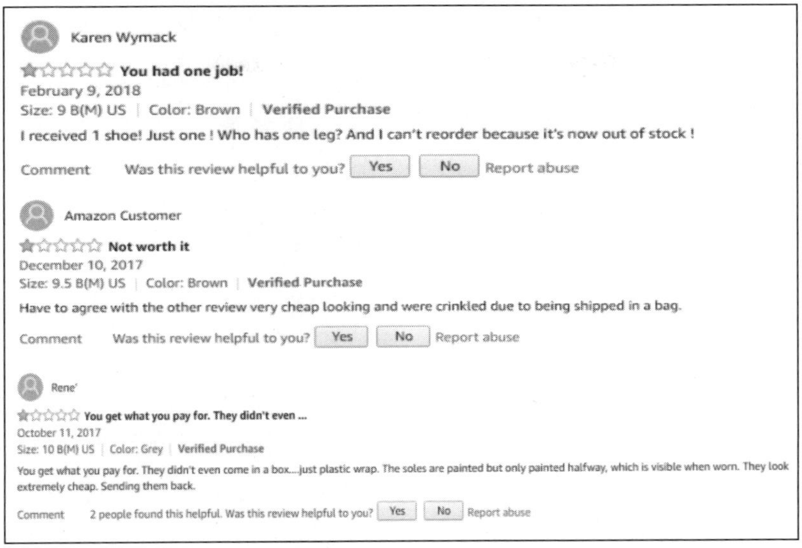

图8-21 鞋子因包装问题而产生的差评review示例

在产品包装上，鞋子类目大卖“J.Adams”做的产品包装就非常优秀，以其品牌店铺的一个 listing 为例，产品截图如图 8-22 所示。

图8-22 品牌店铺listing示例

在其 listing 的产品图片列表中，清晰展示了产品图片及包装图片。直接将产品包装（鞋盒）与产品一同拍摄宣传不仅可以给顾客最直观的感受，也可以借助鞋盒上印制的 LOGO 再一次宣传其品牌，可谓一举多得。

8.4 后期品牌化运营策略

8.4.1 选择合理的物流模式

基于对各种物流模式优劣势的分析，以及自配送和亚马逊配送模式下的各项数据对比，可以将平台的物流模式分为以下六个方面，即产品质量、运送时效、产品利润、库存消耗能力、发货时机以及物流成本。

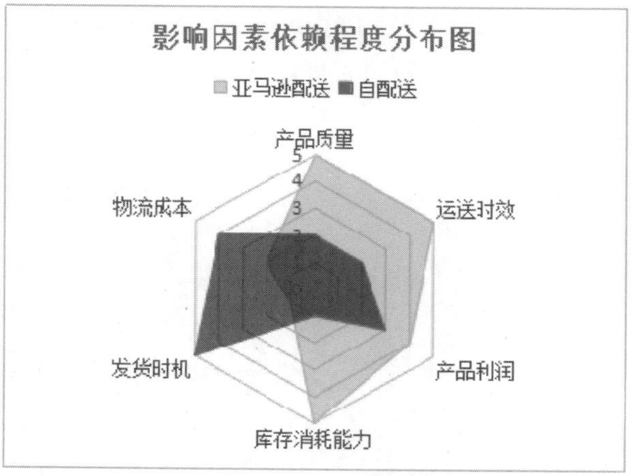

图8-23 物流影响因素依赖程度示意图

图 8-23 是根据平台数据分析得出的各影响因素依赖程度分布图，可见亚马逊配送（FBA）对于产品质量、运送时效和库存消耗能力依赖程度很高。这是由于若 FBA 产品质量不佳，很容易产生滞销或大量退货的情况。

除此之外，FBA 产品因为其到货速度快的原因，其 listing 的 review 更新率也就更高，一旦同时出现几个消极 review，产品就很容易变成滞销产品。在时效方面，美国当地配送基本为 3 日内送达，部分地区还有隔日达服务，但是一旦库存长时间停留在海外仓，就会产生巨额长期仓储费用及折旧损失。另一方面，自配送对于质量较差的产品可以随时停售，风险可控性较强。

虽然自配送抗风险能力强，但是其对于发货时机和物流成本依赖程度较高。当处于淡季的时候，可以选择中国邮政小包（China Post）以减少物流的成本；当处于旺季或者“黑色星期五”“网购星期一”这种促销节日的时候，选择中国香港邮政（HongKong Post）、新加坡邮政（Singapore Post）或比利时邮政（bpost）来满足时效要求。而 FBA 的物流成本波动较小，对于淡旺季发货差别也只在备货数量和备货频次多少。

综上可得出以下几种物流模式选择方案：

1. 从产品本身特点出发

- 产品质量高，利润大，选择 FBA+自配送模式。
- 产品质量一般，利润可观，选择 FBA+自配送模式（发 FBA 按少量多次原则，保证海外仓不断货即可）；利润一般或低，选择自配送模式。
- 产品质量差，无须考虑利润高低，选择自配送模式。

2. 从产品款式类别出发

- 当季热卖产品，选择 FBA+自配送模式（FBA 按少量多次原则，保证海外仓库存不售罄即可）。
- 常青产品或者爆款，选择 FBA+自配送模式（每次发 FBA 的数量可多一些，分摊头程费）。
- 过季产品，果断选择自配送模式。

3. 从产品销售表现出发

- 销量高，退款率低，选择 FBA+自配送模式（每次发 FBA 的数量可多一些，分摊头程费）；退款率较高，选择自配送模式。
- 销量中等，退款率不也高，选择 FBA+自配送模式（FBA 按少量多次原则，保证海外仓库存不售罄即可）。
- 销量低，无须考虑退款率高低，选择自配送模式。

4. 从数据分析预测出发

- 流量大，转化率高为潜力款，选择 FBA+自配送模式（第一次发少量 FBA，产品成长后可调整）。
- 流量大，转化率低，需要优化产品详情；流量低，转化率高，需要进行营销推广，暂时选择自配送模式，后可根据优化情况发 FBA。
- 流量小，转化率小，果断选择自配送模式。

以上是从四个角度出发，构建亚马逊平台上相对合理的物流模式选择方案。对于跨境电商的卖家来说,首先应该分析所售产品的特点，同时观察产品销售表现，最后结合数据预测风险来选择合适的物流模式。此外，在淡旺季要灵活使用不同物流方式来降低物流成本，保证产品的时效性。

8.4.2 积累属于自身品牌的忠实用户

如今在国内大红大紫的“自媒体运营”，其本质就是积累属于某一内容平台的忠实“粉丝”，提高自身内容品牌的吸引力。在后期品牌化运营阶段，可以用同样的理念和方法去提升用户重复购买率（客户留存率[⑤]），从而积累属于自身品牌的忠实用户。

在品牌积累方面，一般而言需要 3～5 年的时间，因此在这段时间内除了要拓展业绩，还要在平时的客服工作中积累足够的客户信息，例如邮箱/社交账号/网购喜好等，如图 8-24 所示。

⑤ 黄若的《我看电商》中有这一段话：“站在投资的角度电商主要看三个方面：公司模式是否有创新、运营效率是否比别人好、顾客留存率是不是比别人强。”作为电商企业的核心竞争力之一，客户留存率的高低是考核电商企业的重要指标之一。

名字	邮箱
J Carra	DealHunti[illegible]
L. M. Keefer	ladylinda[illegible]
K. Groh	kg4ama[illegible]
Dr. Wally M. Viray	Wally[illegible]
Dr. Bojan Tunguz	ama[illegible]
steve	ste[illegible]
Chuck Bittner	AskAC[illegible]
Steven H Propp	[illegible]pp@hotmail.com
Amazon Customer Since Amazon Sold Only	[illegible]@gmail.com
Debbie Lee Wesselmann	[illegible].net
Denis Vukosav	denis.vuko[illegible]
RatherLiveInKeyWest	ratherliveinke[illegible]
Long-Suffering Technology Consumer	vinerevie[illegible]
PhotoGraphics	[illegible]r@columnist.com
Matt Morgan	[illegible]ye_joe@yahoo.com
Grady Harp	[illegible]rp@earthlink.net
Lon J. Seidman	lon[illegible]
D. Matheny	dmathen[illegible]
CKE	[illegible]iewer1234@gmail.com
Liquid Frost™	[illegible]s15@gmail.com
Beau Chevassus	Amazo[illegible]
Nuknuk	[illegible]v@yahoo.com
John B. Goode	32johnblas[illegible]

图8-24 客户个人信息示意图

很多运营指望通过第三方软件以下抓取大量的用户邮箱和私人信息，但那是不靠谱且被用户严重反感的行为。正确的方式是在店铺/品牌发展过充中，逐步获得顾客信任从而获得好感，然后逐渐加强联系获取其私人联系方式，最终慢慢积累出属于自己的忠实用户。

举例来讲，当用户购买一款产品后，你可以向他实时阐述产品运输情况，在用户使用产品一段时间后向其适当询问产品是否有需要改善的地方等。通过反复交流，忠实用户数量积少成多，最终做到品牌化。

第9章

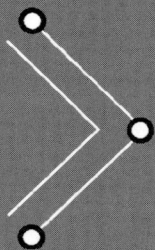

优秀运营案例分析

- 学习大卖们是怎么综合利用现有技巧和方法进行运营实操的

9.1 Google Trends 选品案例分析

Google trends[①]是 Google 的一个趋势分析工具，其能帮运营者在宏观上分析一个款式或者关键词在几个月乃至几年内的热度变化，如图 9-1 所示。

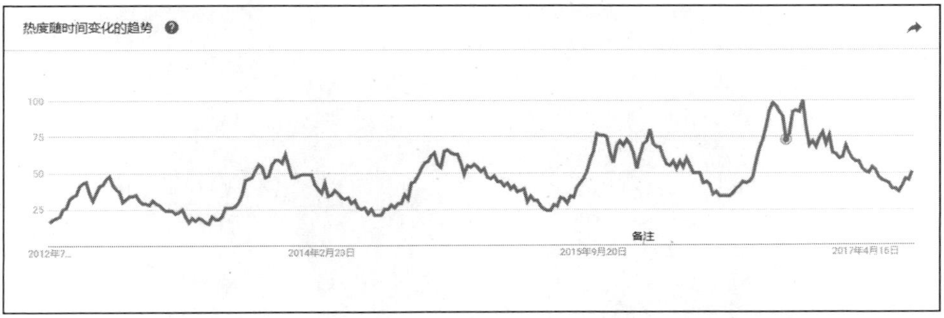

图9-1 Google Trends关键字搜索热度波动示意图

本节介绍的是亚马逊运营常用工具 Google trends 来分析 Halloween 期间热词变化以及如何寻找爆款。

在 Google Trends 中搜索“long sleeve dress”关键词，发现其在 9 月份热度上涨，10 月中旬达到第一次小高峰，11 月初有明显回落，12 月中旬该关键词热度达到最高峰，之后逐渐回落并在 1 到 2 月间有些许反弹。

为什么 11 月初“long sleeve dress”关键词热度明显下降？

因为 11 月 1 日为美国的万圣节（Halloween），美国人向来喜欢在该节日庆典上穿着奇特的服装，那么美国女性在万圣节上喜欢穿什么衣服呢？

去相关网站搜寻一下类似的问题，然后找到相关的文章或者回答进行参考，如图 9-2、图 9-3 所示。

① 谷歌趋势（Google Trends)是 Google 推出的一款基于搜索日志分析的应用产品，它通过分析 Google 全球数以十亿计的搜索结果，告诉用户某一搜索关键词各个时期下在 Google 被搜索的频率和相关统计数据。

今年万圣节，美国人最喜欢穿什么衣服打扮自己？

雨果网 · 2014-10-29 12:05 评论 0 收藏 2

图9-2 美国节日相关网络文章示例（雨果网）

2014年单身女士最爱的打扮如下：

1.电影《饥饿游戏》TheHungerGames女主角Katniss-20.0%；

2.睡公主SleepingBeauty-15.67%；

3.凯蒂•佩里KatyPerry-14.67%；

4.电视剧《权力的游戏》GameofThrones的女主角Khalessi-11.7%；

5.吸血僵尸-8.00%；

6.电视剧《新女孩》NewGirl女主角杰斯JessDay-8.00%；

7.金•卡戴珊KimKardashiangettingmarried-6.67%；

8.电视剧《女子监狱》OrangeistheNewBlack的女主角派查普曼PiperChapman-5.33%；

9.英国王妃凯特•米德尔顿KateMiddleton-5.33%；

10.拉娜•德雷LanaDelRey-2.67%。（作者：张衡君）

图9-3 2014年万圣节受女性欢迎的打扮

然后找到线索**《饥饿游戏》**，可以根据该线索找到电影的具体上映信息，如图 9-4～图 9-6 所示。

图9-4　饥饿游戏2上映信息

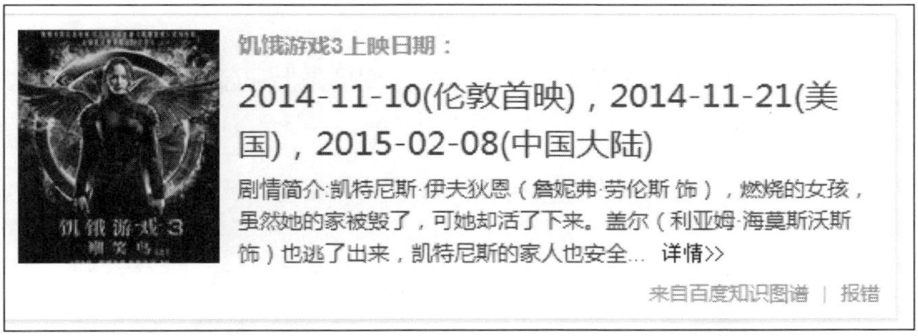

图9-5　饥饿游戏3上映信息①

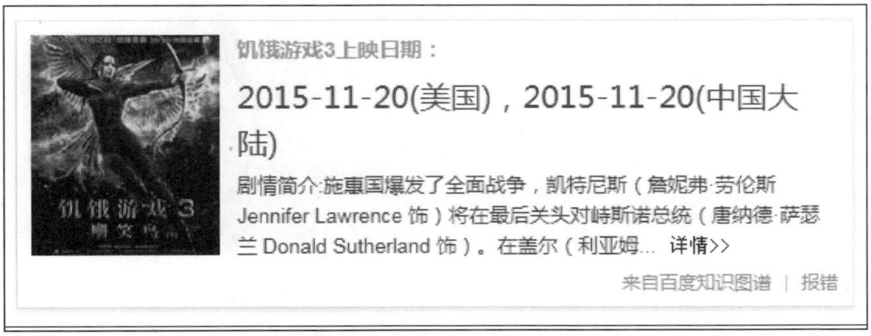

图9-6　饥饿游戏3上映信息②

接着再来看女主角“katniss”关键词在 Google trends 上的热度变化，如图 9-7 所示。

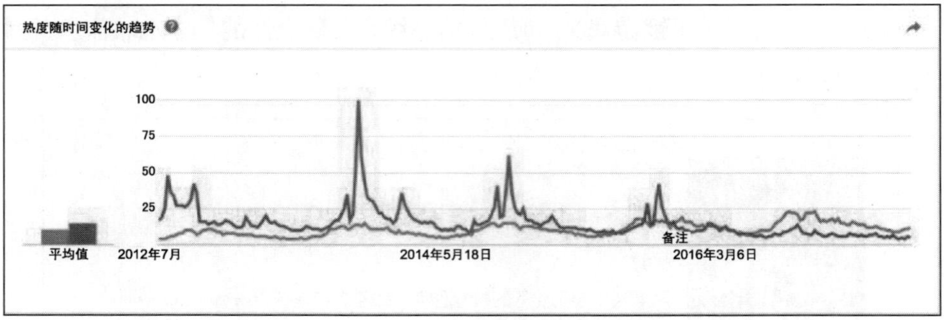

图9-7　Google Trends上关于“katniss”关键字的搜索热度波动示意图

由此可以得到几个线索：

（1）在 11 月初的万圣节期间，《不死鸟》女主角 katniss 的关注度有爆炸性增长。

（2）2013～2015 年，《不死鸟》的整体关注度呈先上升后下降的趋势，到 2016 年几乎没有什么关注度。

然后再通过亚马逊搜索“katniss costume”，搜索结果如图 9-8、图 9-9 所示。

图9-8　“katniss costume”相关产品listing示意图1

图9-9　“katniss costume”相关产品listing示意图2

用户 review 数目可观，且搜索页面仅为 5 页表面竞争者较少，可判定为蓝海领域，说明电影人物 costume 在亚马逊平台上有很大市场潜力，通过以上查找资料与分析能得出一个结论：**万圣节期间该年度热门电影主人公的 cosplay 服饰会在 10 月末到 11 月初热卖。**

那么今年的年度热门电影是什么呢？通过翻看今年的电影排片表再去 Google trends 上比较人物热度就可以尝试打造爆款啦！

9.2　数据分析+决策运营案例分析

图9-10　某一店铺销售额变化趋势示意图（横轴是日期，纵轴是订单额）

如图 9-10 所示，假设图中是一店铺销售额的变化表，许多运营者会把关注重点放在这几点上：最高值、最低值、平均值；而我的关注点是——**趋势**。

在观察这类图表需要注意的是，宏观的东西是不会变化的，而微观数值则一直处于无规则的波动之中，所以可以推导该店铺业绩的变化趋势与亚马逊该领域整体销售趋势相似，其具体描述为：

（1）美国时间周三处于一周中的销售额低谷，但不是最低值。

（2）美国时间周六处于一周中的销售额低谷，且大概率为最低值。

（3）销售额数值于美国时间周日~周二以及周四~周五属于增长期。

综上我们已经把握住宏观趋势了，就好像炒股把握了 K 线一样，之后再来关注一下流量和转化率之间的变化，不过在分析微观数据的时候，不需要再依靠折线图或者其他图表来整体观察变化，而是需要“一对一”地进行诊断，例如选出销售额中的几个较大值和较小值当天对应的流量和转化率进行分析。

（1）8 月 15 日 销售额$4215.07，流量 3013，转化率 6.94%。

（2）8 月 8 日 销售额$3749.94，流量 3112，转化率 6.59%。

（3）8 月 14 日 销售额$3779.54，流量 2995，转化率 6.14%。

（4）8 月 7 日 销售额$3171.21，流量 3020，转化率 5.93%。

在微观数据分析时，一个重要的原则是“**控制变量**”，即尽量保证除比较数值外，该数据的其他属性保持一致，其中最重要的就是保证数据的“星期几”都是一样的。8 月 14 日对应 8 月 7 日，8 月 15 日对应 8 月 8 日，可以观察到这两组数据其实流量本身变化不大，其变动在 3%左右，但是这两组数据中的平均转化率居然接近 10%！

我们不妨做一个比较流量本身变化的波动处于 3000 × 3% ≈ 100；

这 100 的流量在与近似转化率相乘可以计算出 100 × 6%=6。

也就是我们若优化流量可以带来 6 笔订单，大概 120~180 美元的收益！

然后再来计算一下在流量不变的前提下提高转化率 3000 ×（6% × 1.1−6%）=18。

这意味着在现有 6%转化率的前提下，每提高 0.6%的转化率可以带来 18 笔订单，可获得 360～540 美元的收益！

结合之前得出的宏观趋势，可以为这家店铺做出以下战略决策：

（1）美国时间每周六为 Amazon 整体低谷期，也是行业竞争低峰值期，可以加大广告投资，重点提升“周末、假期”等关键词商品的上架与改进，从“周末、娱乐、放松、假期、度假”等角度优化商品介绍界面。

（2）美国时间周日~周二，周四~周五为冲单时间，其中重点为积累值的高峰期即周二，周五需要重点关注竞争者价格和行业趋势。

（3）美国时间每周三销量会有所下降，可以考虑从折扣、广告的角度稳住流量。

9.3 品牌化店铺运营案例分析

大牌店铺 review 视频化运营案例分析

我们来参考一下亚马逊上一位鞋子类目的大卖店铺“J. Adams”中的一款产品，该产品标题：“Pointed Toe Open Side Cut Out Flats – Casual Trendy Slip On Shoes – Comfortable Loafer Ankle Bootie - Pismo by J. Adams”。

我们可以看到该链接页面中“J. Adams”完成了几个品牌化进程必须做到的几件事：

（1）产品图片栏中包含产品包装图、实拍、摆拍、细节等；

（2）图文广告宣传；

（3）视频内容宣传。

我们可以留意该页面中的 3 个视频（如图 9-11），可以发现如下特征：

（1）视频内容所相关的评价都为直评而非 VP 评价；

（2）视频的组合为 1 特效后期视频（摆拍视频）+2 无特效视频（实拍视频）。

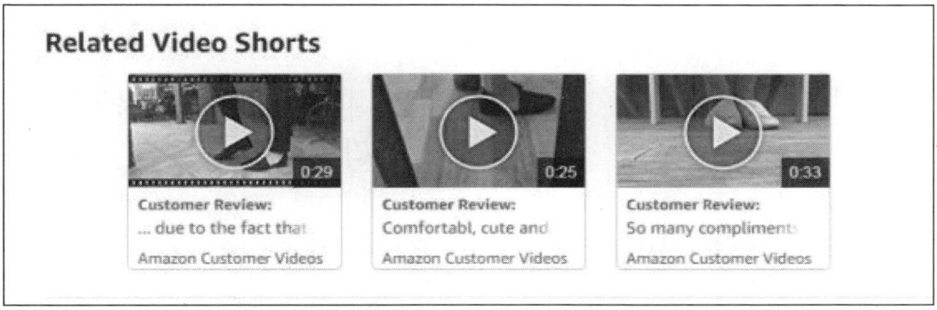

图9-11 品牌化视频示例（“Related Video Shorts”的意思是相关视频短片）

除了单纯把视频上传，这位大卖还做了一件事，在刷视频的直评中再带有图片，使 review 栏目右侧的图片框也由产品好评的图片占满，如图 9-12 所示。

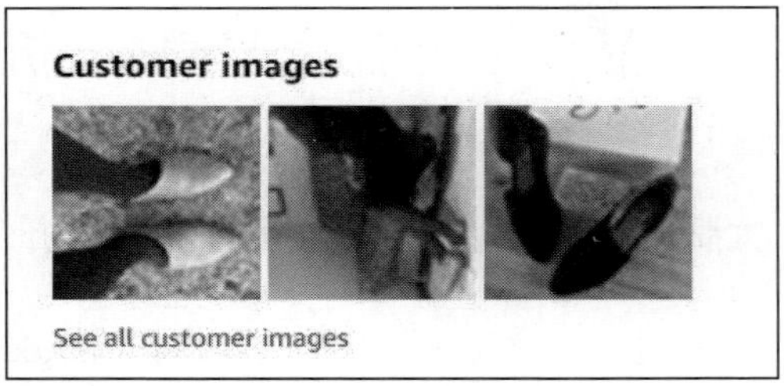

图9-12　品牌化视频示例（“Customer images”的意思是买家拍摄的图片（买家秀））

3 个视频直评 review 的上传时间为 10 月 7 日、10 月 16 日和 10 月 26 日，而大多数带有 VP 标志的 review 评价产生于 11 月后，因此可以得出一个结论：**“J. Adams”在产品 listing 快速成长的阶段通过上传了这 3 个视频促成产品成交**，如果视频没有效果这位大卖也不会花这么多心思去从事视频拍摄与制作。

我们不妨浏览下 J. Adams 店铺的大多数产品与店铺风格（图 9-13 所示为该店铺首页界面中的一部分），不难发现这是一家全图文化，全视频化，已经实现一定品牌化效益的大卖店铺。所以，大卖们这么热衷于视频制作，身为亚马逊运营者可不能再掉队了。

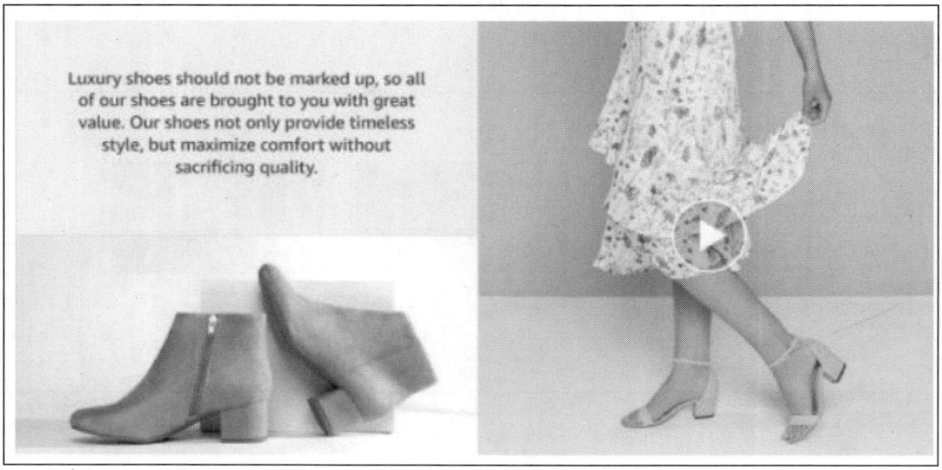

图9-13　品牌化视频示例-店铺主页视频